Al. Meister

Annalen des Historischen Vereins für den Niederrhein insbesondere die Alte-Erzdiözese Köln

Al. Meister

Annalen des Historischen Vereins für den Niederrhein insbesondere die Alte-Erzdiözese Köln

ISBN/EAN: 9783742897909

Hergestellt in Europa, USA, Kanada, Australien, Japan

Cover: Foto ©Lupo / pixelio.de

Manufactured and distributed by brebook publishing software (www.brebook.com)

Al. Meister

Annalen des Historischen Vereins für den Niederrhein insbesondere die Alte-Erzdiözese Köln

ANNALEN

DES

HISTORISCHEN VEREINS

FÜR DEN NIEDERRHEIN,

INSBESONDERE DIE ALTE ERZDIÖZESE KÖLN

IM NAMEN DES VORSTANDES HERAUSGEGEBEN

VON

D^R. AL. MEISTER

PRIVATDOZENTEN DER GESCHICHTE IN BONN.

ACHTUNDSECHSZIGSTES HEFT.

KÖLN, 1899.

J. & W. BOISSERÉE'S BUCHHANDLUNG.
(FRZ. THEOD. HELMKEN.)

Inhalt.

Seite.

Der Trierer Erzbischof Dieter von Nassau in seinen Beziehungen zur päpstlichen Kurie. Mitgetheilt von Dr. H. V. Sauerland . . . . 1—53

Die politischen Bestrebungen Erzbischofs Siegfried von Köln. Ein Beitrag zur Geschichte des Reiches unter den Königen Rudolf und Adolf. Von Dr. H. Schrohe (Schluss) . . . 54—108

Die Verlegung des Kollegiat-Kapitels von Stommeln nach Nideggen und von Nideggen nach Jülich. Von Dr. Arnold Steffens . . . . 109—132

Rheinländische Studenten im 16. und 17. Jahrh. auf der Universität Padua. Von Dr. Gustav C. Knod in Strassburg i. E. 133—189

Miszelle.

Adam Volcmar zu Cöln in seinen Beziehungen zu Nicolaus Wollick und Heinrich Glareanus 1501—1510. Mittheilung von Archivar F. W. E. Roth in Wiesbaden . . . . . . 190—193

Berichte und Notizen.

Frühjahrsversammlung des historischen Vereins für den Niederrhein zu Brühl am 14. Juni 1899 . . . . 194—197

Gesellschaft für rheinische Geschichtskunde. Jahresbericht VIII. 1898 (Auszug) . . . . 198—199

Denkmäler-Statistik der Rheinprovinz 200

Preisaufgaben der Mevissen-Stiftung 200

Notizen . . . . 200—201

Rechnungsablage für 1897/98 . . . . 202—203

Der Trierer Erzbischof Dieter von Nassau in seinen Beziehungen zur päpstlichen Kurie.

Mitgetheilt von
H. V. Sauerland.

In dem mehr als 16 Jahrhunderte umfassenden Trierer Bischofskataloge mangelt es bekanntlich nicht an Namen, deren Träger eine abfällige Beurtheilung verdient und dann auch meist schon gefunden haben. Zur Zahl eben dieser haben bisher alle neueren Bearbeiter der Trierischen Geschichte auch Dieter gerechnet. Sie liefern uns von ihm das Bild eines finsteren, in der geistlichen und weltlichen Verwaltung ganz unpraktischen Dominikanermönches, der durch seine Misswirthschaft das Erzstift in Schulden und ins Unglück gestürzt, seinen Klerus tyrannisch misshandelt, gegenüber den Selbständigkeitsgelüsten der beiden Hauptstädte seines Landes eine schwächliche Nachgiebigkeit geübt und sich endlich mit der päpstlichen Kurie so gänzlich überworfen habe, dass ihn nur ein zeitiger Tod vor der Absetzung gerettet habe. Doch nicht bloss die neuere Geschichtschreibung hat den Mann so ungünstig beurtheilt. Schon vor 4 Jahrhunderten hat das der Sponheimer Abt Johann von Trittenheim gethan, und schon 150 Jahre vor diesem hat der ungenannte Lebensbeschreiber des nächsten Nachfolgers Dieters recht abfällig über diesen berichtet und geurtheilt. Gerade hier aber sind wir — um schon vorab meine eigene Auffassung zu äussern — beim πρῶτον ψεῦδος angelangt. Denn dieser Lebensbeschreiber des Erzbischofs Balduin von Luxemburg ist gar zu sehr Panegyriker. Um uns das Leben und Wirken seines Helden in recht hellen Farben darzustellen, hat er in seiner Einleitung das Leben und Wirken Dieters, des nächsten Vorgängers Balduins, in recht düsteren Farben vorgeführt. Von seiner Darstellung zu Gunsten Balduins und zu Ungunsten Dieters hat sich die spätere Geschichtschreibung bis in unsere Zeit allzusehr beeinflussen lassen. Es wird aber die Zeit kommen, und meines

Erachtens steht sie schon nahe bevor, in welcher man über Dieter
viel günstiger urtheilen wird, als dies bisher geschehen ist.
Vielleicht wird die nachstehende Untersuchung und Darstellung, welche auf eine Reihe von bisher meist unbenutzten und unbekannten Urkunden sich gründet, eine günstigere und richtigere Auffassung über Dieters Charakter und Wirken anzubahnen geeignet sein.

I.

Am 9. Dezember 1299 starb in seinem Palaste zu Trier Erzbischof Boemund I. und wurde dann im Cisterzienserkloster Himmerode begraben [1]). Am 22. Dezember bestimmte das Domkapitel unter dem Vorsitze seines Dechanten den 26. Januar 1300 als Wahltag für den Nachfolger des Gestorbenen [2]) und erkor dann an diesem Tage anscheinend einstimmig den Kölner Domprobst Heinrich von Virneburg, der zugleich auch Mitglied des Trierer Domkapitels und Inhaber des Trierer Archidiakonats Longuyon war. Ob sich dann Heinrich persönlich oder durch einen bevollmächtigten Sachwalter mit einer Abordnung des Domkapitels unter Mitnahme des amtlichen Wahlprotokolls, wie üblich, an den päpstlichen Stuhl gewandt habe, um hier die Bestätigung der Wahl nachzusuchen, darüber lassen sich nur Vermuthungen aufstellen. Jedenfalls erwies sich eine solche Reise als erfolglos. Denn wohl schon bald nach der Wahl, vielleicht gar schon vor derselben, langte in Trier die Nachricht an, dass Bonifaz VIII. auf die Kunde vom Tode Boemunds sofort für diesmal das Wahlrecht des Kapitels suspendirt, die Bestellung eines Nachfolgers sich vorbehalten und jeden Versuch einer Wahl als kanonisch ungiltig erklärt habe. In der That schritt er dann auch schon vor dem vom Kapitel anberaumten Wahltage zur Ausführung jenes Vorbehalts und ernannte am 18. Januar 1300 den Dominikanermönch Dieter, einen Sohn des Grafen Walram von Nassau und Bruder des in der Schlacht bei Göllheim am 2. Juli 1298 im Kampfe gegen Albrecht von Oesterreich gefallenen deutschen Königs Adolf von Nassau, also den Angehörigen eines in der Trierer Diöcese sesshaften Grafengeschlechtes, zum Erzbischofe von Trier [3]).

---

1) Görz, Mittelrhein. Regesten, IV, nr. 2961.
2) Görz, IV, 2969.
3) Vergl. Urk. nr. 4. — Bei dieser Gelegenheit bekundet der Lebensbeschreiber Balduins seine Unwissenheit über die Vorgänge nach Boemunds

Welche Gründe mögen den Papst zu diesen Maassregeln bewogen haben?

In der an Dieter gerichteten Ernennungsbulle giebt Bonifaz selber als Grund dafür seine Absicht an, durch diese Ernennung die Diöcese vor den übeln Folgen einer langen Erledigung des bischöflichen Stuhles zu bewahren. Nun kann zwar eingewendet werden, dass diese Aeusserung in derartigen Provisionsbullen für Bischofssitze ziemlich regelmässig wiederkehre und formelhaft sei. Aber nicht immer ist die Formel eine leere Redensart; und dass sie dies damals nicht gewesen, erweist sich durch eine Fülle von Thatsachen. Denn gerade in jenen Zeiten waren zwiespältige Bischofswahlen häufig, die dann regelmässig langwierige Prozesse der beiden Bewerber und ihrer Parteien und somit lange Erledigungen der Bischofssitze zur Folge hatten. In der Trierer Kirchenprovinz aber waren diese Vorgänge besonders häufig, ja fast regelmässig geworden[1]). Ja gerade in Trier hatten sich die übeln Folgen einer zwieträchsigen Bischofswahl noch vor wenigen Jahren in recht empfindlicher Weise herausgestellt. Denn als hier am 26. April 1286 der Erzbischof Heinrich (II.) von Vinstingen gestorben war, hatte auch hier eine zwiespältige Wahl stattgefunden. Die Mehrheit des Domkapitels hatte den Trierer Grossarchidiakon Boemund von Warnesberg[2]), die Minderheit den Archidiakon von Dietkirchen Gerhard von Eppenstein erkoren. Beide Gewählte hatten sich gegenseitig die Giltigkeit ihrer Wahl bestritten und ihre Ein- und Ansprüche bei der römischen Kurie geltend zu machen gesucht. Hier hatte der Prozess schon weit über 2 Jahre gedauert, als ihn Gerhard wegen einer Versäumniss verlor. Darauf hatte Boemund in Rom auf sein aus der Wahl herzuleitendes Recht freiwillig Verzicht geleistet. Endlich hatte Papst Nikolaus IV. die Ansprüche beider Bewerber in der Weise befriedigt, dass er kraft eigener Machtfülle am 21. Februar 1289 den Gerhard auf den damals erledigten Mainzer Stuhl und gleich darauf am 29. März den Boemund auf den Trierer Stuhl erhob[3]). Boemund hatte dann noch

---

Tode. Er lässt die Wahl Heinrichs der Ernennung Dieters voraufgehen: papa . . . Dytherum . . . celeriter sublimavit, capitulum tamen elegerat Henricum de Virneburg, cui maior pars subditorum ecclesie iam obediebat.

1) Vergl. Jahrbuch der Gesellschaft für lothringische Gesch. u. Alterthumsk. Jahrg. VII. 1895 S. 69—75.

2) Warnesberg, heute Warsberg, zwischen Bolchen und St. Avold in Deutsch-Lothringen.

3) Vergl. Beilage nr. 3.

einige Zeit an der päpstlichen Kurie verweilt und endlich am 8. September seinen Einzug in seine Bischofsstadt gefeiert. Die bischofslose Zeit hatte also für Trier diesmal fast 3½ Jahre gedauert. Heutzutage mag man freilich eine so lange Erledigung vielleicht mitunter als kein grosses Uebel empfinden, weil die geistliche Verwaltung unter einem Capitularvikar ruhig weiter zu gehen pflegt; damals aber lagen die Verhältnisse ganz anders, weil der Bischof zugleich Landesherr war und ein vielköpfiges, zwieträchtiges und stark weltlich angehauchtes Domkapitel die Zwischenregierung auf geistlichem und weltlichem Gebiete zu führen hatte.

Somit ist die in Dieters Ernennungsbulle ausgesprochene päpstliche Besorgniss vor einer langen Sedisvacanz in Trier keineswegs eine formelhafte leere Redensart, sondern ein wirklicher Beweggrund zur Suspension des Wahlrechtes des Domkapitels und zur raschen Ernennung Dieters gewesen.

Hiermit ist indess keineswegs auch schon bewiesen, dass der in der päpstlichen Bulle einzig angegebene Grund auch wirklich überhaupt der einzige gewesen sei. Es giebt ja bekanntlich bei wichtigen Regierungshandlungen weltlicher und geistlicher Art Beweggründe, die sich zur Veröffentlichung nicht eignen und die deshalb auch sorgsam verschwiegen bleiben. Solche lassen sich denn auch im vorliegenden Falle mit Sicherheit nachweisen.

Auf einen von diesen Beweggründen, der übrigens auch recht offenkundig ist, hat schon der Lebensbeschreiber Balduins hingewiesen, indem er meldet, Bonifaz habe die Ernennung Dieters vorgenommen, um hierdurch dem tollen Uebermuthe Albrechts von Oesterreich entgegenzuwirken [2]). Ganz ähnlich äussert sich Johann von Trittenheim, indem er behauptet, der Papst habe Dieter „in odium Alberti regis" auf den Trierer Bischofsstuhl erhoben. Bekanntlich betrachtete und behandelte Bonifaz in den ersten Jahren nach König Adolfs Tode den Albrecht als Usurpator und suchte demgemäss auch die Anerkennung der Königswürde Albrechts von Seiten der deutschen Fürsten nach Kräften zu verhindern. So musste dem Papste sehr viel daran liegen, den Trierer Kurhut einem Manne zu verschaffen, der sicher zu den Gegnern Albrechts zählen würde. Und dessen konnte er doch grade bei Dieter sicher sein, da er ja der Bruder des König Adolfs war, welcher durch Albrecht Thron und Leben verloren hatte. Hätte dagegen der

---

2) causa eius vesaniae resistendi.

Papst nach Boemunds Tode dem Trierer Domkapitel das Wahlrecht belassen, so wäre der Trierer Kurhut einem Manne zu Theil geworden, auf den jener in seinem Streite mit Albrecht gar nicht rechnen durfte. Denn Heinrich von Virneburg war, obschon er ein naher Verwandter des Königs Adolf war und auch dessen Hausgenosse und Kaplan gewesen war und der Gunst und Fürsprache desselben vieles zu verdanken hatte [1], schon wenige Wochen nach der Schlacht von Göllheim — also ohne eine Anstandsfrist abzuwarten — zur Partei Albrechts übergegangen [2].

Einen nicht minder wichtigen Beweggrund zur Ernennung Dieters wird Bonifaz in den sittlichen und kirchlichen Zuständen der Trierer Diöcese und Kirchenprovinz gefunden haben, die der päpstlichen Kurie sicherlich nicht verborgen gewesen sind.

Schon die Beschlüsse der beiden unter Boemund abgehaltenen Diöcesansynoden [3] lassen deutlich erkennen, dass damals sowohl im Welt- als auch im Ordensklerus der Diöcese viele und arge Missstände geherrscht haben. Noch viel mehr geht dieses für die ganze Kirchenprovinz aus den sehr umfangreichen Statuten der Provinzialsynode vom J. 1310 hervor [4].

Wer meine eigene Auffassung über die damaligen Zustände in der Trierer Diöcese zu düster findet, der möge lesen, was über dieselben schon vor 300 Jahren der Jesuit Brower niedergeschrieben hat [5]. Ueber die Missstände in den grossen und alten Benedictinerabteien belehrt uns ein Reformdekret Balduins vom J. 1338 [6]. Dass die kirchlichen Zustände in der zur Trierer Provinz gehörenden Suffraganatsdiöcese Metz ebenfalls höchst trauriger Art gewesen sind, habe ich jüngst an anderer Stelle in einem besonderen Kapitel ausführlich nachgewiesen [7].

Ganz absonderlicher Art waren die Zustände im Trierer Domkapitel und zwar schon seit langen Jahren.

Als nämlich Boemund im Jahre 1286 von der Mehrheit des Kapitels zum Erzbischof gewählt worden war, hatte er sich nach

---

1) Dies ergiebt sich aus dem Inhalte mehrerer Bullen Bonifaz VIII. vom 24. Nov. 1295, 9. Februar und 18. Mai 1296 u. 3. u. 7. März 1297.
2) Vgl. Görz IV, 2784.
3) Blattau, Statuta synodalia archidioecesis Trevirensis II, 57 nr. 23.
4) Blattau a. a. O. S. 63—155 nr. 25.
5) Annal. Trever. II, 227.
6) Wyttenbach u. Müller, Gesta Trever. II, Anmerk. S. 14—15.
7) Jahrbuch der Gesellsch. für lothringische Gesch. u. Alterthumsk. VII, 90—101.

Italien zur Kurie begeben, um hier die Bestätigung seiner Wahl zu erwirken. Dahin hatten ihn der Domkantor Ebert und der ihm befreundete Trierer Offizial Namens Johann Gilet begleitet. Während ihres mehr als zweijährigen Aufenthaltes an der Kurie war Ebert gestorben, und weil nach dem damaligen kanonischen Rechte die Verleihung aller Pfründen, welche am Sitze der Kurie zur Erledigung gelangten, dem Papste vorbehalten war, hatte Nicolaus IV. — vermuthlich auf Betreiben Boemunds — die Trierer Domkantorei-Pfründe dem Johann Gilet verliehen. Und als dann durch die Consekration Boemunds am Sitze der Kurie auch die Trierer Dompropstei erledigt und der freien päpstlichen Verfügung anheimgefallen war, hatte der Papst diese dem Peter von Aspelt, dem Leibarzte Rudolphs von Habsburg, einem Bauernsohne aus der Trierer Diöcese, der sich nicht nur der Arzneikunde sondern auch der Kirchenpfründenjagd mit Eifer und Erfolg [1]) befliss, verliehen.

Ehe jedoch Boemund mit den beiden neuernannten Domherren in Trier anlangte, hatte hier das Domkapitel von den neuen päpstlichen Ernennungen bereits Kunde erhalten. Die adeligen Herren entrüsteten sich sehr darüber, dass zwei der besten Pfründen der Trierer Domkirche, welche thatsächlich zu einer Versorgungsanstalt nachgeborener Söhne des Adels, die zum Theil ohne alle wissenschaftliche Vorbildung und noch nicht einmal den Knabenjahren entwachsen waren [2]), herabgekommen war, ihren Sippen entrissen und in den Besitz von Leuten gewöhnlicher Herkunft gelangen sollten. Sie wählten darum rasch noch vor Ankunft beider

---

1) Vgl. Würdtwein, Subsidia I, 377; Potthast, Reg. Pont. 22928; Görz IV, 1637; Langlois, Les Régistres de Nicolas IV. nr. 835. — Reg. Vatic. 44 f. 139¹ nr. 35. — Bei seiner Ernennung zum Trierer Dompropst war Peter schon Inhaber der Propstei von Bingen, zweier Domherrnpfründen (in Mainz und Speier), der Scholasterpfründe am Simeonstift in Trier und zweier Pfarreien der Trierer Diöcese. Bald darauf erwarb er noch hinzu die Mainzer Dompropstei und die Propstei des Prager Wissegradstifts. Im Jahre 1297 erhielt er das Bisthum Basel, und anstatt dessen im Jahre 1306 das Mainzer Erzbisthum, das er über 13 Jahre bis zu seinem Tode besass.

2) Registr. Vatic. t. 44 fol. 158 nr. 237; Langlois, Les Régistres de Nicolas IV nr. 963. Vgl. Blattau, Statuta Trevir. a. a. O. In dem zur Trierer Diöcese gehörenden Georgstifte in Limburg war es zur missbräuchlichen Gewohnheit geworden, dass Knaben im Besitz von Kanonikatspfründen fern von dem Stift und von dessen Schule in weltlicher Kleidung bei ihren Eltern oder im Hause anderer Laien ohne Schulunterricht heranwuchsen. Wiesbadener Staats-Archiv, Stift Limburg nr. 122—124.

den Grafen Heinrich von Zweibrücken zum Dompropst und den Heinrich von Beffort zum Domkantor. Und als dann Aspelt und Gilet mit ihren Ernennungsurkunden in Trier anlangten und hier Aufnahme ins Kapitel und Einweisung in ihre Pfründen verlangten, ward ihnen der Bescheid, diese Ernennungen Nichtadeliger sei den althergebrachten, von päpstlicher Seite bestätigten und von den Mitgliedern selbst beschworenen Vorrechten und Freiheiten der Trierer Kirche zuwider und darum ungiltig. Aspelt und Gilet wendeten sich nun an die vom Papste für sie bestellten und bevollmächtigten Executoren, welche dem widerspänstigen Kapitel mit den schwersten Kirchenstrafen drohten. Aber dieses blieb weigerlich und trotzte dann auch der deshalb über seine Mitglieder verhängten Excommunication und Suspension und dem über den Dom verhängten Interdikte während der ganzen zehnjährigen Regierungszeit Boemunds. Einige von den Mitgliedern kehrten sich sogar durchaus nicht an diese Kirchenstrafen, nahmen auch fortan am Gottesdienste thätigen Antheil und verfielen so auch noch der Kirchenstrafe der Irregularität [1]). Sicher hat sowohl Nicolaus IV. als auch erst recht der thatkräftige Bonifaz VIII. diese langjährige offene Auflehnung gegen das kanonische Recht und die päpstliche Vollgewalt nicht ruhig hingenommen. Leider enthalten aber die uns überlieferten Registerbände beider Päpste keine Schriftstücke darüber. Und auch über irgend welche ernstliche Maassnahmen Boemunds, um den Widerstand des Kapitels zu biegen oder zu brechen, erfahren und finden wir nichts.

Als sicher dürfen wir ferner annehmen, dass ein Papst von so gewaltiger Thatkraft und so grossem kirchlichen Eifer, wie wir dies bei Bonifaz finden, den Zuständen im Trierer Domkapitel seine besondere Aufmerksamkeit zugewendet haben wird. Und da wird seinem Scharfblick auch sicher nicht entgangen sein, dass Mitglieder dieses Kapitels nicht nur bezüglich jener beiden Ernennungen Aspelts und Gilets sondern auch in mehreren viel wich-

---

1) Vgl. Beilagen nr. 14, 15, 16, 17; Gesta Boemundi cap. 13 in Mouum. German. Scriptores XXIV, 471. — Zwar melden die Gesta Boemundi, dass „Boemund, der Domdechant, die (5) Archidiakonen und ein grosser Theil des Kapitels den päpstlichen Geboten Folge leisteten"; aber diese Angabe setzt sich in Widerspruch zum Inhalt der päpstlichen Urkunde Nr. 15. — Sicher hat höchstens nur eine Minderzahl sich den päpstlichen Ernennungen fügen wollen; denn die genannten Kirchenstrafen lasteten noch fast 3 Jahre nach Boemunds Tode über dem Kapitel und dem Dome.

tigeren Beziehungen um das kanonische Recht und die von diesem ihnen angedrohten Strafen sich nicht kümmerten.

Seit dem 12. Jahrhunderte hatten sich in der katholischen Kirche zunehmende Missbräuche bezüglich der Verleihung, des Erwerbs und Besitzes kirchlicher Benefizien bemerklich gemacht. Mehrere Benefizien, die schon wegen der ihnen anhaftenden Amtspflichten unvereinbar waren, wurden vielfach an ein und dieselbe Person verliehen, beziehungsweise von einer solchen erworben und fortbesessen. Ferner wurden Pfarrbenefizien, die als solche zu priesterlichen Funktionen verpflichteten, an junge Leute verliehen, die auch binnen Jahresfrist die Priesterweihe nicht zu erlangen im Stande waren. Inhaber höherer Kirchenämter unterliessen oft Jahre lang den Empfang der höheren Weihen, wozu sie als solche verbunden waren, oder auch die mit diesen Kirchenämtern verbundene Residenzpflicht.

Solchen Missbräuchen gegenüber hatte schon das dritte Laterankonzil (1179) strenge Bestimmungen getroffen. Zu Dekanen, Archidiakonen, Curatbenefiziaten und Pfarrern sollten nur solche gewählt werden, welche das 25. Jahr erreicht haben. Die Archidiakone sollten die Diakonatsweihe, die Dekane und Pfarrer die Priesterweihe binnen Jahresfrist nach der Ernennung empfangen haben (Cap. 3). Niemand dürfe mehrere Dignitäten, beziehungsweise Pfarrbenefizien erwerben und besitzen (Cap. 13). Aber schon 35 Jahre später klagte das vierte Laterankonzil bitter darüber, dass diese Vorschriften annoch gar nicht oder nur selten beobachtet würden, und verschärfte dieselben durch schwere Strafandrohungen wider deren Uebertreter. Wenn der Inhaber eines Curatbenefiziums ein zweites erwerbe, so solle er durch diese Erwerbung ohne Weiteres des ersten verlustig und dieses erledigt werden. Versuche er aber thatsächlich das erste mit dem zweiten zu behalten, so solle er beide verlieren. Der Kollator des ersten aber solle, sobald jener das zweite in Besitz genommen habe, das erste einer anderen geeigneten Person binnen drei Monaten verleihen. Lasse er diese Frist verstreichen, so solle er dafür diesmal ex jure devolutionis seines Kollationsrechtes verlustig sein. Wer neben dem zweiten Curatbenefizium das erste widerrechtlich behalte, sei verpflichtet alle Einkünfte des ersten seit dem Beginn dieses widerrechtlichen Fortbesitzes an die betreffende Kirche zurückzuerstatten. Und was für die Curatbenefizien gelte, solle auch für die Personate gelten. Doch sei dem päpstlichen Stuhle das

Recht vorbehalten, in Bezug auf hochgestellte und gelehrte Personen (circa sublimes et litteratas personas) von diesen Vorschriften Dispens zu ertheilen (C. 29).

Kaum sechszig Jahre später gab das zweite Lyoner Konzil, um dem wachsenden Verderben der Benefizienhäufung zu steuern, noch weitere und schärfere Vorschriften. Niemanden solle ein Pfarrbenefizium verliehen werden, der nicht durch sein Wissen, durch seine Führung und sein Alter dazu geeignet sei. Verleihungen von Pfarrkirchen an solche, welche nicht das 25. Lebensjahr erreicht haben, seien fortan null und nichtig. Der Inhaber eines Pfarrbenefiziums sei zur persönlichen Residenz innerhalb der Pfarrei und zum Empfange der Priesterweihe innerhalb des ersten Jahres verpflichtet. Unterlasse er dies, so solle er nach Ablauf dieser Frist des Pfarrbenefiziums verlustig sein (C. 13). Dasselbe Konzil verpflichtete die Bischöfe, diejenigen Untergebenen, welche Inhaber einer Dignität oder eines Personats und zugleich auch noch eines Pfarrbenefiziums seien, mit aller Strenge zu dem Nachweise zu nöthigen, dass diese dafür die päpstliche Dispens eingeholt hätten. Sollten dieselben aber diesen Nachweis nicht erbringen, so seien sie als unrechtmässige Inhaber des Pfarrbenefiziums zu betrachten und der Kollator desselben sei gehalten, es einer anderen geeigneten Person zu verleihen (C. 18).

Wie stand es nun aber mit der Befolgung dieser Vorschriften in der Trierer Diöcese und insbesondere im Trierer Domkapitel?

Schon oben haben wir die Trierer Bischofswahl erwähnt, die im Jahre 1286, also 12 Jahre nach dem zweiten Lyoner Konzil stattgefunden hatte. Wie wir dort sahen, hatte das Trierer Domkapitel in zwieträchtiger Wahl zwei von seinen eigenen Dignitären erkoren, die Mehrheit den Trierer Grossarchidiakon Boemund von Warnesberg, die Minderheit den Archidiakon von Dietkirchen Gerhard von Eppenstein.

Gerhard war schon zwei Jahre vorher nach dem Tode seines Oheims, des Mainzer Erzbischofs Werner von Eppenstein, von einem Theile des Mainzer Domkapitels zu dessen Nachfolger gewählt worden. Nach längerem Prozesse an der Kurie zu Bonn hatten er und sein Mitbewerber Emicho von Sponheim auf ihre aus der Mainzer Doppelwahl herzuleitenden Rechte in die Hände des Papstes Honorius IV. verzichtet, der dann kraft päpstlicher Machtvollkommenheit am 15. Mai 1286 den Baseler Bischof Heinrich, der damals ebenfalls am Sitze der Kurie weilte, auf den Mainzer

Erzstuhl erhob[1]). Vier Tage nach dieser Ernennung erwirkte Gerhard in Rom eine Urkunde, deren Wortlaut[2]) deutlich erkennen lässt, dass er sich damals mit der Hoffnung trug, Nachfolger des Trierer Erzbischofs Heinrich zu werden, der, wie wir schon oben erwähnten, am 26. April gestorben war. Zwar hatte Gerhard um die Zeit, als er sich um Ausstellung dieser Urkunde bemühte, wohl sicher noch keine Kunde von Heinrichs Tode empfangen, aber schon aus allgemeinen Gründen lässt sich schliessen, dass er eben damals schon von dem bevorstehenden Ableben Heinrichs und von der Absicht eines Theiles des Trierer Domkapitels, ihn zu dessen Nachfolger zu wählen, wusste. Dieser Schluss wird dann durch den Wortlaut der Urkunde vollauf bestätigt. Letztere giebt aber auch über Gerhards Vorleben wichtige Aufschlüsse. Derselbe hatte schon in jungen Jahren, als er das kanonisch vorgeschriebene Alter noch nicht erreicht und auch nur die niederen Weihen empfangen hatte, in der Trierer Domkirche ein Archidiakonat samt der damit verbundenen Propstei in Dietkirchen, je eine Kanonikatspfründe im Trierer Dom und in der Mainzer Peterskirche, die Propteien von Frankfurt und Münstermaifeld, eine Kanonikatspfründe im Mainzer Dom und vier Pfarreien erworben und diese Jahre lang besessen, ohne die Weihen zu empfangen. Eine solche Pfründenhäufung wird erst begreiflich, wenn man in Rücksicht zieht nicht bloss, dass die Eppensteiner zu den angesehensten Adelsfamilien des Mainzer Erzstiftes zählten, sondern vor Allem auch dies, dass Gerhards Oheim der Erzbischof von Mainz (1259 bis 1284) war. Dieser wird es denn auch wohl gewesen sein, der dem Neffen für dessen Pfründenhäufung und unterlassenen Empfang der Weihen päpstliche Dispensen erwirkte. Indes waren nach Gerhards Angabe die betreffenden Urkunden „zufällig" verloren gegangen und über ihren Inhalt wusste er so wenig Bestimmtes und Sicheres anzugeben, dass er nunmehr nicht nur eine neue Dispens für den Fortbesitz und Fortgenuss seiner sämmtlichen Pfründen, sondern auch für den Fall, dass die frühere Dispens nicht ausreichend gewesen, die kanonische Rehabilitirung

---

1) Registr. Vatican. t. 43 fol. 97¹ nr. 364; Prou, Les Registres d'Honorius IV. nr. 368.

2) Vgl. Beilagen, nr. 1. — Das im Druck vorliegende Regest von Prou, Les Registres d'Hon. IV nr. 437 ist sehr unvollständig und fehlerhaft.

nachsuchte, was ihm dann beides durch die Urkunde vom 19. Mai 1286 bewilligt wurde. So erscheint uns Gerhard um die Zeit, als er sich um den Trierer Erzstuhl bewarb, als ein Mann, der lange Jahre hindurch in maassloser Weise unvereinbare Pfründen auf seine Person zusammengehäuft, jahrelang für diese der Residenz- und Weihepflicht nicht genügt hat und alles dieses auf Grund von Dispensen, von denen es gar nicht einmal sicher ist, ob sie überhaupt existirt haben, von denen er aber wenigstens selbst nicht einmal wusste, ob sie für seinen thatsächlichen Pfründen-Besitz und Genuss eine ausreichende kanonische Grundlage geschaffen hatten.

Viel schlimmer stand es aber noch in derselben Beziehung mit seinem Gegenbewerber, dem Trierer Grossarchidiakon Boemund. Dieser hatte schon vor langen Jahren als Kanonikus im Trierer Dome auch noch vier Pfarreien — drei in der Metzer und eine in der Strassburger Diöcese — erworben und besessen, ohne für diese Häufung die päpstliche Dispens einzuholen. Dann hatte ihm Papst Clemens IV. (1265—1268) das erledigte Primiceriat im Metzer Dome verliehen, aber unter der Bedingung, dass er nach erlangtem Besitze dieser Pfründe jene vier Pfarreien fahren lasse. Dieser Bedingung war Boemund nachgekommen. Später hatte ihm der Trierer Erzbischof Heinrich den Trierer Archidiakonat verliehen und dann hatte ihn das Trierer Domkapitel auch noch zum Dompropst gewählt. Endlich hatte er auch noch die Propstei des St. Arnualstiftes bei Saarbrücken erlangt. Alle diese Pfründen hatte er auf sich gehäuft und deren Erträge mehrere Jahre hindurch vereinnahmt, ohne, wie schon früher einmal, die päpstliche Dispens einzuholen, als ihn die Mehrheit des Trierer Domkapitels im Jahre 1286 zum Nachfolger des gestorbenen Erzbischofs Heinrich erkor. Erst über zwei Jahre nach dieser Wahl suchte Boemund, als er in Rom weilte, um dort die Bestätigung seiner Wahl zu betreiben, die Tilgung der infolge jener widerrechtlichen Pfründenhäufung auf ihm lastenden kirchlichen Infamie nach, die sonst seine Bestätigung oder Ernennung zum Erzbischof ungiltig gemacht haben würde, und erzielte dann endlich am 30. Dezember 1288 den päpstlichen Gnadenbrief, wodurch ihm die unrechtmässig genossenen Pfründeneinkünfte geschenkt, seine kirchliche Infamie getilgt, ihm die Fähigkeit, höhere kirchliche Würden zu erwerben, wiederhergestellt und endlich der rechtliche Fortbesitz und Fortgenuss der bisher thatsächlich, aber rechtswidrig besessenen Pfründen gestattet wurde [1]).

---

1) Beilage nr. 2.

Das sind die beiden Mitglieder des Trierer Domkapitels, welche im Jahre 1286 von den beiden Parteien desselben für den erledigten Erzstuhl in Trier gewählt wurden. Da ist also auch die Vermuthung berechtigt, dass auch ihre Wähler, das ist: die übrigen Mitglieder des Kapitels sich in gleicher oder ähnlicher Weise über die obenerwähnten Konzilvorschriften hinweggesetzt haben werden. Und wenn dann endlich im Jahre 1289 der eine von jenen beiden Männern, nämlich Boemund, durch päpstliche Ernennung Inhaber des Trierer Erzstuhles wurde und dann dieses Amt über 11 Jahre bis zu seinem Tode verwaltete, so lässt sich wiederum mit Recht schliessen, dass unter ihm die gröbliche Verletzung eben jener Konzilbestimmungen innerhalb des Domkapitels und in der Diöcese überhaupt fortgedauert hat. Die Richtigkeit beider Schlüsse wird durch eine Reihe von Thatsachen erhärtet, deren Kenntniss wir aus anderen Papstbriefen schöpfen.

Schon oben haben wir den Archidiakon von Longuyon Heinrich von Virneburg erwähnt, der nach Boemunds Tode vom Domkapitel zu dessen Nachfolger gewählt wurde. Im Jahre 1288 finden wir diesen damals noch jungen Grafensohn als Theilnehmer an der Belagerung der kurkölnischen Burg Worringen, an dem dortigen Kampfe wider den Kölner Erzbischof Siegfried von Westerburg und an dessen Gefangennahme [1]). Um dieselbe Zeit gelangte er in den Besitz zweier Pfarreien seiner heimathlichen Trierer Diözese, nämlich in Welling und Bruttig. Wer ihm die zweite verliehen habe, lässt sich nicht nachweisen. Von Welling aber besassen die Grafen von Virneburg das Patronatsrecht [2]); sicher ist es also Heinrichs Vater oder Bruder gewesen, der ihm diese Pfarrei verliehen hat. Beide Pfarreien besass er dann sieben Jahre lang, ohne sich irgendwie um die kanonischen Vorschriften zu kümmern, welche ihm den Besitz zweier Pfarreien untersagten und zum Empfange der Priesterweihe binnen Jahresfrist verpflichteten. Gegen Ende des Jahres 1295 ist er noch immer ohne Priesterweihe, im Besitze jener beiden Pfarreien und in der Umgebung des mit ihm verwandten deutschen Königs Adolf von Nassau als dessen Hausgenosse und Kaplan. Damals reichte er beim Papste Bonifaz VIII. eine Bittschrift ein, worin er sich als langjährigen unrechtmässigen Besitzer beider Pfarreien bekannte, um Verzeihung und Rehabilitirung sowie um Nachlass der Rückerstattung der aus

---

1) Registr. Vatican. t. 47 fol. 136 nr. 597.
2) Registr. Vatican. t. 90 fol. 152¹ nr. 1416.

beiden während der letzten sieben Jahre bezogenen Einkünfte bat. Mit Rücksicht auf die Befürwortung des Königs bewilligte ihm der Papst am 24. November 1295 das alles, gestattete ihm den Fortbesitz der Pfarrei Willing und den Fortgenuss ihrer Einkünfte und gebot ihm nur fortan die zweite Pfarrei fahren zu lassen [1]). Einige Wochen später — am 9. Februar 1296 — erwirkte Heinrich unter Fürsprache des Königs einen neuen päpstlichen Gnadenbrief, der ihm den Fortgenuss der Einkünfte aus allen seinen kirchlichen Benefizien gestattete und ihm als Hausgenossen des Königs von jeder Residenzpflicht bezüglich jener Benefizien entband [2]). Aus dem Inhalte dieses Schriftstückes ergiebt sich schon ziemlich deutlich, dass Heinrich damals ausser den beiden Pfarreien auch noch andere Pfründen innegehabt hat. Das erweist sich dann auch noch mit voller Sicherheit aus dem nächstfolgenden zu seinen Gunsten erlassenen Gnadenbriefe, worin ihm der Papst — am 18. Mai 1296 — die Anwartschaft auf das nächste im Trierer Domkapitel ledig werdende Benefizium einer Dignität oder eines Personats oder eines Offiziums sammt der dazu gehörenden Pfründe vorbehält. In dieser Urkunde wird nämlich ausdrücklich gesagt, dass Heinrich zur Zeit bereits Kanonikus und Pfründenbesitzer der Kollegiatkirchen von S. Gereon in Köln, von S. Florin in Koblenz, von S. Sever in Münstermaifeld und von Münstereifel und dazu noch Inhaber der Pfarreien Bruttig und Weling ist [3]). Aus dem Zusatze, dass er fortan die Pfarrei Bruttig fahren lassen soll, wird dann auch ersichtlich, dass er mit Erfüllung der schon vor einem halben Jahre an ihn ergangenen Vorschrift bezüglich der Pfarrei Bruttig es gar nicht eilig gehabt hat. Gleich im nächstfolgenden Jahre — am 3. März 1297 — empfing dann Heinrich zu den ihm vom Papste in der letztgenannten Urkunde bestätigten Pfründen wieder auf Verwendung des Königs durch einen neuen päpstlichen Gnadenbrief die Kölner Dompropstei [4]). Auch die ihm vom Papste verliehene Anwartschaft auf eine Stelle und Pfründe im Trierer Domkapitel blieb nicht lange erfolglos; denn in zwei Urkunden des Trierer Domkapitels vom 22. Dezember 1300 und vom 20. Februar 1301 erscheint er als Mitglied des Domkapitels und als Inhaber des Archidiakonats

---

1) Reg. Vat. 47 f. 136 nr. 598.
2) Reg. Vat. 48 f. 75¹ nr. 314.
3) Reg. Vat. 48 f. 76 nr. 315.
4) Reg. Vat. 48 f. 207¹ nr. 52; cf. Ennen u. Eckertz, Quellen zur Geschichte der Stadt Köln III, nr. 445.

von Longuyon [1]). Wie wir dann bereits oben gesehen haben, wurde er nach dem Tode des Trierer Erzbischofs Boemund vom Trierer Domkapitel zu dessen Nachfolger gewählt. Auf Grund dieser Wahl setzte er sich, ohne die päpstliche Bestätigung abzuwarten oder zu erlangen, in den Besitz des grössten Theiles des Erzstiftes und der erzbischöflichen Mensalgüter und stellte sich eben hierdurch in schroffen Gegensatz zu der ins kanonische Recht übergegangenen Bestimmung des zweiten Lyoner Konzils (C. 4), welche derartiges strengstens verbot. In diesem Besitz behauptete er sich noch im Mai des Jahres 1300 — also fast vier Monate nach der päpstlichen Ernennung Dieters — ja es ist sicher wahrscheinlich, dass er mit der Mehrzahl der Trierer Domkapitulare bis zum Friedensschlusse vom 27. Juli 1303 dem vom Papste Ernannten die Anerkennung versagt hat. Als dann am 26. März 1304 der Kölner Erzbischof Wikbold von Holte gestorben war, folgte das Kölner Domkapitel dem bösen Beispiele des Trierers und schritt zu einer Neuwahl, obschon Papst Bonifaz noch zu Lebzeiten Wikbolds sich, bezw. seinem Nachfolger auf dem päpstlichen Stuhle die Ernennung eines Nachfolgers vorbehalten und für diesen Fall das Wahlrecht des Kapitels suspendirt hatte. Die Neuwahl lieferte ein zwiespältiges Ergebniss, indem der eine Theil der Kapitularen den Propst des Bonner Cassiusstiftes, der andere dagegen den Dompropst Heinrich von Virneburg erkor. Beide Bewerber wandten sich mit ihren Ansprüchen an die päpstliche Kurie. Hier aber erklärte Papst Benedikt XI., der nächste Nachfolger Bonifaz VIII. die Wahl für ungiltig und ernannte dann im Consistorium kraft eigener Machtfülle den Heinrich zum Kölner Erzbischof, starb aber schon bald darauf, ehe noch die betreffende Ernennungsbulle ausgefertigt war. Gleich nach der Krönung des nächstfolgenden Papstes Clemens V. erfolgte dann diese Ausfertigung gegen Anfang des Jahres 1306 [2]).

Wenigstens seit seiner Consecration, vielleicht auch schon früher hat Heinrich den Besitz der Pfarrpfründe von Welling aufgegeben. Wer wurde nun aber hier sein Nachfolger? Heinrichs gleichnamiger Neffe, der damals noch gar nicht in dem Alter war, das ihn zum Empfange der Priesterweihe befähigte und der diese dann auch thatsächlich noch 6 Jahre später nicht empfangen hatte.

---

[1]) Görz, Mittelrheinische Resten, IV. nr. 3095. Coblenzer Staatsarchiv, Documenta Capituli Trever. tom. III pg. 1.

[2]) Reg. Vat. 52 f. 59 nr. 337.

Ja noch mehr! Im Laufe dieser sechs Jahre hatte ihm der erzbischöfliche Oheim auch noch den Besitz einer zweiten Pfarrei (Asbach[1]) in seiner eigenen Erzdiöcese, dazu auch noch drei Kanonikatspfründen an den Domkirchen von Trier und Köln und an der Cassiuskirche in Bonn und die Anwartschaft auf eine Pfründe am Gereonsstift in Köln verschafft. Seiner Residenzpflicht war der junge ungeweihte zweifache Pfarrer und vierfache Kanonikus während dieser 6 Jahre weder in Welling noch auch in Asbach noch auch in Trier oder Köln oder Bonn nachgekommen. Doch hatte er währenddem schon an zwei blutigen Kämpfen theilgenommen[2]). Ganz in derselben Weise und unter ähnlichen Umständen hatte der erzbischöfliche Oheim auch für seinen Neffen Gerhard zu sorgen verstanden. Zwar war dieser um Mitte des Jahres 1312 erst Diakon, aber schon im Besitze zweier Pfarreien der Trierer Diöcese, Hambuch und Retterath, und zweier Kanonikatspfründen, am Kölner Dom und an der Stiftskirche von Carden, Anwärter auf zwei andere Kanonikatspfründen, in Münstereifel und Münstermaifeld, und Inhaber des Archidiakonats Longuyon im Trierer Domkapitel. Auch er hatte an einem blutigen Kampfe theilgenommen[3]). Kurz vor Mitte des Jahres 1312 gelangten diese Thatsachen zur Kenntniss des Papstes Clemens V. Aber ihm meldete sie eben kein anderer als gerade der erzbischöfliche Oheim, der es an der Kurie durchsetzte, dass der Papst den beiden Brüdern Gerhard und Heinrich nicht nur Verzeihung ihrer Vergehen wider das kanonische Recht angedeihen liess, sondern ihnen auch noch den Fortbesitz und Fortgenuss ihrer Pfründen gestattete, ja sie sogar noch mit Anwartschaften auf neue Pfründen beschenkte. Nur solle Heinrich, sobald er den Besitz dieser angetreten habe, die beiden Pfarreien Welling und Asbach abgeben. Dieser erwarb dann später auch noch die Propstei des Bonner Cassiusstiftes und damit zugleich ein Archidiakonat der Kölner Diöcese, war aber noch am 11. Oktober 1328 ohne Priesterweihe und bloss Diakon, als ihn Papst Johann XXII. zum Erzbischof von Mainz ernannte[4]). Nach Erwerbung der Propstei und des Archidakonats mag Heinrich in Befolgung der

---

1) Kollator der Pfarrei war der Erzbischof. Reg. Vatican. 92 f. 115¹ nr. 3128.
2) Reg. Vat. 59 f. 157 nr. 757.
3) Reg. Vat. 59 f. 158 nr. 760.
4) Reg. Vat. 89 f. 128¹ nr. 317. — Von Johanns zweitem Nachfolger

päpstlichen Weisung seine beiden Pfarreien aufgegeben haben. Von diesen beiden blieb aber Welling lange Zeit ganz ohne einen Inhaber, weil Heinrichs Bruder, Graf Robert, als Patron der Pfarrei es unterliess, einen Nachfolger zu ernennen und diesen durch den Archidiakon einführen zu lassen[1]). Allem Anscheine nach hat der Patronatsherr während der langen Erledigungszeit die Pfarreieinkünfte für sich selbst vereinnahmt. Ebenso war denn auch die andere Pfarrei Asbach bis zum 19. Juni 1329 unbesetzt[2]). Um ebendiese Zeit starb ein anderes Mitglied der Virneburger Grafenfamilie, nachdem er bis in seinen Tod ohne päpstliche Dispens zugleich Inhaber der Propstei von S. Kunibert in Köln und der Pfarrei Büdelich gewesen war[3]). Wie traurig es mit der Seelsorge in den genannten Pfarreien, deren Inhaber solche Herren waren, bestellt gewesen sein mag, lässt sich leicht ermessen.

In zwei Papsturkunden vom 18. März 1297 erscheint uns ein Mitglied eines anderen Grafengeschlechtes der Trierer Erzdiöcese, Emicho, ein Sohn des Grafen Johann von Sponheim. Ihm hatten von dem durch das zweite Lyoner Konzil zum Empfange der Priesterweihe und zur Erlangung einer Pfarrei vorgeschriebenen Alter noch mehrere Jahre gefehlt, auch war er sogar noch ohne jede höhere Weihe; und doch hatte er bereits eine Kanonikatspfründe am Mainzer Dome, die Propstei von Maistadt in der Mainzer Diöcese und die beiden Pfarreien Kirberg und Bell in der Trierer Diöcese erworben und die Einkünfte aller dieser Pfründen dann mehrere Jahre hindurch genossen. An demselben Tage verzieh ihm der Papst auf Bitten des deutschen Königs Adolf, mit dem er verwandt war und in dessen Dienste er stand, diese Vergehen gegen das kanonische Recht, sprach ihn von jeder Ersatzpflicht bezüglich der rechtswidrig aus jenen Pfründen bezogenen Einkünfte frei, dispensirte ihn, da er inzwischen Subdiakon geworden war, für die nächsten fünf Jahre vom Empfange der Diakonats- und Priesterweihe und von jeder Residenzpflicht bezüglich der von ihm be-

---

Clemens VI. wurde er im J. 1346 wieder abgesetzt. Ueber seine öffentlichen Sünden vor Erlangung des Erzbisthums liefert ein Aktenstück der Vatikanischen Bibliothek (Cod. Vat. 4009 fol. 174—176), über ebendieselben nach Erlangung des Erzbisthums die Absetzungsbulle (Reg. Vat. 170 fol. 7[1]; vgl. Raynaldi, Annal. eccles. ad. a. 1346 §§ 12—16) Aufschluss.

1) Reg. Vat. 90 f. 152[1] nr. 1416.
2) Reg. Vat. 92 f. 114[1] nr. 3128.
3) Reg. Vat. 94 nr. 980.

sessenen Pfründen und verlieh ihm obendrein noch die Anwartschaft auf eine höhere Pfründe in der Diöcese Lüttich [1]).

Eine andere Papsturkunde vom 18. Dezember 1303 führt uns einen adeligen Trierer Domkanonikus Namens Peregrinus vor, der als Diakon in den Besitz der Pfarrei Kobern gelangt war und deren Einkünfte jahrelang genossen hatte, ohne sich zum Priester weihen zu lassen. Auf sein Gesuch verzieh ihm der Papst seinen Verstoss gegen das kanonische Recht und rehabilitirte ihn unter der Bedingung, dass er die aus der Pfarrei mit Unrecht bezogenen Einkünfte zum Nutzen der Koberner Kirche verwenden solle [2]).

Am 24. Dezember 1306 finden wir den Heinrich Buthon, einen Neffen des jüngst vom Bisthum Basel auf den erzbischöflichen Stuhl von Mainz beförderten Peter von Aspelt, im thatsächlichen Besitze einer Kanonikatspfründe und eines Archidiakonats am Baseler Dome, einer Kanonikatspfründe an der Trierer Kollegiatkirche S. Simeon und dreier Pfarreien, wovon die eine in der Konstanzer, die beiden anderen (Peffingen und Ediger) in der Trierer Diöcese lagen. Buthon besass diese drei Pfarrkirchen schon über ein Jahr, war aber noch immer nicht zum Priester geweiht und bis dahin ohne päpstliche Dispens [3]).

Rainer von Rodemachern war am 13. Oktober 1307 Inhaber einer Kanonikatspfründe am Lütticher Dome und auch schon mehrjähriger Besitzer der Pfarrkirche von St. Michael vor dem Trierer Römerthore, ohne bis dahin die Priesterweihe empfangen oder die erforderliche Dispens erwirkt zu haben [4]).

Schon vor dem 7. Mai 1296 war Albert von Hammerstein aus dem Geschlechte der Burggrafen von Hammerstein in den Besitz der Pfarrei Engers gelangt, war dann aber nicht lange vor diesem Tage auf Betreiben des Grafen Johann von Sayn, der für sich das Patronat über diese Pfarrei in Anspruch nahm, aus derselben vertrieben worden. Er hatte sich dann klagend an die Kurie gewandt und nach langer Prozessführung endlich gegen Ende des Jahres 1301 die Pfarrei wieder erlangt [5]), und auch noch die benachbarte Pfarrei Feldkirchen dazu erworben. Am 27. Oktober 1308 erscheint er im Besitze beider und ausserdem als Inhaber der Domkantorei von Köln. Aber Priester war

1) Reg. Vat. 48 f. 228¹ u. 243 nr. 151 u. 212.
2) Reg. Vat. 51 f. 39 nr. 176.
3) Reg. Vat. 54 f. 116¹ nr. 563.
4) Reg. Vat. 54 f. 107 nr. 519.
5) Vier Urkunden im Coblenzer Staatsarchiv.

er noch immer nicht, sondern nur erst Diakon und bis dahin ohne päpstliche Dispens [1]).

So erscheint uns in den päpstlichen Registerbänden aus dem Ende des XIII. und Anfange des XIV. Jahrhunderts eine ganze Reihe von Mitgliedern des Trierer Klerus und unter diesen wieder insbesondere des Trierer Domkapitels, welche sich jahrelang über die kanonischen Vorschriften hinsichtlich der Benefizienhäufungen und der Verpflichtung zur Residenz und zum Empfang der Weihen leichten Herzens hinwegsetzten und um die durch das kononische Recht diesetwegen über sie ausgesprochenen schweren Kirchenstrafen sich nicht kümmern. Verzeihung ihrer schweren Vergehen und päpstliche Dispens suchen sie in der Regel nur dann nach, wenn sie an der päpstlichen Kurie um Verleihung neuer und höherer Pfründen werben. Fast ausnahmslos aber sind es nachgeborene Söhne des kurtrierischen Adels.

Solche verderbliche Missbräuche waren am päpstlichen Hofe nicht unbekannt. Und da versteht es sich leicht, dass ein Papst, der wie Bonifaz VIII. mit so grosser Entschiedenheit und Standhaftigkeit für die volle und konsequente Durchführung des kanonischen Rechtes stets eingetreten ist, auch ernstlich gewillt war, jenen Missbräuchen in der Trierer Diöcese entgegenzutreten und ein Ende zu bereiten. Zu diesem Zwecke aber konnte er sich von einem Manne, der vom Trierer Domkapitel nach Boemunds Tode zu dessen Nachfolger gewählt werden würde, erfahrungsgemäss nichts Gutes versprechen. Und so begreift es sich auch aus diesem dritten Grunde, dass er sich zeitig die Ernennung eines Nachfolgers Boemunds vorbehielt. Wer hätte ihm aber für die Durchführung eben dieses Zweckes wohl geeigneter erscheinen können, als ein Mann wie Dieter, der Mitglied einer Familie des Trierischen hohen Adels war, der ferner durch seinen Eintritt in einen Mendikantenorden der Jagd nach fetten und vielen Pfründen recht gründlich entsagt hatte und der endlich gerade dem Orden angehörte, welcher sich in jenen Zeiten durch unbedingte Ergebenheit gegen den päpstlichen Stuhl und durch Eifer in der Befolgung und Durchführung der päpstlichen Dekretalen in erster Linie hervorthat!

---

1) Reg. Vat. 55 f. 136¹ nr. 678.

II.

Ueber Dieters Vorleben haben wir nur sehr wenige und ziemlich unbedeutende Nachrichten. Sein Name erscheint zuerst in einer Urkunde seines Bruders, die vom 12. Juli 1294 datirt ist. Ihr Inhalt besagt, dass König Adolf auf Bitten seines Bruders den Ordensgenossen desselben die Errichtung eines Klosters in der Stadt Eger erlaubt [1]). In einem Briefe, der vom Herausgeber in dieselbe Zeit gesetzt wird, bittet der Dominikanermönch Hermann von Minden seinen Ordensbruder Dieter um Fürsprache bei dessen königlichem Bruder, dass dieser dem Dominikanerkloster in Kolmar einen dortigen Wallgraben schenke [2]).

Am 23. Mai 1295 richtet Papst Bonifaz an den Dominikanermönch Dieter ein Schreiben, worin er ihm den Auftrag giebt, seinen Bruder, den König Adolf, für gewisse wichtige Wünsche des Papstes zu stimmen [3]). Wie sich durch eine Vergleichung mit anderen gleichzeitigen Briefen des Papstes ergiebt, bestanden diese Wünsche darin, dass Adolf einen Frieden zwischen den Königen von Frankreich und England vermitteln solle. Aus diesen drei Schriftstücken ist zur Beurtheilung Dieters eben nur das ersichtlich, dass er ein den Interessen seines Ordens ergebener Dominikanermönch war und auch in dieser Stellung bei seinem Bruder in Einfluss stand.' Weitere Schlüsse über Dieters Charaktereigenschaften lassen sich aus denselben nicht ziehen. In Bezug auf diese sind wir lediglich auf sein späteres Verhalten als Erzbischof angewiesen.

Dieter war zur Zeit seiner Ernennung, die, wie wir bereits gesehen haben, am 18. Januar 1300 geschah, nicht an der Kurie anwesend; denn sonst würde er der damals geltenden Regel gemäss dort vor seinem Weggange die Bischofsweihe empfangen und sich zur Zahlung der sogenannten Servitia verpflichtet haben. Wahrscheinlich erreichte ihn die Nachricht seiner Ernennung in irgend einem Dominikanerkloster seiner heimathlichen Kirchenprovinz, und es dürfte dies wohl das Luxemburger gewesen sein, da er gerade für dieses gleich am nächsten Tage nach seiner

---

1) **Ficker**, Acta imperii selecta, 514.
2) **Finke** in Zeitschrift für Geschichte des Oberrheins, Jahrgang 1890. V, 538.
3) Regist. Vaticam. t. 47 fol. 211 nr. 175; **Thomas**, Les Registres de Boniface VIII nr. 876; **Raynaldi**, Annal. eccles. ad a. 1295 § 46.

Bischofsweihe ein sehr weitgehendes Privilegium ausfertigte[1]). Als er die Nachricht empfing, hatte das Domkapitel bereits den Heinrich von Virneburg gewählt und hatte diesen, wie uns die Lebensbeschreibung Baldewins meldet, auch schon der grössere Theil der Unterthanen des Trierer Erzstiftes als seinen neuen Herrn anerkannt. Heinrich hatte auf Grund seiner — freilich kanonisch ungiltigen — Wahl sich die Verwaltung des Erzstiftes angemasst und sich der festen Burgen sowie der Güter und Einkünfte des Erzbisthums bemächtigt[2]). Auf Seiten Heinrichs stand ohne Zweifel das Domkapitel, das ihn gewählt hatte, und ein grosser Theil des mit den Domkapitularen nächstverwandten Landadels. Dieter wandte sich brieflich an den Papst, stellte ihm den Widerstand des Virneburgers und seiner Anhänger vor und bat jenen, ihm wegen seiner schwierigen Lage die Reise nach Rom zu erlassen und zu gestatten, dass er in seiner Heimat die Bischofsweihe und das vom Papst zu sendende Pallium empfange. Seine Bitten wurden ihm bewilligt. Am 11. Mai fertigte der Papst für ihn drei Bullen aus. In der ersten erlaubte er ihm, die Bischofsweihe in seiner Heimat zu empfangen, in der zweiten überwies er ihm das Pallium und bevollmächtigte die Suffraganbischöfe von Metz und Toul es ihm zu überreichen und ihn zugleich den Treueid ablegen zu lassen; in der dritten endlich forderte er mit strengen Worten und unter Androhung der Kirchenstrafen Heinrich von Virneburg auf, seinen nichtigen Ansprüchen auf den Trierer Erzstuhl zu entsagen und die in Besitz genommenen Burgen und Güter des Erzstiftes an Dieter auszuliefern[3]). Drei Tage später verlängerte er diesem die vom kanonischen Rechte vorgeschriebene Frist zum Empfang der Bischofsweihe bis zum nächsten Allerheiligenfeste[4]).

Auffallenderweise hat nun aber Dieter die Ankunft dieser Bullen gar nicht abgewartet, sondern schon vorher und zwar aller Wahrscheinlichkeit nach am 15. Mai in Metz die Bischofsweihe empfangen[5]). Ueber den Grund dieses vorschnellen Verfahrens sind wir im Dunkeln. Jedenfalls wird er sich deswegen vor dem

---

1) Görz, Mittelrheinische Regesten, IV, 3026.
2) Vgl. Beilage nr. 7.
3) Beilagen nr. 5, 6, 7.
4) Beilage nr. 8.
5) Vgl. Görz, Mittelrheinische Regesten, IV, nr. 3024 u. 3026.

Papste haben verantworten müssen. Zu einem ernsten Zerwürfnisse mit diesem hat indess die Sache nicht geführt. Denn im August finden wir wieder zwei Boten des Erzbischofs an der Kurie und zwar im einträchtigen Verhandeln mit dem Papste und der päpstlichen Kammer. Am 18. August gestattete der Papst auf Bitten des Erzbischofs diesem die Aufnahme einer Anleihe bis zum Betrage von 2000 Mk. Silber (10 000 päpstl. Kammergulden), deren dieser „sowohl für seine feierliche Einkehr in die Trierer Kirche als auch für seine Bedürfnisse und für seine Promotionsgeschäfte" benöthigt sei [1]). Welcher Art diese „Bedürfnisse" und „Promotionsgeschäfte" waren und wer den Löwenantheil von jener gewaltigen Summe [2]) erhielt, erhellt aus einer päpstlichen Kameralnotiz, laut welcher am 26. August in der päpstlichen Kammer die beiden dazu bevollmächtigten Boten des Erzbischofs diesen verpflichteten, spätestens bis zum 24. Juni desselben Jahres das servitium commune im Betrage von 1400 Mark Silber (7000 Kammergoldgulden) und die beiden servitia minuta im Betrage von 86 Mark Silber (430 Kammergoldgulden) zu bezahlen [3]). Mit Empfangnahme der Summe wurde das päpstliche Hofbankhaus Chiarentini beauftragt und Dieter angewiesen, diesem die genannten Summen zu verabfolgen. Ein Randvermerk an dieser Kameralnotiz besagt uns, dass er die Zahlung wirklich geleistet hat [4]). Zweifellos konnte er das nicht aus bereitstehenden eigenen Mitteln, sondern nur mit Hilfe jener ihm vom Papste gestatteten Anleihe, und so erscheint diese als der Anfang und die Hauptursache seiner später noch stets zunehmenden Verschuldung und Geldnoth. Aller Wahrscheinlichkeit

---

1) Beilage nr. 9.

2) 10 000 Goldgulden entsprechen in ihrer damaligen Kaufkraft einer heutigen Geldsumme von etwa 300 000 Mark.

3) Die eine Hälfte des Servitium commune ging in die päpstliche Kammer, die andere an den Camerarius des Kardinalkollegiums, der sie dann zu gleichen Theilen an diejenigen Kardinäle vertheilte, welche im Consistorium bei der Promotion anwesend gewesen waren. Dem Antheile eines Kardinals entsprach die Höhe jedes der beiden servitia minuta. Von diesen war das eine für gewisse familiares des Papstes, das andere für gewisse familiares der Kardinäle bestimmt. Bonifaz VIII. nächster Nachfolger erhöhte die Zahl der servitia minuta von 2 auf 5, von denen 4 den päpstlichen familiares zufielen. Martin V. erhöhte das Trierer servitium commune von 7000 auf 10000 Kammergoldgulden. Seit dem Inkrafttreten der Bulle De salute animarum (1821) beträgt es für Trier 666 Thaler.

4) Beilage nr. 10

nach hat aber Dieter damals ausser jener Zahlung von 7430 Goldgulden auch noch die einer zweiten bedeutenden Geldsumme übernehmen müssen, die sein Amtsvorgänger Boemund zu Anfang seiner Bisthumsverwaltung von demselben Bankhaus entliehen und noch zu Anfang seines letzten Lebensjahres nicht bezahlt hatte [1]).

Ungefähr um dieselbe Zeit, als jene Zahlungsfrist ablief, begann dann für Dieter auch noch dazu die Kriegsnoth. Am 13. April 1301 hatte der Papst den Erzbischöfen von Mainz, Trier und Köln den Auftrag gegeben, öffentlich zu verkündigen, dass er, wenn Herzog Albrecht von Oesterreich, der sich den Königstitel anmaasse, nicht binnen 6 Monaten Bevollmächtigte zur Kurie sende, um sich vor dem päpstlichen Richterstuhle wegen seines gegen den König Adolf begangenen offenkundigen Verbrechens der Majestätsbeleidigung zu verantworten, den deutschen Kurfürsten und Unterthanen des deutschen Reiches verbieten werde, noch fürder jenem als Könige Gehorsam zu leisten [2]). Die Verkündigung dieser Bulle gab das Signal zum Ausbruche eines Krieges, der zwei Jahre lang Deutschland in zwei feindliche Heerlager spaltete. In Voraussicht desselben hatten schon lange vorher, nämlich am 14. Oktober 1300, die drei rheinischen Erzbischöfe und der Pfalzgraf Rudolf zu Heimbach einen Bund zu gegenseitiger Vertheidigung geschlossen [3]). Aber das Kriegsglück stellte sich nicht auf ihre Seite. Im Sommer des Jahres 1301 begann und vollführte König Albrecht seinen Siegeszug gegen den Mainzer, zwang dann im Oktober des nächstfolgenden Jahres den Kölner und endlich im November auch den Trierer zum Frieden und zur Unterwerfung. Durch diesen unglücklichen Krieg hat sich Dieters Schuldenlast sicherlich bedeutend gemehrt [4]).

Als Sieger über die päpstliche Partei bewahrte jedoch Albrecht dem Papste gegenüber kluge Mässigung und erreichte hierdurch dann schon im Frühling des Jahres 1303 ein Einvernehmen mit dem Papste, der ihn am 30. April als König anerkannte und diese Anerkennung den deutschen Kurfürsten kund machte [5]). Einige

---

1) Registr. Vatican. t. 49 fol. 161 nr. 101; Digard, Les Registres de Bonif. VIII nr. 2989.

2) Arch. Vatican. Registr. t. 50, litterae curiae, fol. 112^1 nr. 5; Raynaldi, Annal. eccles. ad. a. 1301 § 2.

3) Lacomblet, Urk.-Buch zur Gesch. des Niederrheins, Bd. II nr. 1.

4) Das Coblenzer Staatsarchiv enthält eine ganze Reihe von Schuld- und Verpfändungsurkunden Dieters.

5) Beilage nr. 11.

Wochen später, am 20. Mai, richtete Bonifaz an den König ein anderes Schreiben, worin er ihm den Schutz des deutschen Klerus anbefahl und ihn dann noch insbesondere ermahnte, den drei geistlichen Kurfürsten die ihnen zugefügten Kriegsschäden zu ersetzen [1]). Gleichzeitig setzte er diese drei von der an Albrecht ergangenen Mahnung in Kenntniss [2]). Ob aber Albrecht derselben irgend welche Folge gegeben habe, darüber sind wir im Dunkeln und mit Rücksicht auf Albrechts Charakter zu starken Zweifeln berechtigt.

Wie hatte sich nun aber inzwischen das Verhältniss zwischen Dieter und dem Domkapitel gestaltet? Von dem Dominikanermönch lässt sich voraussetzen, dass ihn die ernstesten Gewissensbedenken davon abhielten, mit einer Körperschaft in nähere freundliche Verbindung zu treten, die vor wie nach den päpstlichen Weisungen trotzte und die auf ihren Mitgliedern lastende Excommunikation und Suspension mit Gelassenheit ertrug. Und ebenso kann als sicher angenommen werden, dass das Domkapitel bei seiner uns genugsam bekannten Gesinnung den grössten Widerwillen gegen Dieter hegte. Ob Heinrich von Virneburg der päpstlichen Mahnung vom 11. Mai Folge geleistet und die von ihm in Besitz genommenen Theile des Erzstiftes an Dieter gutwillig ausgeliefert hat, darüber fehlt uns jede Nachricht. Wahrscheinlich dünkt es uns wenigstens nicht. Doch ist es Dieter im Laufe der zweiten Hälfte des Jahres 1300 und zu Anfang des nächstfolgenden mit Hilfe seiner Verwandtschaft und mancher Mitglieder des höheren und niederen Adels, die er durch Geldsummen oder Pfandschaften oder Verlehnungen in seine Dienste brachte, allmählich gelungen, die wichtigsten Orte des Erzstiftes in seine Gewalt zu bringen [3]). Am 11. Dezember 1300 schloss er einen Vergleich mit der Stadt Coblenz [4]) und gegen Ende des nächstfolgenden Monats weilte er in Trier [5]). Es hatten sich nunmehr also auch die Hauptstädte des Trierischen Ober- und Niederstifts auf seine Seite gestellt. Um dieselbe Zeit scheint dann auch zwischen Erzbischof und Domkapitel wenn auch kein freundliches, so doch ein friedliches Nebeneinanderleben eingetreten zu sein. Denn am 20. Februar 1301,

---

1) Beilage nr. 12.
2) Beilage nr. 13.
3) Görz, Regesten der Erzbischöfe von Trier, S. 62.
4) Görz, Mittelrheinische Regesten, IV, 3092.
5) Görz, Regesten der Erzb. von Trier, S. 62.

also zu einer Zeit, wo die Stadt Trier schon zu Dieter hielt, sehen wir dort im Domkloster das Domkapitel in friedlicher Tagung versammelt [1]). Ob aber dieses friedliche Verhältniss auch während des Krieges zwischen Albrecht und Dieter fortgedauert habe, oder ob sich damals das Domkapitel für den König und wider den Erzbischof oder in Neutralität gestellt habe, darüber fehlt auch jede Andeutung. Sicher ist das eine, dass in dem von mir durchgearbeiteten gedruckten und ungedruckten Quellenstoff sich nichts finden lässt, was für die ersten $2\frac{1}{2}$ Amtsjahre des Erzbischofs auf einen Verkehr zwischen ihm und dem Domkapitel, auf ein Einvernehmen und gemeinsames Verhandeln und Handeln beider schliessen lässt. Erst im Sommer des Jahres 1303 ändert sich die Sachlage: das Domkapitel beschliesst, mit dem Erzbischof zu verhandeln.

Es ist das die Zeit, als Dieter schon längst mit dem König Albrecht seinen Frieden gemacht hatte, als nun auch der Friede zwischen Papst und König hergestellt war und als endlich Dieter soeben nach kurzem, aber ernstem Zerwürfniss mit der Stadt Trier auch mit dieser sich vertragen hatte. Damals trafen also mehrere Umstände zusammen, welche es dem Domkapitel sehr bedenklich erscheinen lassen mussten, noch länger in seinem Trotz gegen den Papst, in strenger Geschiedenheit gegenüber dem Erzbischof und in den kirchlichen Censuren zu verharren. Am 1. Juli 1303 begann das Domkapitel mit seinen Berathungen, um ein Einvernehmen und vollen Frieden zunächst mit dem Erzbischof und durch diesen dann auch mit dem Papste zu erzielen, und gelangte dann am 27. Juli darüber zu einem Beschlusse. Dasselbe ernannte aus seiner Mitte sechs Bevollmächtigte, um über seine sämmtlichen schwebenden Angelegenheiten zu beschliessen und zu verfügen. Insbesondere sollten diese befugt sein Mittel und Wege zu finden, um die über seine Mitglieder und den Dom verhängten kirchlichen Censuren zu beseitigen, um auch die ohne seine Zustimmung zu Domkanonikern Ernannten als Mitglieder des Kapitels zu ihren Sitzen und Pfründen zuzulassen und endlich um auch mit dem Erzbischof über die gemeinsamen Angelegenheiten Vereinbarungen zu treffen. Die Vollmacht dieses Sechserausschusses sollte bis zum 9. September dauern [2]). Schon vor Ablauf dieser Frist gelangte man zu einer Einigung mit dem Erz-

---

1) Coblenzer Staatsarchiv, Dokumenta Capituli Trev. t. III p. 1.
2) Vgl. Beilage nr. 14.

bischof. Dieser fertigte für das Domkapitel am 22. August zwei Urkunden aus. In der einen versprach er dasselbe in dessen hergebrachten Rechten und Freiheiten zu belassen und zu schützen und auch auf eigene Kosten dafür zu sorgen, dass die über die Mitglieder des Kapitels und den Dom verhängten päpstlichen Kirchenstrafen aufgehoben würden [1]). Der Inhalt scheint vom kanonischen Standpunkte aus unbedenklich zu sein, ist es aber in Wirklichkeit nicht. Denn es fragt sich eben, was alles das damalige Domkapitel zu seinen hergebrachten Rechten und Freiheiten rechnete. Wir haben ja auch schon oben gesehen, dass es die päpstliche Ernennung von Nichtadeligen zu Domherrnpfründen, die nach dem kanonischen Rechte der Verleihung durch den Papst anheimgefallen war, als einen Eingriff in seine hergebrachten Rechte und Freiheiten betrachtete und erklärte. Was alles es aber unter eben diesen verstand, das lehrt uns der Inhalt der zweiten Urkunde vom 22. August[2]).

Darin versprach der Erzbischof dem Domkapitel erstens, dass er, wenn es Statuten über die Aufnahme neuer Mitglieder erlassen werde, gegen deren Erlass und Ausführung nichts thun werde. Zweitens versprach er ihm, dass er die Domkanoniker, welche Inhaber von (Pfarr-) Kirchen seien, weder wenn sie deren mehrere besässen noch wenn sie die dafür vorgeschriebenen Weihen zu empfangen unterliessen noch auch wenn sie ihrer Residenzpflicht in ihren Kirchen nicht nachkämen, irgendwie deshalb belästigen, auch ihre Einkünfte aus diesen Kirchen nicht mit Beschlag belegen und deshalb auch keine Strafurtheile gegen sie fällen oder fällen lassen, sondern das einfach alles ignoriren werde. Wenn er endlich drittens gegen solche Kleriker, welche mehrere Kirchen besässen oder ihrer Pflicht zum Empfang der Weihen oder der Residenzpflicht nicht nachkämen, im Allgemeinen Statuten erlassen oder Kirchenstrafen verhängen werde oder wenn er dergleichen schon gethan habe, so sollten die Domkanoniker von diesen Statuten oder Strafen ausgeschlossen sein.

Warum hat nun aber das Domkapitel die ihm von Dieter an demselben Tage gegebenen Versprechungen nicht in einer ein-

---

1) Blattau, Statuta synodalia Trever. t. 1 nr. 24, p. 62. — Im Coblenzer Staatsarchiv befindet sich ausser dem Original noch eine Abschrift in Documenta Capituli Trever. t. III p. 41.

2) Vgl. Beilage nr. 15.

zigen, sondern in zwei von einander verschiedenen Urkunden verbriefen lassen? Der Grund hierfür ist leicht zu finden. Die erste mit ihrem anscheinend ganz unbedenklichen Wortlaut war für die Oeffentlichkeit bestimmt; dagegen war die zweite mit ihrem hochbedenklichen Inhalte eine von beiden Seiten geheim zu haltende Abmachung.

Nachdem der Erzbischof dem Domkapitel diese beiden Urkunden ausgestellt hatte, stellte dann auch der bevollmächtigte Sechserausschuss des Domkapitels am 8. September, also an dem Tage, an welchem seine Vollmacht zu Ende ging, dem Erzbischof eine Urkunde aus. Darin versprach es diesem für dessen künftige Bemühungen um Aufhebung der über das Kapitel und den Dom verhängten Kirchenstrafen und „für gewisse Artikel, welche den heilsamen Zustand der Trierer (Dom-) Kirche und ihrer Personen betreffen" eine Summe von 1100 Pfund Tournosen, die ihm spätestens bis zum 1. Oktober ausgezahlt werden sollten [1]), was dann laut Angabe einer späteren Urkunde auch geschehen ist [2]).

Aus dem Inhalte der drei Urkunden vom 22. August und 8. September ergiebt sich dieses: Der Erzbischof hat nun endlich die volle Anerkennung seiner Würde von Seiten des Domkapitels erlangt, aber um einen sehr hohen, ja allzuhohen Preis. Denn er hat ihm dafür nicht bloss versprochen, bei der päpstlichen Kurie die Lossprechung von Excommunikation, Suspension und Interdikt zu bewirken, sondern er hat dem Domkapitel auch in dem zweiten und dritten Punkte seiner zweiten Urkunde vom 22. August einen Freibrief dafür ausgestellt, dass dessen Mitglieder in gröblicher und hartnäckiger Verletzung des kanonischen Rechts die Benefizienhäufungen, die Unterlassung der Residenzpflicht und des Empfanges der Weihen ruhig und von ihm unbehelligt weiter fortfahren dürfen. Und er hat sich vom Domkapitel eine Geldsumme bewilligen und zahlen lassen, die schon wegen ihrer Grösse nicht blos ein Entgelt für die Kosten der Erwirkung jener Lossprechung, sondern auch eine Gegenleistung für die Ausstellung jenes Freibriefes darstellt.

Dass dies alles ein rechts- und gewissenswidriger und für beide Theile schuldvoller und schmachvoller Handel gewesen ist, bedarf keines Beweises. Von Seiten des Domkapitels, sowie wir es im Voraufgehenden kennen gelernt haben, wird uns der Abschluss dieses

---

1) Vgl. Beilage nr. 16.
2) Vgl. Beilage nr. 17.

Handels nicht überraschen, umsomehr aber von Seiten Dieters, der das Ordensgewand des hl. Dominikus trug und Vertrauensmann Bonifaz VIII. war. Sicher ist es ihm nicht leicht geworden, auf diesen Handel einzugehen. Dies geht insbesondere aus dem Wortlaute des zweiten Punktes der zweiten Urkunde vom 22. August hervor, in welchem der Erzbischof, wie wir eben gesehen haben, den Domkanonikern den ruhigen Weiterbesitz mehrerer Pfarrkirchen und die Unterlassung des Weihenempfangs und der Residenzpflichterfüllung gestattet. Er beginnt hier mit einer Entschuldigung wegen dieser Gestattung, indem er sagt, er thue dies mit Rücksicht auf die Armuth und Geringfügigkeit ihrer Einkünfte und Benefizien und aus Mitgefühl für dieselben. In demselben Punkte spricht er dann auch noch einmal seine Gewissensnoth wegen dieser Gestattung aus, indem er beifügt, dass er die Verantwortung hierfür auf das Gewissen der Domkanoniker lade. Solche Aeusserungen lassen deutlich erkennen, dass der Mann nur mit schwerem Herzen auf diese Vereinbarung eingegangen ist, und berechtigen zu dem Schlusse, dass er sich in bedrängter Lage befand, als er in schwacher Stunde das that. Wohl mag dabei auch seine stets wachsende Schuldnoth mitbestimmend gewesen sein; aber schwerlich wird die Rücksicht auf die Geldbewilligung des Domkapitels der Hauptgrund oder auch nur ein Hauptbeweggrund gewesen sein. Ziehen wir dann auch noch die drei Thatsachen in Rücksicht, dass jene drei Missbräuche damals keineswegs bloss in der Trierer Diöcese, sondern auch in den Nachbardiöcesen erscheinen, dass dieselben in der Trierer Diöcese schon lange Jahre hindurch vor Dieters Amtsantritte geherrscht haben und dass endlich ebendieselben auch nach seinem Tode unter seinem Nachfolger Balduin fortgedauert haben, der doch für die Kirchenzucht Eifer hegte und dem in Durchführung dieser eine gewaltige Hausmacht zur Verfügung stand, so gelangen wir zu dem Schlusse, dass seine Nachgiebigkeit gegen das Domkapitel zwar nicht zu rechtfertigen, aber zu erklären und in erheblichem Grade zu entschuldigen ist.

III.

Mit Erfüllung des einen in der für die Oeffentlichkeit bestimmten Urkunde vom 22. August enthaltenen Versprechens hat Dieter nicht gezögert. Schon am 2. November 1303, also nur wenige Tage nach seiner Krönung, fertigte der neue Papst Benedikt XI., ein Ordensgenosse Dieters, auf dessen Bitten eine Bulle aus, worin er diesem die Vollmacht gab, die Mitglieder des Kapitels und den Dom von den Kirchenstrafen, die über beide wegen der Weigerung, Peter von Aspelt und Johann Gilet in die ihnen von Nicolaus IV. verliehenen Dompfründen einzuweisen, verhängt waren, loszusprechen und auch diejenigen Domkapitulare, welche durch Nichtbeachtung dieser Strafen irregulär geworden waren, zu rehabilitiren [1]). Diese Lossprechung und Rehabilitirung hat dann auch wirklich stattgefunden. Denn wie wir aus der weiter unten zu besprechenden Klageschrift des Domkapitels gegen Dieter ersehen [2]), ist in der Folgezeit bis zum 11. Dezember 1306 wieder Gottesdienst in der Domkirche gefeiert worden.

Benedikt XI. fertigte aber am 2. November 1303 für Dieter noch eine für die Lebensgeschichte Dieters sehr wichtige zweite Bulle aus [3]). In dieser gab ihm der Papst die Vollmacht, diejenigen kirchlichen Benefizien seiner Diöcese, welche nach den Bestimmungen des Laterankonzils schon so lange erledigt seien, dass ihre Vergabung dem päpstlichen Stuhle ex iure devolutionis zustehe, an geeignete Personen zu verleihen. Doch dürfe er je einer Person auch nur je ein Benefizium verleihen. Auch übertrug ihm der Papst die Befugniss, die unrechtmässigen Inhaber jener Benefizien nach geschehener gesetzmässiger Vorladung derselben aus eben jenen Benefizien zu entfernen, die von ihm dafür Ernannten in den Besitz einzusetzen und in diesem zu schützen. Gegen etwaige Widersacher, die ihm bei Ausübung dieser Befugniss entgegentreten würden, solle er die kirchlichen Censuren anzuwenden berechtigt sein, wobei eine Appellation an den päpstlichen Stuhl ausgeschlossen sein solle. Bei allen jenen Verleihungen aber müsse Vorsorge getroffen werden, dass die von ihm Neuernannten in ihren Benefizien residiren und die für ihr Benefizium vorgeschriebenen Weihen in den vom kanonischen Rechte vorgeschriebenen Fristen empfangen.

1) Beilage nr. 17. — Aus dieser Urkunde ergiebt sich, dass Johann Gilet (dem Bonifaz VIII. noch im J. 1297 ein Kanonikat im Metzer Dome verliehen hatte) am 2. November bereits gestorben war, und dass ferner eine im Coblenzer Staatsarchiv abschriftlich aufbewahrte Urkunde, laut welcher die von Bonifaz VIII. für Gilet ernannten Exekutoren am 10. Juni 1301 alle von ihnen in dieser Sache über das Domkapitel verhängten Kirchenstrafen aufheben, kanonisch ungültig und wahrscheinlich vom Domkapitular erschlichen war. Vermuthlich hat hierzu der kurz vorher erfolgte Tod Gilets die äussere Veranlassung geboten.

2) Beilage nr. 19.
3) Beilage nr. 18.

Eine Vergleichung des Inhalts dieser Bulle mit den oben (S. 8 und 9) dargelegten kanonischen Bestimmungen ergiebt, dass sie deren Ausführung in der Trierer Diöcese bezweckt, worin, wie wir schon im Vorstehenden nachgewiesen haben, jenen Bestimmungen seit Jahren so viel und so arg zuwider gehandelt worden war. Eine Vergleichung des Inhalts der Bulle mit der vom Erzbischof für das Domkapitel ausgestellten Geheimurkunde erweist aber auch, dass die Bulle sich grade gegen jene Missbräuche wendet, deren sich die Mitglieder des Domkapitels in erster Linie schuldig gemacht hatten und deren Schonung und Fortdauer ihnen der Erzbischof in der Geheimurkunde zugesichert hatte. So tritt zu Tage, dass man an der Kurie die in der Trierer Diöcese geübte Häufung der unvereinbaren Benefizien und Vernachlässigung der Pflichten der Residenz und des Weihenempfangs wohl kannte und gewillt war, diesem ein Ende zu machen. Auch lassen die Worte der Arenga der Bulle deutlich erkennen, dass man an der Kurie den Dieter für den Mann hielt, der die ernste Absicht hege, jenen Missbräuchen gegenüber in seiner Diöcese das kanonische Recht wieder zur Geltung zu bringen. In der Arenga fehlt jede auch noch so leise Andeutung, dass die Bulle durch Berichte oder Bitten Dieters erwirkt sei. Wir müssen es also unentschieden lassen, ob solche Berichte und Bitten von ihm an den Papst gerichtet worden sind, oder ob dieser von ebensolchen ganz unbeeinflusst die Bulle für den Erzbischof ausgestellt hat. Im ersten Falle würde sich freilich ergeben, dass Dieter schon gleich in den ersten Wochen nach Ausstellung der Geheimurkunde die darin gegebenen Versprechungen bereut und als vor dem kanonischen Recht sowohl als vor seinem Gewissen als unverbindlich erkannt haben würde. Jedenfalls aber hat er längere Zeit nach Empfang der Bulle gezögert von den darin ihm gegebenen Vollmachten Gebrauch zu machen. Erst nach der Belagerung und Eroberung der Stadt Coblenz im Frühsommer des Jahres 1304 und nach dem Bündniss mit der Stadt Trier zu gegenseitiger Hilfeleistung am 2. September desselben Jahres, sicher aber schon einige Zeit vor Beginn der Ernte des Jahres 1306 [1]) ging er ans Werk, um der schmählichen Benefizienhäufung und der Vernachlässigung der Pflichten der Residenz und des Weihenempfangs in seiner Diöcese ein gründliches Ende zu bereiten [2]).

---

1) Dies ergiebt sich aus d. Klageschrift des Domkapitels, Beilage nr. 19.
2) Bezüglich des Folgenden vergl. Beilagen nr. 19, 20, 21.

Er erliess eine allgemeine Verfügung, worin er dem Domkapitel, den Kapiteln der Kollegiatkirchen und den einzelnen Mitgliedern dieser Körperschaften, sowie auch den Aebten in seiner Diöcese gebot, ihm binnen einer bestimmten Frist die Verleihung der Pfarrkirchen, in deren Besitz sie seien, nachzuweisen, und erklärte, falls sie dieses unterlassen würden, die Einkünfte der betreffenden Pfarrkirchen für sequestrirt, die Unterlasser für excommunicirt und die betreffenden Pfarrkirchen für interdicirt [1]).

Zu diesem Erlass war der Erzbischof durch das 18. Kapitel des zweiten Lyoner Konzils nicht bloss berechtigt, sondern auch verpflichtet [2]). Auch die ihm am 2. November 1303 von Benedikt XI. verliehene Vollmacht zur Wiederbesetzung derjenigen Pfarrkirchen, deren Provision auf den apostolischen Stuhl devolvirt sei [3]), gab ihm noch einen besonderen Rechtstitel, jenen Nachweis zu fordern. Aber seiner Forderung kamen weder die Kapitel noch auch die Aebte nach. Da schritt der Erzbischof nach Ablauf der ihnen gestellten Frist zur Ausführung der in jener Verfügung ausgesprochenen Drohung. Er gebot den Landdechanten seiner Diöcese, die Einkünfte jener Pfarreien, soweit dieselben in ihren Dekanaten lagen, mit Beschlag zu belegen und bestimmten erzbischöflichen Beamten zu überweisen. Darauf appellirten die Inhaber jener Pfarreien an den apostolischen Stuhl. Dieser ernannte, wie das in solchen Fällen die Regel war, Richter, welche von Metz aus beiden Parteien aufgaben, durch bevollmächtigte Vertreter vor ihnen den Prozess zu führen. Um diese Appellation und Vorladung aber kümmerte sich Dieter nicht. Als die Zeit der Ernte des Jahres 1306 gekommen war, liess er die Erträge jener Pfarreien von seinen Leuten einsammeln und in die erzbischöflichen Vorrathshäuser schaffen, die von den Pfarreiinhabern in den Pfarreien eingesetzten Vikare austreiben und wandte sich dann auch gegen jene Inhaber mit solchen Gewaltmitteln, dass sie sich aus ihren Pfründen flüchteten. Allem Anscheine nach hielt sich Dieter zu diesem Vorgehen auf Grund des kanonischen Rechtes und des ihm von Benedikt XI. verliehenen Privilegs vom 2. November 1303 für befugt. Das kanonische Recht erklärte ja die Benefizien derjenigen, welche ohne päpstliche Dispens mehrere Dignitäten oder Personate oder Pfarreien erworben hatten, ferner diejenigen, welche ohne solche Dispens der Residenzpflicht für ihre Benefizien nicht

---

1) Beilage nr. 19.   2) Vergl. oben S. 9.
3) Beilage nr. 18.

genügen, und endlich diejenige, welche binnen Jahresfrist nicht die für ihre Benefizien vorgeschriebenen Weihen empfangen, für erledigt. Und jenes päpstliche Privileg vom 2. November 1303 gab dem Erzbischof, wie wir schon oben gesehen haben, das Recht, aus den erledigten und der päpstlichen Verleihung anheimgefallenen Benefizien die unrechtmässigen Besitzer auszutreiben, und aberkannte diesen das Appellationsrecht.

Aber die Mitglieder des Domkapitels, die Kapitel von St. Simeon und St. Paulin und die Aebte von St. Maximin und St. Mergen, gegen welche sich jene Maassregeln Dieters besonders gekehrt haben, liessen dieselben nicht ruhig und geduldig über sich ergehen. In einer gemeinsamen Versammlung fertigten sie mehrere an den Erzbischof gerichtete Schriftstücke aus, worin sie gegen die wieder sie ergriffenen Maassregeln Protest einlegten, Ersatz für den ihnen zugefügten Schaden forderten und für den Fall, dass ihnen dieser versagt werde, mit der Einstellung des Gottesdienstes in ihren Kirchen drohten. Ein Bevollmächtigter wurde nach der Neuerburg (bei Wittlich), wo sich damals der Erzbischof aufhielt, entsandt, um ihm diese Urkunden einzuhändigen. Aber Dieter liess ihn samt seinen Urkunden aus der Burg jagen. Darauf wurden diese zu Trier zuerst in der Domkirche und dann vor dem erzbischöflichen Offizial in Gegenwart vieler Personen geistlichen und weltlichen Standes öffentlich verlesen. Dann ging man zur Ausführung der in den Urkunden ausgesprochenen Drohung: am 11. Dezember 1306, einem Sonntage, wurde der Gottesdienst im Dom, in den Kollegiatkirchen St. Simeon und St. Paulin und in den Abteikirchen St. Maximin und St. Mergen eingestellt. Es folgten neue Berathungen und als deren Ergebniss die Anfertigung einer an den Papst gerichteten und vom 28. Dezember datirten Beschwerdeschrift wider die Maassregeln des Erzbischofs [1]).

Dieses Aktenstück beginnt damit, dass es als Ursache des Zerwürfnisses die Habsucht des Erzbischofs bezeichnet. Um von ihm unbelästigt zu bleiben, habe ihm das Domkapitel die Summe von 1100 Pfund kleiner Tournosen bewilligt und um diesen Preis von ihm das urkundliche Versprechen erhalten, dass er dessen Mitglieder während seines Lebens ungestört im Besitze und Genusse ihrer Rechte und Güter, ihrer Benefizien und Einkünfte belassen werde. Dann werden in breitester Weise die neuesten Maassregeln des Erzbischofs gegen die Mitglieder der Kapitel des Domes, des Simeon-

---

1) Beilage nr. 9.

stiftes, des Paulinstiftes und die beiden Abteien St. Maximin und St. Mergen dargestellt. So wird das Wesen des Geheimvertrags vom 22. August 1303 sorgfältig und geschickt verschleiert. Dass er dem kanonischen Rechte schnurstracks zuwiderlief, dass die Herren jene Summen opferten, um im widerrechtlichen Besitze ihrer gehäuften Pfründen zu bleiben, dass der Erzbischof in seinem neuesten Vorgehen gegen sie das kanonische Recht und ein ihm päpstlicherseits verliehenes Privileg auf seiner Seite hatte, von diesem allen wird vollständig geschwiegen. Der Erzbischof erscheint als Vertrags- und Friedensbrecher, als der habgierige Wolf, die Beschwerdeführer als unschuldige, von ihm verfolgte Lämmer.

Mit diesem Aktenstück reisten der Domherr Arnold von Eltz und Theoderich, Scholaster von St. Simeon, als bevollmächtigte Sachwalter der Beschwerdeführer zur päpstlichen Kurie. Dass an dieser um dieselbe Zeit auch der alte Widersacher Dieters, der neue Kölner Erzbischof Heinrich von Virneburg, als thätig erscheint — vom Weihnachtstag des Jahres 1306 ist eine ganze Reihe zu seinen Gunsten ausgestellter Urkunden datirt[1] —, ist wohl sicher kein Zufall. Höchst wahrscheinlich hat er persönlich oder haben seine Vertreter den Trierer Beschwerdeführern im gegenseitigen Einvernehmen an der Kurie die Wege zu erfolgreichen Schritten wider Dieter im Voraus geebnet.

Gegen diesen wurden mittlerweile auch noch weitere Klagen an der Kurie vorgebracht. Schon vor der Abfassung der eben genannten Beschwerdeschrift war er gegen das Kapitel von St. Paulin vorgegangen, hatte dessen Schatzkammer erbrechen und deren Kostbarkeiten fortnehmen lassen. Den Dechant dieses Stiftes und ebenso die Aebte von St. Mergen und St. Mathias hatte er für ihrer Benefizien verlustig erklärt und diese anderen übertragen. Als die Abgesetzten von ihm an den päpstlichen Stuhl Berufung einlegten, kehrte er sich nicht daran, sondern trieb dieselben mit Gewalt aus. Am schlimmsten erging es dabei dem Abt Alexander von St. Mathias. Es scheint, dass dieser sich seiner Austreibung mit gewappneter Hand, wenn auch erfolglos, widersetzt hat; denn er erhielt bei dieser Gelegenheit solche Verwundungen, dass er

---

1) Registr. Vatican. t. 54, f. 114¹ nr. 551; f. 115 nr. 553, 554, 555; f. 115¹ nr. 557, 558, 559; f. 116¹ nr. 564; f. 125¹ nr. 602. Regestum Clementis V nr. 2077, 2079, 2080, 2081, 2083, 2084, 2085, 2090, 2140.

nach sechs Tagen daran starb. Auch noch einige andere Prälaten und sonstige Kleriker wurden von ihm trotz der von ihnen eingelegten Berufung an den päpstlichen Stuhl ihrer Benefizien entsetzt und in den Kerker geworfen. An diesen Stuhl gelangten nun die Klagen der von Dieter Abgesetzten, die ihn dazu auch noch der Simonie bei seinen Benefizienverleihungen und der Verschleuderung der erzbischöflichen Güter beschuldigten.

Papst Clemens V. ernannte den Kardinaldiakon Petrus zum Untersuchungsrichter. Natürlich musste vor der Entscheidung auch der Angeschuldigte vorgeladen und gehört werden. Aber Dieter nahm die päpstlichen Boten sehr übel auf und erging sich vor ihnen in Schmähworten gegen den Papst und die Kurie. So wurde denn gegen ihn in contumaciam verfahren und die Excommunication über ihn verhängt.

Auch an diese kehrte sich der erbitterte Mann nicht. So gelangten denn neue Anklagen wider ihn an die Kurie. Trotz der päpstlichen Excommunication fahre er ruhig fort — so behaupteten seine Ankläger — zu celebriren und die Weihen zu ertheilen; ja er ignorire sogar die päpstlichen Reservate und absolvire von den dem Papste vorbehaltenen Sünden.

So erging denn wider ihn auf den Bericht des genannten Kardinaldiakons am 3. Juni 1307 ein neuer päpstlicher Entscheid. Papst Clemens V. gab den Aebten von Echternach und Luxemburg und dem Lütticher Dompropste den Auftrag, den Erzbischof aufs neue vor den päpstlichen Stuhl zu laden. Binnen drei Monaten nach erhaltener Vorladung solle er vor dem Papste persönlich sich stellen, um sich wegen der gegen ihn vorgebrachten Anklagen zu verantworten; inzwischen aber solle er sich aller Thätlichkeiten wider diejenigen enthalten, welche von ihm an die Kurie Berufung eingelegt hätten.

Dieser Auftrag wurde richtig ausgeführt. Infolge dessen sah sich Dieter endlich veranlasst, gegen die wider ihn erhobenen Anklagen vor dem Papste — wahrscheinlich durch einen beglaubigten und bevollmächtigten Sachwalter — seine Entschuldigung und Rechtfertigung zu versuchen, aber in der festgesetzten Frist erschien er persönlich vor dem Papste nicht. Darauf verhängte Clemens V. über den Ungehorsamen die Suspension und befahl am 16. November eben jene beiden Aebte und den Lütticher Dompropst den Erzbischof von dieser Strafverhängung in Kenntniss zu setzen, ihm noch einmal eine neue einmonatliche Frist zum persönlichen Erscheinen vor dem Richterstuhle des Papstes zu stellen und ihm anzukündigen, dass dieser, falls Dieter in seinem hartnäckigen Ungehorsame beharre, noch weitere und grössere Strafen, ja nöthigenfalls auch die Amtsentsetzung über ihn verhängen werde. Aber noch war keine volle Woche nach der Ausfertigung dieser Bulle verstrichen, da erschien der Erzbischof — am 22. November — vor dem Richterstuhle Gottes.

Wohl hat Dieter während der letzten fünf Jahre seiner Amtsverwaltung und seines Lebens gar manches gethan, wodurch er seine Pflichten als Mensch, als Christ und als Bischof schwer verletzt hat; aber mildernde Umstände sind ihm bei allen diesen Vergehen und zwar mitunter in recht hohem Grade zuzuerkennen. Unheilvoll und schuldvoll waren seine Abmachungen mit dem Domkapitel im Augustmonat des Jahres 1303; aber wie wir oben gesehen haben, war es seine eigene schwierige Lage und vor allem das Domkapitel selbst, wodurch er zu jenen Abmachungen verleitet wurde. Zu seinem strengen Vorgehen gegen die undispensirten Besitzer mehrerer unvereinbarer Benefizien, gegen die Unterlasser der Residenzpflicht und der Pflicht des Empfangs der Weihen im Jahre 1306 war er kanonisch berechtigt, ja verpflichtet. Als aber diese an den päpstlichen Stuhl appellirt hatten, da war es sehr unklug von Dieter, dass er der Ladung der vom Papste bestellten Richter nach Metz keine Folge leistete. Mochte er immerhin mit Recht diese Appellation als frivol und auf Grund des ihm vom vorigen Papste verliehenen Privilegs auch als kanonisch ungiltig betrachten, er hätte dann aber dies entweder vor den Richtern in Metz oder direkt vor dem Papste geltend machen sollen. Die neuen Anklagen, welche dann seine Gegner wieder gegen ihn vorbrachten, mögen zum guten Theile an arger Entstellung oder Uebertreibung leiden. Dass der Abt von Sanct Mathias von den Leuten des Erzbischofs gewaltsam aus der Abtei ausgetrieben und bei dieser Gelegenheit tödtlich verwundet worden ist, wird ganz wahr sein. Aber ebenso sicher wird anzunehmen sein, dass Dieter gute kanonische Gründe hatte, ihn abzusetzen und auszutreiben. Wahrscheinlich hat dieser Abt sich seiner Austreibung thätlich widersetzt und seine tödtliche Verwundung im wilden Handgemenge empfangen. Vielleicht war er gar ein Abt desselben Schlages, wie jener Abt Winrich von Stablo und Malmedy, der drei Jahrzehnte später in ritterlicher Rüstung an der Spitze einer Kriegsschaar gegen die Stadt Stablo zog und in deren Umgebung wie ein gewöhnlicher Mordbrenner hauste [1]). Die von Dieter in den Kerker geworfenen Benefiziaten werden wohl ebenso oder ähnlich wie der Abt von St. Mathias durch gewaltsamen Widerstand gegen ihre Austreibung jene Strafe sich zugezogen haben. Als nun aber im Frühlinge des Jahres 1307 der Cardinaldiakon Petrus den Erzbischof wegen jener neuen Klagen vorlud, da war es eine zweite und diesmal noch grössere Unklugheit, dass Dieter auch diesmal es unterliess, der Vorladung nachzukommen, die Gründe seiner Maassregeln gegen seine Ankläger darzulegen und deren Entstellungen und Uebertreibungen zu widerlegen. Sollten nun leidenschaftliche Verranntheit und eigensinniger Trotz oder gar das Bewusstsein begangener Maasslosigkeiten die einzigen Gründe dieser Unterlassung gewesen sein? Wir glauben das nicht und meinen, der Hauptbeweggrund sei die Scham über die schmachvollen Versprechungen der Geheimurkunde vom 22. August 1303 und die Scheu, sich wegen dieser an der Kurie verantworten zu müssen, gewesen. Wenn er dann nach Empfang der Nachricht der über ihn verhängten Excommunication diese unbeachtet liess, ruhig weiter celebrirte und Weihen spendete, an die päpstlichen Reservate sich gar nicht kehrte und über Papst und Kurie sich in argen Schimpfworten erging, so zeugt das alles freilich von einer jähen Leidenschaftlichkeit. Aber unverkennbar ist dabei sein Misstrauen gegen Clemens V und dessen Kurie. Von diesen beiden mag er ähnliches gewusst und befürchtet haben, was der Lütticher Domherr und spätere Dompropst Johann von Hocsem, als er im nächstfolgenden Jahre (1308) an der Kurie Clemens V. weilte, erfahren hat und über den Charakter dieses Papstes mittheilt [2]). Was endlich von den Gegnern und Anklägern des Erzbischofs über dessen Habsucht und Verschleuderung der erzbischöflichen Mensalgüter gesagt und aus deren Aussagen in die päpstliche Bulle vom 3. Juni 1307 aufgenommen worden ist, widerlegt sich schon durch dasjenige, was bereits oben über die gleich anfangs entstandene und dann noch zunehmende Schuldenlast Dieters nachgewiesen ist. Von dieser sowie von seiner bis zu seinem Tode fortdauernden

---

1) Registr. Vatican. t. 114 nr. 452.

2) Hic totus symoniacus omnes dignitates et beneficia per prosenetas vendebat et, quod hoc sibi esset licitum, asserebat. Chapeaville, Gesta Pontificum Leodiensium t. II p. 344.

Armuth zeugt auch sein Testament, das er drei Tage vor seinem Tode verfasste [1]).

Der arme, unglückliche Mann, dem alle Weltklugheit mangelte, passte wohl ins Kloster, aber nicht an die Spitze einer grossen Diöcese, deren arg herabgekommene Zustände zu bessern er zwar den Auftrag und den Willen, nicht aber die Geschicklichkeit und die Macht hatte.

Urkundliche Beilagen.

1.

1286 Mai 19. Rom, S. Peter.

[Honorius IV.] Gerardo dicto de Eppensteyn archidiacono in ecclesia Treverensi.

Petitionis tuae series nobis exposita continebat, quod olim tu archidiaconatum in ecclesia Treverensi curam animarum habentem, cui praepositura in Ditkirchen est annexa, canonicatum etiam et praebendam in eadem ecclesia et in S. Petri Maguntina, in Munstermenevelt ac Frankenvordensi Treverensis et Maguntinae diocesium ecclesiis praepositures, quibus similis cura imminet, et in eisdem Munstermenevelt et S. Petri ecclesiis praebendas ac in ecclesia Maguntina canonicatum et praebendam necnon in Cisse et in Rokerode et in Straishem et in Berstadt parrochiales ecclesias praedictarum diocesium es adeptus et aliqua ex huiusmodi beneficiis te recepisse asseris, dum patereris in ordinibus et aetate defectum, eaque omnia confisus de quibusdam dispensationibus, quas super receptione et retentione beneficiorum ecclesiasticorum ab apostolica sede sub certa forma obtinueras, diu retinens fructus percepisti ex eis nec te fecisti ad sacros ordines promoveri. Cum autem earundem dispensationum litterae sunt casualiter amissae, nobis humiliter supplicasti, ut providere in hac parte tibi de oportunae dispensationis beneficio dignaremur. Nos itaque attendentes honestatem morum aliaque virtutum merita, quae tibi suffragari dicuntur, quodque tam .. pater tuus quam alii de genere tuo constanter in devotione sedis eiusdem contra quondam Fredericum olim Romanorum imperatorem, sicut intelleximus, praestiterunt, ac volentes personam tuam praerogativa prosequi graciae specialis, tecum auctoritate apostolica tecum dispensamus, ut amnissione huiusmodi, etiam si de ipsa fidem facere non possis, cum huiusmodi casus fortuitos non semper facile sit probare, aut quod dictae dispensationis litterae sufficientes forsitan non fuis-

---

1) Original im Coblenzer Staatsarchiv; Erzstift Trier A. Erzbischöfliches Staatsarchiv 90. — Abdruck unvollständig bei Günther, Cod. diplom. t. III p. 121 nr. 29.

sent, seu quod archidiaconatum prepositurae canonicatus et prebendae et ecclesiae parrochiales praedictos taliter recepisti tenuisti ac fructus redditus et proventus percepisti ex illis, quos tibi remittimus de gracia speciali, et quavis constitutione contraria nequaquam obstante, eosdem archidiaconatum praepositurae canonicatus et praebendas ac parrochiales ecclesias possis habere ac licite retinere, tibi eadem auctoritate nichilominus indulgentes, ut ad residendum personaliter in dictis ecclesiis minime tenearis neque ad id a quoquam valeas coartari. Omnem insuper notam sive maculam ex huiusmodi receptione ac retentione ipsorum archidiaconatus praepositurarum canonicatuum praebendarum et ecclesiarum parochialium sive perceptione fructuum reddituum et proventuum eorundem seu ex eo, quod in ecclesiis ipsis personaliter non resedisti nec te ad sacros ordines, predictos archidiaconatum prepositurae et ecclesias diu retinens, promoveri fecisti, cum tamen iam in diaconem sis promotus, obortam de apostolice potestatis plenitudine penitus abolentes, ita quod nichil tibi proinde possit obici nullumque obstaculum interponi, devotioni tue concedimus, ut, si te ad episcopalem seu archiepiscopalem dignitatem canonice vocari contigerit, ad eas licite possis assumi, dum tamen aliud canonicum non obsistat, proviso quod praedicti archidiaconatus praepositure praebendae ac parrochiales ecclesiae debitis non fraudentur obsequiis et animarum cura in illis, quibus illa imminet, nullatenus negligatur [1]), sed in eis per vicarios ydoneos facias deserviri. Nulli ergo etc. nostrarum dispensationis remissionis indulgentiae abolitionis et concessionis etc. Datum Romae apud Sanctam Sabinam XIIII. kl. iunii anno primo.

Registr. Vatican. tom. 43 fol. 114¹ nr. 453; conf. Prou, Les Registres d'Honore IV. nr. 437.

2.

1288 December 30. Rom, S. Maria Maggiore.

[Nicolaus IV.] Boemundo archidiacono et canonico ecclesiae Treverensis.

Apostolicae sedis benignitas . . . Exhibita siquidem nobis tua petitio continebat, quod felicis recordationis Clemens papa praedecessor noster . . . tibi canonico Treverensi canonicatum praebendam et primiceriatum Metensis ecclesiae curam non habentem animarum annexam tunc vacantes duxit auctoritate apostolica conferendos. Voluit tamen, quod de Remineringen, de Lenguinen et de Wolveskirge Metensis et de Crishen Argentinensis diocesis parrochiales ecclesias curam animarum habentes, quas tunc sine dispensatione apostolica retinebas et fructus ac proventus perceperas earum, vacarent, postquam canonicatus praebendae ac primiceriatus ipsorum possessionem esses pacifice assecutus. Sicque tandem possessionem predictam adeptus prefatas ecclesias dimisisti. Postmodum autem bonae memoriae Henricus Treverensis archiepiscopus archidiaconatum Treverensis ecclesiae, qui tunc vacabat cuique animarum cura dicitur imminere, tibi, prout spectabat ad eum, canonice contulit

---

1) Conf. Lugdun. Concil II. c. 18.

te investiens de eodem. Demum vocante praepositura ipsius Treverensis
ecclesiae, dilecti filii . . decanus et capitulum ipsius ecclesiae, ad quos
in ea, sicut asseritur, prepositi spectat electio, te in eorum praepositum
elegerunt, aliquibus de ipso capitulo in alium dirigentibus vota sua,
dictusque archiepiscopus electionem huiusmodi duxit auctoritate ordinaria confirmandam. Sed licet occasione huiusmodi ad sedem apostolicam fuerit appellatum, nichilominus tamen nonnullos ex ipsius praepositurae fructibus percepisti. Cumque postea praepositura ecclesiae de
Sancto Arnuali dictae Metensis diocesis curam non habens animarum,
ut dicitur, vacavisset, . . decanus et capitulum ipsius ecclesiae Sancti
Arnualis, ad quos in eadem ecclesia electio praepositi eiusdem ecclesiae
dicitur pertinere, te unaniniter et concorditer in suum et ipsius ecclesiae
praepositum elegerunt, et huiusmodi electionem tuam venerabilis frater
noster Buchardus episcopus tunc electus Metensis loci diocesanus auctoritate ordinaria confirmavit. Sicque primiceriatum archidiaconatum praeposituras et praebendam praedictos per plures annos absque dispensatione sedis apostolice tenuisti percipiendo fructus et redditus ex eisdem,
super quo dispensari tecum per eandem sedem humiliter implorasti.
Nos igitur . . . tecum, quod parochiales ecclesias primiceriatum archidiaconatum praeposituras et prebendas predictas taliter tenuisti et fructus percepisti ex eis, quos tibi remittimus gratiose, omnem notam seu
maculam ex praemissis receptione ac retentione ecclesiarum primiceriatus
archidiaconatus praepositurarum ac praebendarum praedictorum seu perceptione fructuum et proventuum ex eisdem obortam de apostolicae
potestatis plenitudine, ita quod nichil tibi proinde possit obici nullumque obstaculum interponi, quinimmo ad episcopalem et superiores etiam
dignitates, si te ad illas canonice vocari contigerit, libere assumi valeas,
penitus abolendo, et ut primiceriatum ac praeposituram Sancti Arnualis
curam non habentes animarum annexam et archidiaconatum ac praebendas praedictos possis licite retinere fructusque percipere ex eisdem . . .
dispensamus, proviso quod primiceriatus praepositura Sancti Arnualis
et archidiaconatus praedicti debitis non fraudentur obsequiis et animarum
cura in eis, quibus illa imminet nullatenus negligatur. Nulli ergo
etc. nostrae remissionis abolitionis et dispensationis etc. Datum Romae
apud Sanctam Mariam Maiorem III. kl. ianuarii anno primo.

Registr. Vatican. t. 44 fol. 60 nr. 257; conf. Langlois,
Les Reg. de Nicolas IV. nr. 423.

3.

1289 März 29. Rom, S. Maria Maggiore.

[Nicolaus IV.] venerabili fratri Boemundo archiepiscopo Treverensi.

Onerosa pastoralis officii . . . Sane Treverensi ecclesia per
obitum bone memorie Henrici archiepiscopi Treverensis destituta pastore,
dilecti filii . . . decanus et capitulum eiusdem ecclesie . . . convenerunt
. . . votisque ipsorum in diversos diversis maior pars eorum te tunc maiorem archidiaconum ipsius ecclesie, quidam vero ex eisdem capitulo
venerabilem fratrem nostrum Gerardum Maguntinum archiepiscopum

tunc de Didkirche archidiaconum in eadem ecclesia ad ipsius ecclesie regimen elegerunt. Nosque in huiusmodi electionum negotio ad apostolicam sedem delato ... Benedictum Sancti Nicolai in carcere Tulliano diaconum cardinalem deputavimus auditorem. Verum predictus Gerardus negotium eiusdem electionis sue iuxta tenorem constitutionis a felices recordationis Nicolao papa III. praedecessore nostro super hoc edite prosequi non curavit, propter quod a iure, si quod sibi ex eadem electione competebat, noscitur cecidisse. Tuque postquam aliquamdiu extitit in negotio ipso coram memorato cardinali processum, prudenter attendens, quod ex iudiciorum anfractibus gravia imminere solent detrimenta ecclesiis viduatis, ac desiderans eandem ecclesiam preservari ab huiusmodi detrimentis, omne ius, si quod tibi ex praefata electione facta de te fuerat acquisitum ... resignasti in manibus ... M. Sancte Marie in porticu diaconi cardinalis ... Nos igitur ... in te ... convertimus oculos nostre mentis teque ... prefecimus ipsi ecclesie in archiepiscopum et pastorem et post munus tibi per nos consecrationis impensum palleum . . a te ea quam decet instantia postulatum per prefatum Matheum cardinalem tibi fecimus exhiberi ... Datum Romae apud Sanctam Mariam Muiorem IIII kl. aprilis anno secundo.

In e. m. capitulo eccl. Trever. . . . clero civitatis et dioc. Trever. . . . populo civitatis et dioc. Trever. . . . ducibus comitibus baronibus aliisque vassallis et ministerialibus eccl. Trever. . . . suffraganeis eccl. Trever.

In e. m. . . . R. regi Romanorum illustri. Ad fovendum in caritatis visceribus ... Datum ut supra.

Registr. Vatican. t. 44 fol. 127 nr. 70; conf. Langlois nr. 745.

4.

1300 Januar 18. Lateran.

(Bonifatius VIII.) dilecto filio Ditherio electo Treverensi.

Onerosa pastoralis officii ... Sane Treverensi ecclesia per obitum bonae memoriae Boemundi Treverensis archiepiscopi solatio destituta pastoris, nos ad ecclesiam ipsam, utpote fidelem et devotam ecclesiae Romanae filiam, gerentes paternae dilectionis affectum et ad votivum et prosperum statum eius patris more benivoli sollicite intendentes ac volentes obviare dispendiis, quae solent ecclesiis ex vacatione diutina imminere, provisionem ipsius ecclesiae Treverensis ea vice dispositioni sedis apostolicae duximus reservandum, decernentes extunc irritum et inane; si super hoc secus per quoscumque sciener vel ignoranter contigerit attemptari. Et demum de ipsius ecclesiae Treverensis provisione utili ... ad personam tuam ... nostrae convertimus considerationis intuitum teque ordinis fratrum Praedicatorum professorem, de nobilibus ortum natalibus, apud nos de litterarum scientia aliisque donis virtutum fide dignorum testimoniis multipliciter commendatum, de fratrum nostrorum consilio et apostolicae plenitudine potestatis praedictae Treverensi ecclesiae praeficimus in archiepiscopum et pastorem, tibi plenam et liberam administrationem ipsius ecclesiae in spiritualibus et temporalibus committendo ... Datum Laterani XV. kalendas februarii anno quinto.

In eundem modum ... decano et capitulo Treverensi ... clero civitatis et diocesis Treverensis ... populo civitatis et dioceeis Treverensis ... universis vasallis ecclesiae Treverensis ... suffraganeis ecclesiae Treverensis.

Registr. Vatican. 49 (Bonifatii VIII. annus IV., V. et VI.) fol. 234[1] nr. 428; conf. Digard, Le Registres de Bonif. VIII. nr. 3303.

5.

1300 Mai 11. Anagni.

[Bonifatius VIII.] dilecto filio fratri D. electo Treverensi.

Cum nuper Treverensi ecclesiae tunc vacanti de persona tua duximus providendum, praeficiendo te illi in archiepiscopum et pastorem tuque ad apostolicam sedem, prout ex parte tua fuit expositum coram nobis, commode non possis accedere pro consecrationis munere obtinendo, nos super hoc tibi et eidem ecclesiae providere volentes, tuis supplicationibus inclinati, recipiendi huiusmodi munus a quocumque volueris episcopo illarum partium gratiam et communionem dictae sedis habente, associatis et in hoc sibi assistentibus duobus vel tribus episcopis partium earundem similem gratiam et communionem habentibus liberam tibi concedimus auctoritate praesentium facultatem. Nulli ergo etc. nostrae concessionis etc. Datum Anagniae V. idus maii anno sexto.

Registr. Vatican. 49 f. 301[1] nr. 136.

6.

1300 Mai 11. Anagni.

[Bonifatius VIII.] eidem [fratri D. electo Treverensi].

Vacante dudum ecclesia Treverensi per obitum bonae memoriae B[oemundi] archiepiscopi Treverensis, nos provisionem illius ea vice dispositioni sedis apostolicae duximus reservandam, decernendo ex tunc irritum et inane, si super hoc secus per quoscumque scienter vel ignoranter contingeret attemptari, et demum de persona tua ecclesiae memoratae providimus, praeficiendo te illi in archiepiscopum et pastorem, tibique deinde concessimus, ut consecrationis munus in illis partibus recipere posses a quocumque velles episcopo gratiam et communionem sedis apostolicae obtinente, debito ad hoc episcoporum numero similem gratiam et communionem habentium convocato. Cum autem palleum, insigne videlicet pontificalis officii, fuisset a nobis per dilectos fratres Bernardum de Montepoliciano et Alexandrum de Metis ordinis Praedicatorum nuncios tuos cum ea, qua decuit, instantia postulatum, nos tuis supplicationibus annuentes, ipsum de corpore Beati Petri sumptum venerabilibus fratribus nostris .. Metensi et .. Tullensi episcopis assignandum tibi per eos, postquam munus praedictum receperis, duximus destinandum. Quibus nostris iniungimus litteris, ut ipsi illud tibi, postquam fueris in archiepiscopum consecratus, assignent iuxta formam, quam eis sub bulla nostra mittimus interclusam, et a te nostro et ecclesiae Romanae nomine in forma, quam eis sub eadem bulla dirigimus, fidelitatis recipiant iuramentum. Tu autem illo infra ecclesiam tuam illis diebus utaris, qui expressi in ipsius ecclesiae privilegiis continentur. Ut igitur signum non discrepet a signato, sed quod geris exterius, intus serves in mente, discretionem tuam monemus et hortamur per apostolica tibi scripta mandantes, quatinus humilitatem et iusticiam dante domino, qui dat munera et praemia elargitur, observare studeas, quae suum servant et promovent servatorem, et Treverensem ecclesiam sponsam tuam cures sollicite auctore domino spiritualiter et temporaliter augmentare. Datum ut supra.

In eundem modum venerabilibus fratribus . . Metensi et . . Tullensi episcopis: Vacante dudum ecclesia Treverensi *etc. ut supra usque:* attemptari. Et demum de persona dilecti fratris D. electi Treverensis ecclesiae memoratae providimus *etc. u. co. mu. usque*: postulatum. Nos ipsius electi supplicationibus annuentes, illud de corpore Beati Petri sumptum vobis per eosdem nuncios tradendum per vos eidem electo, postquam munus praedictum receperit, destinamus. Quocirca fraternitati vestrae per apostolica scripta mandamus, quatinus vos praedictum palleum eidem electo, postquam in archiepiscopum consecratus fuerit, assignetis iuxta formam, quam vobis sub bulla nostra mittimus interclusam, recipientes postmodum ab eodem in forma, quam sub eadem bulla vobis dirigimus, fidelitatis debitae iuramentum. Formam autem iuramenti, quod ipse praestabit, de verbo ad verbum nobis per eiusdem patentes litteras ipsius sigillo munitas per proprium nuncium quantocius destinare curetis. Datum ut supra.

Forma iuramenti.

Ego frater D. electus in archiepiscopum Treverensem ab hac hora inantea fidelis et obediens ero Beato Petro sanctaeque apostolicae Romanae ecclesiae et domino meo papae Bonifatio suisque successoribus canonice intrantibus *etc. ut in forma usque in finem.*

Forma dandi palleum.

Ad honorem dei omnipotentis et Beatae Mariae virginis et Beatorum apostolorum Petri et Pauli et domini papae Bonifatii et sanctae Romanae ecclesiae et ecclesiae tibi commissae tradimus tibi palleum de corpore beati Petri sumptum, plenitudinem videlicet pontificalis officii, ut utaris eo infra ecclesiam tuam certis diebus, qui exprimuntur in privilegiis ab apostolica ei sede concessis.

Registr. Vatican. 49 fol. 201[1]—202, nr. 137.

7.

1300 Mai 11. Anagni.

(Bonifatius VIII.) dilecto filio Henrico de Weneborg praeposito Coloniensi.

Si tibi velles recte consulere, in exequendo, quae scribimus, non

---

a) *manuscr. falso addit:* ac te.

deberes expectare, sed ea potius exequi per te ipsum. Vacante siquidem dudum ecclesia Treverensi *etc. ut supra usque:* attemptari. Et demum de persona dilecti fratris D. electi Treverensis nobis et fratribus nostris ob suorum exigentiam meritorum accepta ecclesiae memoratae providimus, praeficiendo ipsum eidem ecclesiae in archiepiscopum et pastorem. Verum tu, sicut accepimus, praetextu cuiusdam electionis de te per capitulum eiusdem ecclesiae post reservationem nostram huiusmodi attemptatae administrationi ecclesiae praedictae te ingerere, castra terras possessiones et alia bona ipsius ecclesiae diceris detinere, in tuae salutis dispendium dictorumque electi et ecclesiae detrimentum. Nos autem, qui electum et ecclesiam praelibatos affectione paterna prosequimur, grave gerentes, quicquid eis iniuriae irrogatur, ac intendentes ipsis in praemissis assistere, prout expedierit, (*et*) de remedio consulere oportuno, discretionem tuam monemus et hortamur attente, tibi nihilominus sub poena excommunicationis ac privationis personatuum, dignitatum et quorumcumque beneficiorum ecclesiasticorum, quae obtines, immo inhabilitatis ad illa et quaecumque alia imposterum obtinenda districte praecipiendo mandantes, quatinus omnia castra terras possessiones et quaecumque bona dictae ecclesiae per te vel alium nomine tuo detenta praefato electo absque morae dispendio et difficultatis obstaculo restituere et assignare procures. Sic ergo monita et mandata praedicta studeas adimplere, quod de obedientiae ac devotionis promptitudine possis merito commendari. Datum ut supra.

Registr. Vatican. 49 fol. 202 nr. 138.

8.

1300 Mai 14. Anagni.

[Bonifatius VIII.] dilecto filio fratri D. electo Treverensi.

Cum nos nuper Treverensi ecclesiae tunc vacanti de persona tua duxerimas providendum, praeficiendo te illi in archiepiscopum et pastorem, tuque ad praesens, prout ex parte tua fuit expositum coram nobis, non possis commode apostolicam sedem adire pro consecrationis tuae munere obtinendo, nos super hoc tam tibi quam eidem ecclesiae providere volentes, tuis supplicationibus inclinati, tempus consecrationis huiusmodi a canonibus diffinitum, infra quod adhuc fore dinosceris, usque ad festum Omnium Sanctorum proximo subsequens auctoritate apostolica prorogamus. Datum Anagniae II idus maii anno sexto.

Registr. Vatican. 49 fol. 202 nr. 139.

9.

1300 August 18. Anagni.

[Bonifatius VIII] venerabili fratri Diterio archiepiscopo Treverensi.

Ex parte tua fuit nobis humiliter supplicatum, ut, cum tam pro tuo iocundo adventu ad ecclesiam Treverensem quam pro tuis necessariis et tuae promotionis negotiis te subire oporteat magna onera expensarum, contrahendi mutuum usque ad summam duorum milium marcharum argenti sub modis et formis infrascriptis, sine quibus creditores te non posse invenire putas, tibi licentiam largiremur. Nos igitur . . . contrahendi propter hoc usque ad praedictam summam duorum milium marcharum tuo et ecclesie ipsius nomine ac te ipsum et successores tuos et ipsam ecclesiam Treverensem ac tua eorundem successorum et ipsius ecclesiae bona mobilia et immobilia praesentia et futura usque ad summam huiusmodi propterea creditoribus obligandi, usuris omnino cessantibus, et renunciandi constitutioni de duabus dietis editae in concilio generali [1]) et nostra, qua cavetur, ne qui extra suam civitatem et diocesim per apostolicas litteras non possit ad iudicium evocari nec procedi in aliquo contra eum, ac beneficio restitutionis in integrum *etc. ut in forma usque in finem.* Datum Anagnie XV. kl. septembris anno sexto.

Registr. Vatican. t. 49 fol. 319 nr. 226.

10.

1300 August 24.

Eodem die archiepiscopus Treverensis promisit per fratrem Alexandrum ordinis Praedicatorum, magistrum Eustachium de Vicla Leodiensis diocesis procuratores suos specialiter constitutos pro communi servitio domini papae et collegii XVI cardinalium mille quadringentas marchas argenti et octoginta sex marchas pro duobus servitiis familiarium eorundem — pro quinque florenis marcha qualibet computata — solvendas in Romana curia ad festum Beati Johannis Baptistae proximo venturum. De praedictis autem pecuniarum summis facta est obligatio auctoritate apostolica mercatoribus Clarentinis nomine domini papae et collegii XVI cardinalium.

In margine dextro est annotatum manu alia: Solvit.

Archiv. Vatican. Obligationes et Solutiones tom. I. (313) fol. 14.

11.

1303 April 30. Lateran.

Bonifatius VIII. Albertum (ducem Austriae) assumit in Regem Romanorum promovendum in imperatorem.

„Patris aeterni filius . . . Datum Laterani II. kalendas maii anno nono.

In eundem modum archiepiscopo Maguntino . . . archiepiscopo Treverensi . . . archiepiscopo Coloniensi . . . regi Boemiae . . . comiti Palatino Reni, duci Bawariae . . . duci Saxoniae . . . marchioni Brandeburgensi . . . universis christifidelibus per sacrum Romanum imperium constitutis . . . Datum ut supra.

Registr. Vatican. 50 f. 379 Litterae curiae nr. 21.

---

1) Conc. Lateran. IV. c. 37.

12.

1303 Mai 20. Anagni.

Bonifatius VIII. Alberto regi Romanorum mandat, ut praelatos et ecclesiasticas personas manuteneat et defendat eorum iuribus . . . „ac specialiter . . . Maguntino, Treverensi et Coloniensi archiepiscopis et ecclesiis, quibus dampna gravia et iniurias diceris intulisse . . . omnia eorum bona stabilia, distructa vel non distructa, detenta per te vel alios tibi subditos, liberaliter eis absque obstaculo dilationis et difficultatis restituas cum effectu; super dampnis autem et iniuriis eis, ut praemittitur, irrogatis componas benigne, mansuete et curialiter". „Inter cetera, quae . . . Datum Anagniae XIII. kl. iunii anno nono.

Loco cit. f. 380 nr. 23.

13.

1303 Mai 20. Anagni.

Bonifatius VIII. Maguntino, Treverensi et Coloniensi archiepiscopis.

Vos et ecclesias vestras . . . Sane cum nuper statum . . . Alberti regis Romanorum illustris super negotio electionis factae de ipso ad regnum Romanorum duxerimus paterna gratia solidandum, desiderantes ipsum allicere ad ea, quae deo sint placita et praelatorum et personarum ecclesiasticarum dicti regni comoda respiciant et honores, inter cetera, quae super hoc sibi scribimus, attentius rogamus et hortamur eundem, ut omnia vestra et ecclesiarum vestrarum stabilia bona, destructa vel non destructa, detenta per ipsum vel per alios sibi subditos, faciat vobis et ecclesiis ipsis . . . restitui ac super dampnis et iniuriis vobis et eisdem vestris ecclesiis irrogatis vobiscum curialiter et mansuete componat . . . Datum ut supra.

Loco cit. f. 380 nr. 24.

14.

1303 Juli 27. [Trier].

Decanus et capitulum ecclesiae Treverensis testantur, quod post diversos tractatus a kalendis iulii usque ad diem XXVI. eiusdem mensis habitos et continuatos elegerunt „arbitros" Wilhelmum de Sleida decanum, Fridericum maiorem et Robertum archidiaconos, Isembardum custodem, Johannem de Corrich et Johannem de Duna concanonicos, quibus dederunt „potestatem generalem" ab hac die usque ad crastinum nativitatis B. Mariae virginis „disponendi et statuendi super omnibus statum salubrem ecclesiae Treverensis tangentibus et specialiter super divinis in dicta ecclesia recuperandis ac revocatione sententiarum in ipsam ecclesiam et personas eiusdem latarum, si quae fuerint procurandae, item de concanonicis nostris sine licentia capituli ordinatis ad tractatus capituli recipiendis et de licentia aliis ordinandis impendenda; item super hiis

omnibus et singulis, quae nos seu aliqui nostrum coniunctim vel divisim agere habemus cum . . . fratre Dythero dei gracia dictae Treverensis ecclesiae archiepiscopo et ipse dominus nobiscum vice versa ; item de procurando ab eodem domino nostro archiepiscopo voluntatem, patientiam et consensum super ordinatione de praebendis in eadem nostra ecclesia conferendis."
Coblenzer St. Archiv, Documenta capituli Trevirensis, tom III. pg. 33.

15.

1303 August 22. [*Trier*].

Frater Dytherus dei gratia sanctae Treverensis ecclesiae archiepiscopus . . . decano et capitulo eiusdem ecclesiae . . . Officii nostri debitum . . . Vobis promittimus, quod, si quam ordinationem de receptione . . . personarum in canonicos facienda facere vos contingat, nos huiusmodi ordinationem nullatenus impediemus nec contra eam faciemus seu fieri procurabimus in futurum, sed eam sub dissimulatione permittemus transire. Item insuper attendentes paupertatem et tenuitatem reddituum et beneficiorum vestrorum vobisque compatientes in hac parte ac multa pericula, quae alias oriri possent, vitare volentes, vobis promittimus [1]), quod vos seu aliquem vestrum occasione ecclesiarum, quas sub nobis obtinetis, aut ratione pluralitatis seu nonpromotionis vel non-residentiae non molestabimus nec inquietabimus neque fructus vestros arrestabimus, sequestrabimus vel recipiemus aut sequestrari arrestari vel recipi faciemus nec aliquam sententiam in vos seu aliquem vestrum aut in ipsas ecclesias vestras ob hoc fulminabimus, sed haec sub dissimulatione habebimus, conscientias vestras circa hoc onerando, nisi per superiorem aliud ordinetur, quod vitare non possumus bono modo — omni tamen dolo et fraude penitus exclusis. Et si qua statuta facere vel sententias fulminare generaliter nos contingat aut si qua similia iam sunt facta contra non-promotos, non-residentes vel plura beneficia habentes, nos illa ad personas vestras extendi nolumus quoquo modo nec vos eis ligatos esse, ipsa statuta et sententias iam facta et latas quoad vos tenore praesentium revocantes. In quorum testimonium sigillum nostrum ad perpetuam rei memoriam praesentibus duximus appendendum. Datum anno domini millesimo trecentesimo tertio feria quinta ante festum S. Bartholomaei apostoli.

Coblenz. Staats-Arch. Documenta capituli Trevir. t. III pg. 45.

16.

1303 September 9. Trier.

Wilhelmus decanus, Fridericus et Robertus archidiaconi, Isenbardus custos, Johannes de Corrich et Johannes de Duna, canonici ecclesiae Treverensis, a capitulo electi arbitri, statuunt et ordinant, quod „capitulum pro recuperatione divinorum in ecclesia Treverensi et re-

---

[1] In der Abschrift des Staatsarchivs steht fehlerhaft: permittimus.

vocatione omnium sententiarum in eandem ecclesiam eiusque personas auctoritate apostolica prolatarum et (*per*) Dytherum archiepiscopum expensis et laboribus eiusdem archiepiscopi procuranda et pro certis aliis articulis salubrem statum ecclesiae Treverensis et personarum eiusdem tangentibus ipsis ab eodem domino concessis dabunt infra festum Beati Remigii in capite octobris instans mille et centum libras turonensium.

„In dei nomine amen. Nos Wilhelmus . . . Datum anno domino millesimo trecentesimo tertio crastino festi nativitatis Beatae Mariae virginis."

Coblenzer Staats-Archiv, Documenta capituli Treverensis tom. III pag. 49.

17.

1303 November 2. Lateran.

[Benedictus XI.] venerabili fratri Dithero archiepiscopo Treverensi.

Tua nobis fraternitas intimavit, quod felicis recordationis Nicolaus papa IV. praedecessor noster quondam magistro Johanni Gileti de canonicatu praebenda et cantoria ecclesiae Treverensis tunc vacantibus per mortem quondam Eberti de Vilrecte eiusdem ecclesiae canonici et cantoris auctoritate apostolica providit, certis sibi super hoc per eius litteras executoribus deputatis. Ac postmodum idem praedecessor venerabili fratri nostro Petro nunc episcopo Basiliensi, tunc in minori officio constituto; praeposituram ipsius ecclesiae Treverensis tunc vacantem apud dictam sedem per promotionem bonae memoriae Boemundi archiepiscopi Treverensis praedecessoris tui, olim eiusdem ecclesiae praepositi, necnon canonicatum praedictae Treverensis ecclesiae cum plenitudine iuris canonici et praebendam nulli alii de iure debitam, proximo in eadem ecclesia vacaturam, conferendum ipsi Petro, cum vacaret, donationi apostolicae reservavit, quibusdam similiter eidem Petro super hoc per alias eius litteras executoribus deputatis. Iidem vero executores vel eorum aliquis per se et alios in negotiis provisionum huiusmodi procedentes, pro eo quod capitulum et canonici ipsius ecclesiae Treverensis ipsorum executorum monitis et praeceptis non paruerant in hac parte, diversas in capitulum et ecclesiam suspensionis et interdicti ac in singulos canonicos et personas de dicto capitulo excommunicationis sententias promulgarunt; quorum aliqui postmodum divina celebrarunt officia seque illis immiscuerunt etiam sic ligati.

Tu vero tamquam pastor pervigil de statu dictae ecclesiae ac eorundem capituli personarum et canonicorum salute sollicitus, nobis humiliter supplicasti, ut super hiis eisdem ecclesiae capitulo personis et canonicis providere paterna sollicitudine dignaremur.

Nos igitur . . . fraternitati tuae relaxandi auctoritate nostra per te vel alium seu alios huiusmodi suspensionis et interdicti sententias . . . et absolvendi praedictos . . . iuxta formam ecclesiae, dispensandi quoque cum illis ex praedictis canonicis et personis, qui sic ligati

divina officia celebrarunt vel immiscuerunt se illis, super irregularitate
inde contracta, dummodo idem capitulum canonici et personae pro
praemissis illis, quorum intererit, iuxta tuum arbitrium satisfaciant
condecenter, imposita eis omnibus pro praedictis pro culpae modo
poenitentia salutari, concedimus . . . facultatem.
    Datum Laterani IV. nonas novembris anno primo.
         *Vatican. Reg. 51 nr. 36 fol. 11¹; Grandjean, Les Re-
         gistres de Benoît. XI. nr. 36.*

18.
1303 November 2. Lateran.

[Benedictus XI.] Dithero archiepiscopo Treverensi.

Personam tuam nobis , . . . Volentes itaque tuam honorare personam et per honorem tibi exhibitum aliis providere, conferendi hac
vice auctoritate nostra per te vel alium seu alios personis ydoneis,
de quibus expedire videris, beneficia ecclesiastica cum cura vel sine
cura, etiam si dignitates officia vel personatus existant, nulli alii de
iure debita, quae in tua civitate et dioecesi tanto tempore vacaverunt,
quod eorum collatio est ad sedem apostolicam secundum Lateranensis
statuta concilii [1]) legitime devoluta, singulis eorum videlicet singula
huiusmodi beneficia dumtaxat, et amovendi quoscumque detentores
illicitos a beneficiis supradictis, ipsis, prout iustum fuerit, evocatis,
et inducendi personas praedictas, quibus de illis duxeris providendum,
in corporalem possessionem beneficiorum ipsorum et inductas etiam
defendendi necnon contradictores per censuram ecclesiasticam appellatione postposita compescendi . . . plenam et liberam tibi concedimus
auctoritate praesentium facultatem, proviso quod personae, quibus de
huiusmodi beneficiis duxeris providendum, in ipsis debitam residentiam
et ad ordines, prout eorum beneficiorum onus requiret, se faciant statutis temporibus promoveri.   Datum Laterani IIII. nonas novembris
anno primo.
         Reg. Vatican. 51 fol. 4¹ nr. 10; conf. Grandjean, nr. 10.

---

   1) Conf. Conc. Lateran. IV. cap. 29: De multa providentia fuit in La-
teranensi concilio (III. cap. 13) prohibitum, ut nullus diversas dignitates
ecclesiasticas et plures ecclesias parochiales reciperet . . . Alioquin et reci-
piens sic receptum amitteret et largiendi potestate conferens privaretur. Quia
vero propter praesumptiones et cupiditates quorumdam nullus hactenus
fructus aut rarus de praedicto statuto provenit, nos . . . statuimus, ut, quicumque receperit aliquod beneficium habens curam animarum annexam, si
prius tale beneficium obtinebat, eo sit iure ipso privatus et, si forte illud
retinere contenderit, alio etiam spolietur. Is quoque, ad quem prioris spectat
donatio, illud post receptionem alterius libere conferat, cui merito viderit
conferendum; et si ultra tres menses conferre distulerit, . . . ad alium secundum statutum Lateranensis concilii eius collatio devolvatur . . . . Hoc
idem in personatibus decernimus observandum, addentes, ut in eadem ecclesia
nullus plures dignitates aut personatus habere praesumat, etiamsi curam non
habeant animarum. Circa sublimes tamen et litteratas personas, quae maioribus sunt beneficiis honorandae, cum ratio postulaverit, per sedem apostolicam poterit dispensari.

19.

1306 December 28. Trier.

Sanctissimo ac beatissimo in Christo patri ac domino (*domino Clementi papae quinto*[1]) . . . maioris Sanctorumque Paulini et Symeonis ecclesiarum collegiatarum necnon Sancti Maximini et Beatae Mariae ad martires ordinis Sancti Benedicti monasteriorum Treverensium capitula et conventus . . .

Aeterni providentia conditoris . . . . . Pastor noster et dominus frater Dytherus ordinis Praedicatorum Treverensis archiepiscopus . . . non obstante maxime quod prius, dum quasi ab initio suae electionis . . . non contentus propriis redditibus, occassio(*nem quereret*) extorquendi, nos capitulum dictae maioris ecclesiae cum eo convenimus et ipse nobis per suas patentes litteras se astrinxit, mediante summa mille et centum librarum turonensium parvorum, quam . . . sibi dedi(*mus in*) pecunia numerata, quod nos et quemlibet nostrum, quamdiu ipsum vivere contingeret, iuribus, redditibus, beneficiis, rebus et bonis aliis quibuscumque nos vel dictam ecclesiam tangentibus communiter vel divisim in quibuscumque locis sub eo existentibus gaudere inconcusse per(*mitte*)ret pacifice et quiete nec nos seu aliquem nostrum communiter vel divisim quacumque arte vel ingenio impeteret vel molestaret seu impeti vel molestari faceret per se vel per alium seu alios quomodolibet in futurum . . . motu proprio et auctoritate propria mandavit, ut concessiones nobis aut nostris ecclesiis vel aliquibus nostrum factas communiter vel divisim de parrochialibus ecclesiis, quas ad usus proprios in sua dyocesi obtinebamus, exhiberemus eidem et de ipsis fidem facere infra certi temporis spatium curaremus, alioquin extunc omnes fructus huiusmodi ecclesiarum de facto, cum de iure non posset, sequestrabat, inhibens nichilominus nobis omnibus et singulis, ne de fructibus huiusmodi ecclesiarum parrochialium, quas extunc pro sequestratis habebat et tenebat, nos nullatenus intromittere temptaremus; alioquin extunc excommunicationis in personas nostras et in ecclesias praedictas interdicti sententias, si contra huiusmodi inhibitionem fecerimus, promulgavit nosque mandavit excommunicatos publice nunciari. Et tali praetextu fructus nostros praedictos . . . quibusdam suis . . . per decanos christianitatum, in quorum decanatibus ecclesiae parrochiales praedictae consistunt, . . . tradi et assignari praecepit. . . . Cumque postmodum propter hoc ex parte nostra fuisset ad sedem apostolicam legitime appellatum et certi iudices super huiusmodi appellatione per conventionem nostrorum et suorum procuratorum in civitate Metensi, prout moris est, impetrati et causa coram ipsis iudicibus inchoata, lite inter nos et eundem archiepiscopum coram dictis iudicibus sic pendente, ipse . . . collectis et assumptis officiatis satellitibus et subiectis suis manu armata violenter . . . in messibus et vindemiis huius anni nuper praeteritis fructus et proventus non solum

---

[1] *Lacunae in originali eisque apographo existentes a nobis suppletae sunt verbis, quae uncis inclusimus.*

praedictarum ecclesiarum nobis concessarum sed et alios ad nos et
nostrae ecclesias nostrumque quemlibet communiter vel divisim spec-
tantes ex ipsis nostris ecclesiis seu patrimonio vel alias undecumque
provenientes . . . de quibus deo servire et toto anno vivere debe-
bamus nos et nostri vicarii, capellani et clerici ad officiandum dictas
nostras ecclesias ordinati, collegit deduxit asportavit et abstulit . . .
et . . . in nostras personas irruit et nos de locis nostris expellere
nititur omni die, ita quod nunquam sub eius potentia securi ecclesias
nostras desolatas relinquere et loca alia refugii quaerere nos oportet
. . . Porro . . . convocatis prius omnibus nostrorum capitulorum et
conventuum fratribus . . . et deliberatione inter nos super hiis ha-
bita diligenti, contra ipsum propter huiusmodi offensas et iniurias . . .
prout tam ex antiqua consuetudine quam ex statutis provincialis concilii Treverensis nos [1]) licebat, nisi de praemissis nobis . . . praestaret
emendam, cessandum duximus a divinis. Attamen antequam ad cessationem huiusmodi procedere curaremus, nos causas huiusmodi cessa-
tionis . . . conscribi facientes, illa instrumenta eidem archiepiscopo
per certum nostrum procuratorem . . . duximus assignanda ipsumque
. . . requirendum, ut huiusmodi iniurias et offensas . . . emendaret.
Sed certe, dum procurator . . . dicta instrumenta secum deportans
apud Novumcastrum . . . ubi idem dominus tunc degebat, . . . acces-
sisset, . . . ipse procurator . . . non fuit exauditus, sed turpiter ex-
pulsus . . . et dicta instrumenta . . . compulsus extitit reportare . . .
Eadem instrumenta primo in ecclesia Treverensi et postea in consistorio
curiae Treverensis, officiali eiusdem domini tunc ibidem pro tribunali
sedente, assistente utrobique cleri et populi multitudine numerosa, legi
et publicari fecimus . . . Et demum . . . nos ad cessationem huiusmodi processimus et in nostris ecclesiis hac die dominica post festum
B. Nycolai, que fuit tertio idus decembris, cessare incepimus et adhuc
cessamus et in futurum cessabimus, quousque aliud de Vestrae Sancti-
tatis gratia dante domino in melius fuerit ordinatum. Quocirca
Sanctissimi Apostolatus Vestri profusi pedibus devotissime supplicamus,
quatenus nobis et nostris ecclesiis super hiis paterna solicitudine
dignemini celeriter providere . . . Verum quia huiusmodi negotium
. . . prosequi nos omnes simul personaliter non valemus, . . . Arnuldum
de Elze canonicum maioris et Theodericum scolasticum S. Symeonis
ecclesiarum praedictarum nostros constituimus et fecimus procuratores
et nuncios speciales . . . In quorum (*fidem et testimonium*) praesentes
litteras sigillis nostrorum maioris sanctorumque Symeonis, Maximini
et B. Marine ad martires capitulorum et conventuum praedictorum
pro nobis et pro decano et capitulo S. Paulini praedicti sigillum suum,
quo dictus (*dominius noster eos*) privavit violenter, non habentibus ad
preces eorundem fecimus communiri. Et nos decanus et capitulum
S. Paulini praedicti, quia dictus dominus archiepiscopus locum nostrae
thesauriae infringens violenter sigillum nostri ca(*pituli una cu*)m reli-
quiis, cleynodiis et rebus aliis abstulit et recepit, sigillis capitulorum

---

1) *sic!*

et conventuum praedictorum utimur in hac parte. Datum et actum in Treveri anno a nativitate domini millesimo trecentesimo sept(*immo in festo sanct*)orum Innocentium.

Coblenz. St. Arch. B. B. I. B. 174.

20.

1307 Juni 3. Poitiers.

[Clemens V.] dilectis filiis Epternacensis et Lucelenburgensis monasteriorum abbatibus Treverensis diocesis ac praeposito ecclesiae Loediensis.

Animus noster gravi commotione turbatur et vehementi vexatur angustia nostrae mentis tranquillitas, dum illa, quae sunt honestati contraria, de quibuscumque personis ecclestiaticis nostra auditui perferuntur. Set de praelatorum, praesertim rellegiosorum excessibus, qui ex religionis observantia maiori debent nitore fulgere, eo gravius excitamur quo ipsi magis per exercitium bonorum operum aliis debent existere speculum et exemplar eorumque culpae dampnabilius tollerantur, cum et exempla magis perniciosa producant et pericula pariant graviora. Ea siquidem de venerabili fratre nostro D. archiepiscopo Treverensi — si dici venerabilis mereatur! — plurium fide dignorum regularium et secularium praelatorum aliorumque clericorum clamosa insinuatio ad aures nostras perduxit, quae non intendimus, prout etiam urgente conscientia non debemus, saltim propter exempli perniciem, aliquatenus relinquere incorrecta.

Ipse namque archiepiscopus, sicut asseritur, non habens debitum ad apostolicam sedem respectum, devotionis zelo et obedientiae bono, quae cautius praeservare tenetur, incaute postpositis et utinam non calcata pontificali mansuetudine, quam in suis actibus amplecti deberet, appellationibus ab eo ad dictam sedem legitime interiectis non solum ob ipsius sedis honorem defferre non curat, sed ex eis potius provocatur. Quondam enim Alexandrum abbatem monnasterii Sancti Mathiae extra muros Treverenses, qui ab eo certis ex causis ad sedem appellaverat antedictam, a monasterio praedicto eiecit et adhuc eo vivente intrusit alium in monasterio antedicto, ipsumque demum abbatem adeo crudeliter tractari fecit, quod infra sex dies post ciectionem huiusmodi expiravit. Valrannum quoque abbatem monasterii Sancte Marie ad martires extra dictos muros Treverenses ordinis Sancti Benedicti abbatia dicti monasterii sui et Theodoricum decanum ecclesiae Sancti Paulini Treverensis decanatu suo eiusdem ecclesiae ac nonnullos alios praelatos et clericos ex legitimis causis ad dictam sedem appellantes ab eo et appellationum causas prosequentes post et contra appellationes et prosecutiones earum immo etiam postcommissionem factam a nobis dilecto filio nostro Petro Sanctae Romanae ecclesiae diacono cardinali de indagine et inquisitione super hiis facienda praelaturis et beneficiis ecclesiasticis et aliis bonis suis non sine ipsius sedis iniuria spoliavit; in monasterio Sanctae Mariae et decanatu aliisque praelaturis et beneficiis supradictis alios intrudento pro suae libitu voluntatis plerosque ex appellantibus praelibatis nunc per temporalium suorum privationes bonorum, nunc per carcerum mancipationem dirorum, nunc etiam per ipsius severam verberum et iniuriarum saevitiam, quam exercere consuevit in appellantes eosdem et appellationibus huiusmodi adherentes, a suarum appellationum desistere persecutione compellit. Nec obmittit, quin post et contra huiusmodi appellationes ad eandem sedem ab eo interiectas procedat idem archiepiscopus contra appellantes ipsos et eisdem appellationibus adherentes. Immo etiam post commissionem praedictam factam, ut praedicitur, eidem cardinali processit dictus archiepiscopus contra aliquos appellantium et adherentium predictorum eos (*que*) plurimum aggravavit. Bona insuper ecclesiae Treverensis dilapidat, ex quibus alienasse multa dicitur et illicite distraxisse.

Et licet ipse fuerit maioris excommunicationis mucrone percussus et denunciatus excommunicatus in audientia nostra publice, ut est moris, divina tamen officia celebrare, quin potius prophanare seque illis immiscere praesumpsit et contulit ordines; abbates etiam et abbatissas et alios indigentes benedictionibus benedicit. Ipsumque in tantum symoniaca pravitas depravavit, ut iam non queratur per eum quis ad dignitatem ecclesiasticam curamque animorum magis reperiatur ydoneus, set quis plus offerat, ut magis offerenti tradatur.

Suae denique salutis oblitus continue degenerat, iurisdictionem et iura Romanae ecclesiae, quae tenetur defendere, violat et usurpat nec formidat excommunicatos, quorum absolutio dictae sedi specialiter reservatur, de facto absolvere et conferre etiam beneficia dictae sedis dispositioni specialiter reservata. Nuncios nostros non solum benigne recipere et caritative tractare contempnit, sed, quod nephandius est, contra sedem ipsam et pastores universalis gregis dominici in blasfemiae verba quandoque prorumpit.

Et nonnulla alia quamplurimum gravia tam contra maiorem quam alias ecclesias et monasteria, praelatos, capitula conventus aliosque clericos et personas ecclesiasticas regulares et saeculares Treverensis civitatis diocesis et provinciae perpetravit et continue perpetrat archiepiscopus memoratus, quae longum esset enarrare per singula, quaeque in divinae maiestatis offensam, dictae sedis contemptum, animae suae periculum et commissae sibi ecclesiae detrimentum et populi scandalum manifestum redundare noscuntur.

Cum autem ex relatione dicti cardinalis, cui super hiis, ut (*prae-*) dicitur, indaginem et inquisitionem faciendam commisimus, coram nobis et fratribus facta appareat, quod in praemissis idem archiepiscopus est enormiter diffamatus, nos circa praedicta, prout ad nostrum spectat officium, cupientes remedium apponere oportunum, discretioni vestrae per apostolica scripta districte sub excommunicationis poena, quam eo ipso vos incurrere volumus, si praesens mandatum nostrum neglexeritis adimplere, praecipiendo mandamus, quatinus vos vel duo aut unus vestrum per vos vel alium seu alios eundem archiepiscopum ex parte nostra peremptorie citare curetis, ut infra trium mensium spatium a die factae citationis huiusmodi numerandum sub excommunicationis poena, quam, nisi veniendo paruerit, eo ipso incurrat, apostolico se conspectui personaliter repraesentet, nostris beneplacitis et mandatis plenarie pariturus et recepturus, quod iustitia suadebit; revocantes in irritum, quaecumque per eundem archiepiscopum vel eius auctoritate seu mandato in praeiudicium appellantium et adhaerentium praedictorum post et contra appellationes ipsorum ac iter arreptum ad sedem veniendi praedictam et ipsarum appellationum prosecutionem necnon commissionem eandem dicto cardinali per nos, ut praemittitur, factam inveneritis attemptata, contradictores auctoritate nostra *etc.*, inhibentes ipsi archiepiscopo sub simili excommunicationis poena, quam similiter, si secus egerit, eo ipso incurrat, ne contra praedictos appellantes vel adherentes seu eorum aliquem quicquam imposterum attemptare praesumat. Dein vero huius citationis et formam et quicquid in praedictis duxeritis faciendum, nobis per vestras litteras harum seriem continentes fideliter intimare curetis.

Datum Pictavis III. nonas iunii anno secundo.

Vatic. Registr. 54 nr. 139 fol. 18[1]; conf. Regestum Clementis V. nr. 1632.

21.

1307 November 16 Poitiers.

Clemens V. dilectis filiis . . Empternacensis et Luccmburgensis Treverensis diocesis monasteriorum abbatibus ac . . praeposito ecclesiae Leodiensis.

Dudum[1]) querela gravi contra venerabilem fratrem nostrum D. archiepiscopum Treverensem si dici venerabilis mereatur! — ad audientiam nostram clamosa insinuatione deducta et multiplicibus enormitatibus eius, quibus fuerat pluries in nostra et fratrum praesentia diffamatus, quorum quidem enormitatem excessuum in primo nostro directo pridem vobis edicto citatorio pro parte duximus inserendum, nostris multipliciter auribus inculcatis, nos, quia urgente conscientia saltem propter exempli perniciem non poteramus talia tamquam apostolicae correctiones exposcentia limina incorrecta relinquere, dedimus vobis inter cetera per alias nostras litteras in mandatis, ut vos vel duo aut unus vestrum per vos vel alium seu alios praedictum archiepiscopum ex parte nostra peremptorie citaretis, ut infra trium mensium spatium a die citationis huiusmodi numerandum sub excommunicationis poena, quam eo ipso, nisi veniendo paruerit, incurreret, apostolico se conspectui praesentaret, mandatis nostris et beneplacitis pariturus ac recepturus, quod iustitia suaderet. Vos autem, filii abbates, qui soli in huiusmodi negotiis iuxta formam praedictarum litterarum procedere poteratis, sicut per litteras remissionis vestrae nobis insinuare curastis, archiepiscopum peremptorie citastis eundem, ut infra trium mensium spatium post factam per vos citationem huiusmodi sub excommunicationis poena, quam eo ipso, nisi veniret nostro se conspectui personaliter presentaret. Verum eodem archiepiscopo sic citato et in termino per vos, abbates praedicti, iuxta mandatum nostrum sibi praefixo coram nobis minime comparente, licet ad excu-

---

[1]) Dum *in Reg.*

sationes ipsius nonnulla pro parte eius proposita fuerint coram nobis, nos tamen ea nec recusanda expresse duximus nec etiam admittenda, sed nichilominus ipsum in praefixo per vos sibi termino secundum citationis vestrae seriem minime comparentem auctoritate apostolica ab administratione spiritualium duximus suspendendum.

Ceterum adhuc experiri volentes, si quid in ipso obedientiae devotionis et reverentiae residui fuerit, discretioni vestrae per apostolica scripta districte praecipiendo mandamus, quatinus memoratum archiepiscopum iterato ex parte nostra peremptorie citare curetis, ut infra unius mensis spatium a die factae per vos citationis huiusmodi numerandum nostro se conspectui personaliter repraesentet, facturus et recepturus pro meritis nostrisque beneplacitis et mandatis plenarie pariturus, denunciantes exnunc sibi auctoritate nostra, quod ipsum ab administratione spiritualium duximus suspendendum, et nichilominus aperte praedicentes eidem, quod, si forsan ipse omnis prorsus obedientiae et devotionis oblitus in contumacia persisteret obstinatus, ad graviores contra ipsum poenas necnon ad depositionem ipsius, si opus fuerit et contumacia eius exegerit et expedire viderimus, auctore domino procedemus. Diem vero huiusmodi citationis et formam et quicquid in praemissis duxeritis faciendum, nobis per vestras litteras harum seriem continentes fideliter intimare curetis. Quodsi non omnes hiis exequendis potueritis interesse, duo vestrum ea nichilominus exequantur. Datum Pictavis XVI. kal. decembris anno tertio.

Registr. 55 nr. 16 fol. 4; Regest. Clem. V. nr. 2322; cf. Raynaldi Annal. Eccles. ad. a. 1307 nr. 26.

Die politischen Bestrebungen Erzbischof Siegfrieds von Köln.

Ein Beitrag zur Geschichte des Reiches unter den Königen Rudolf und Adolf.

Von

H. Schrohe.

(Schluss.)

---

8. Der Zoll zu Andernach.

Den Zoll zu Andernach verlieh Friedrich I. am 1. August 1167 [1]) an Erzbischof Rainald von Köln zum Lohne für den Sieg, der durch die Tapferkeit des Erzbischofs und des Kölner Heeres gegen die Römer erfochten wurde. 1205 am 12. Januar bestätigte Philipp diese Schenkung unter ausdrücklicher Bezugnahme auf die Urkunde seines Vaters [2]). 1282 am 26. Juli [3]) wurde zwischen Rudolf und den 5 Bevollmächtigten des Erzbischofs von Köln ausgemacht, dass dieser **auf die unrechtmässig** bei Andernach und Bonn und sonstwo zu Wasser und zu Land **erhobenen Abgaben und Zölle** verzichtet und sie in Zukunft nicht mehr erhebt. Für die durch dieselben bezogenen Einkünfte muss er Ersatz leisten nach dem Urtheile des Bischofes Heinrich von Basel und des Grafen Eberhard von Katzenelnbogen und derjenigen, die er seinerseits ernannt. **Jene Zölle und Abgaben, die die Kölner Kirche seit alters mit Recht innehat, soll der Erzbischof im Namen seiner Kirche auch fernerhin unbestritten besitzen.** Am folgenden Tage [4]) sprechen Bischof

---

1) Stumpf 4086. 2) reg. V 90. 3) reg. VI Rud. 1686.
4) Juli 27. Enn. u. Eck. III 193.

Heinrich von Basel und Graf Eberhard von Katzenelnbogen als bestellte Schiedsrichter den Erzbischof von jedem Ersatze für den **unrechtmässig** bei **Andernach und Bonn** erhobenen Zoll frei. Da Siegfried in Bezug auf Kaiserswerth seinen Verpflichtungen nicht nachkam, so dürfen wir annehmen, dass er dies hinsichtlich der vorstehenden Bedingungen ebenso wenig that. Als er sich dann in den Tagen vor dem 20. September 1282 zum zweiten Male mit dem König aussöhnte, wurden, was die Zölle angeht, die Vorschriften des 26. Juli wiederholt. Auf jene Vergünstigungen aber, welche die Urkunde des 26. Juli doch bildeten, kam man nicht mehr zurück¹). Aus den im Vorstehenden durch Sperrdruck hervorgehobenen Stellen ergibt sich, dass es sich nur um Niederlegung eines unrechtmässiger Weise erhobenen Zolles handelte. An eine Aufhebung des durch die königlichen Privilegien Friedrichs und Philipps verliehenen Zolles darf nicht gedacht werden. Dazu stimmt es auch, dass Siegfried von Adolf in dessen Wahlkapitulation **eine Bestätigung des Zolles in Andernach** forderte ²); bestätigen konnte er sich aber nur das lassen, was er schon besass.

9. Der Zoll zu Rheinberg.

Der Zoll zu Rheinberg wird zuerst in einer Urkunde vom 28. Aug. 1279³) erwähnt. Da legt Erzbischof Siegfried bei einem Landfriedensbündniss mit dem Herzog Johann von Brabant und den Grafen Rainald von Geldern und Theoderich von Cleve unter anderem den Geleitspfennig nieder, der bei Rheinberg erhoben wurde. Da in den früheren Urkunden⁴), in denen die Zollangelegenheiten zwischen den Erzbischöfen und den Bürgern von Köln geregelt werden, Rheinberg nicht erwähnt wird, so ist anzunehmen, dass dieser Zoll bei deren Abfassung noch nicht bestand. Jedenfalls hat ihn Engelbert, der Vorgänger Siegfrieds, vor Rudolfs Thronbesteigung — denn dieser hätte nach seiner Krönung solches unbedingt verhindert — **eigenmächtig** errichtet. Als einen unrechtmässigen, d. h. nicht

---

1) Siehe Darstell. oben S. 41 u. Anm. 7. (*Dieser und ähnliche Verweise mit dem Vermerk „oben" beziehen sich auf den ersten Theil der Abhandlung in Heft LXVII der Annalen.*)
2) Enn. u. Eck. III 328 Z. 4 u. 335 Z. 11.
3) Lac. II 428.
4) 1248 Lac. II 174; 1252 Lac. II 204; 1258 Lac. II 248; 1264 Lac. II 317.

vom Reiche verliehenen, betrachtet den Zoll auch die oben angezogene Urkunde von 1279: sie bestimmt, dass nur die rechtmässigen Zölle bestehen bleiben[1]).

Ebensowenig wie König Rudolf bei seiner ersten Aussöhnung mit Siegfried auf Auslieferung Kochems drang, ebensowenig verlangte er bei der zweiten die Niederlegung des Zolles zu Rheinberg[2]), vielmehr verblieb Siegfried in dessen Besitz. 1286 September 7[3]) trägt Walram von Bergheim dem Erzbischof seine Burg Bergheim zu Lehen auf und erhält dafür von diesem die Anweisung auf 300 M., die er an dem Zolle zu Rheinberg zu erheben hat. Als Adolf am 28. Mai 1293[4]) dem Erzbischof zum vollen Ersatz für die Wahl- und Krönungsunkosten neben Kaiserswerth die Nutzung des neuen Zolles zu Bonn gestattete, bestimmte er, dass der Zoll zu Rheinberg sogleich aufhöre. Siegfried kam nicht in Besitz von Kaiserswerth[5]); darum behielt er wohl den Zoll zu Rheinberg. Diesen bestätigt Albrecht 1298 August 28[6]) dem Erzbischof Wicbold auf Lebenszeit, wie ihn einst Erzbischof Siegfried von den Vorgängern Albrechts besass.

10. Der Zoll zu Bonn.

Einen Zoll zu Bonn gab es schon 1282; damals musste er auf Befehl Rudolfs 1282 niedergelegt werden[7]). Mit diesem hat der von Adolf in der Urkunde des 28. Mai 1293 genannte neue Zoll[8]) nichts zu thun; er sollte erst jetzt aufgerichtet werden[9]). Aber er wurde ebensowenig wie der zu Kaiserswerth von Siegfried erhoben; denn am 28. August 1298 waren die 36000 M. Wahlunkosten, die durch ihn theilweise getilgt werden sollten, noch nicht bezahlt[10]).

11. Der Zoll zu Neuss.

Der Zoll zu Neuss erscheint unter Konrad III.; er ist in königlichem Besitze (Stumpf 3500), und es erhalten an ihm die Kaufleute von Kaiserswerth Zollfreiheit.

---

1) Lac. II 428 Z. 13 ff.   2) Vergl. oben S. 39 und 41.
3) Lac. II 235.   4) reg. 127 Lac. II 554.
5) Albr. reg. 54 und oben S. 92 f.
6) reg. 13 Lac. II 586.   7) Vergl. oben 35 f.
8) reg. Ad. 127 Lac. II 555.   9) Lac. II 555 Z. 9.
10) reg. Albr. 12 Lac. II 587.

1194 bestätigt Heinrich VI. dieses Privileg¹). Die nächste Erwähnung des Zolles zu Neuss erfolgt in einer Urkunde des Jahres 1243, und ebenda befindet er sich in dem Besitze des Erzbischofes von Köln; dieser erlaubt nämlich einem seiner Beamten von den an Neus vorüberfahrenden Schiffen, die bisher mehr als 6 Denare Zoll bezahlen mussten, so lange weitere 6 Denare zu erheben, bis er bestimmte 500 M. eingenommen hat²). Wann und wie die Kölner Kirche den Zoll zu Neuss erlangte, ist nicht überliefert; doch bieten die folgenden Urkunden zur Beantwortung dieser Fragen einigen Anhalt.

1248 Juni 7 verspricht der Erzbischof den Kölnern, zu Neuss keinen Zoll von ihnen zu nehmen³). In der Folgezeit nun begegnet uns der Zoll zu Neuss öfter und zwar jedesmal in Beziehung zu der Stadt Köln. 1252 verfügt ein Schiedsgericht, dass der Zoll zu Neuss, den der Erzbischof unrechtmässiger Weise und gegen die Privilegien von den Kölnern nimmt, für diese aufhören soll⁴). 1258 hören wir, dass der Erzbischof den Kölnern an dem Zolle zu Neuss Schwierigkeiten macht⁵). 1264 verordnen Schiedsrichter, dass der Erzbischof von den Kölnern in Neuss keinerlei Zoll erheben dürfe⁶). Wie lässt sich nun die befremdende Thatsache erklären, dass der Erzbischof 1248 den Kölnern das Privileg der Abgabenfreiheit zu Neuss ertheilt und dennoch gegen diesen seinen eigenen Entscheid so oft und so gröblich verstösst?

Zur Zeit, da wir den Erzbischof zuerst als Inhaber des Zolles zu Neuss finden (1243), genoss Köln bereits seit langem an den kaiserlichen Zöllen Vergünstigungen, so zu Kaiserswerth volle Abgabenfreiheit, zu Boppard und Duisburg dagegen Abgabenermässigung⁷). Wenn nun in den angezogenen königlichen Urkunden für die Stadt Köln des Zolles zu Neuss nicht gedacht wird, so ist anzunehmen, dass die Kölner an dieser Stätte keine Sonderstellung einnahmen, sondern die vollen Beträge zu zahlen hatten. Daraus, dass der Erzbischof wenige Jahre, nachdem er zuerst als Besitzer des Zolles erscheint, die Kölner von allen Abgaben zu Neuss befreit, dürfte folgendes

---

1) Stumpf 4855.   2) L a c. II 145.
3) L a c. II 174.   4) L a c. II 204.
5) L a c. II 248 Art. 7; 251 ad 7.
6) L a c. II 317.
7) Stumpf 4820; reg. V 144; 227; 855; 3978.

sich ergeben: Um 1243 erhielt[1]) der Erzbischof den Zoll zu Neuss und verlangte von den Kölnern die bis dahin üblichen Sätze; indem dies zu ernstlichen Zerwürfnissen mit der Stadt führte, sah sich der Erzbischof veranlasst, der Stadt Köln den Zoll zu Neuss vollständig zu erlassen. Zu einem solchen Zugeständniss, das dem Erzbischof einzig die Verhältnisse abgerungen hatte, stimmt es sehr wohl, dass er ihm entgegen bei jeder Gelegenheit das Verlorene wiederzugewinnen suchte.

12. Das Schultheissenamt zu Aachen[2]).

Schon vor dem Uebergang der Rheinpfalz auf die Wittelsbacher waren die Grafen von Jülich mit pfalzgräflichen Gütern am Niederrhein belehnt[3]). Daneben besassen sie eine Reihe von Reichslehen[4]). Zu diesen gehörte aber nicht das Schultheissenamt[5]) in der königlichen Stadt Aachen. Denn niemals führen die Grafen von Jülich einen solchen Titel, wohl aber wird in Urkunden wiederholt neben ihnen der Schultheiss genannt[6]); vielmehr be-

---

1) In einer Urkunde des Jahres 1147 befreit Erzbischof Arnold von Köln die Abtei Egmond vom Zoll zu Andernach, Neuss und Köln (die Drucke sind verzeichnet Mittelrh. Reg. I 2060; ausserdem ist die Urk. gedr. v. d. Bergh, Oork. I 81). Trotzdem an der letztgenannten Stelle bemerkt wird, dass des Erzbischofs weisses Wachssiegel anhängt, scheint mir die Urkunde, deren Stil sich mit Lac. I 225 Nr. 335 deckt und deren Zeugen sich zum grossen Theil Lac. I 241, 243, 246 und 248 finden, eine Fälschung zu sein; denn in Bezug auf Neuss steht sie mit den oben genannten Privilegien Konrads III. und Heinrichs IV. im Widerspruch und, was Andernach angeht, lässt sie sich mit den S. 108 erwähnten Vergleichungen nicht in Einklang bringen. Ein Zoll zu Köln endlich ist mir in dieser Zeit überhaupt nicht begegnet.

2) Die Stellung der Grafen von Jülich zu Aachen ist in der Aach. Zeitschr. IX 224 von Loersch behandelt; Haagen, Aachen und die Grafen von Jülich im dreizehnten Jahrhundert bis zur Katastrophe vom 16./17. März 1278 Progr. Realsch. Aachen 1862 bietet einiges darüber, vergl. übrigens Werminghoff, Die Verpfändungen S. 115 ff.

3) 1209 Lac. II 16, dazu Pfälz. Reg. 368.

4) Aach. Zeitschr. XI 100 Anm. 2. Ritz. Urk. u. Abh. Aach. 1824. S. 98.

5) Ueber die Bedeutung dieses und der nachgenannten Aemter vergl. Loersch, Aachener Rechtsdenkmäler S. 239 ff.

6) Quix, Cod. Aqu. S. 97 reg. V 4100; reg. VI 102.

kleideten mit Unterbrechungen bis 1270 Mitglieder der Familie von Gimnich das Schultheissenamt¹). Auch nicht Vogt von Aachen war Wilhelm IV. von Jülich²); dennoch muss der Graf von Jülich in Aachen gewisse Rechte und dem entsprechend einen grossen Einfluss gehabt haben. Auf ein thatsächliches Rechtsverhältniss zwischen der Stadt und dem Grafen weisen aber nachfolgende Urkunden hin: 1269 erklärt Wilhelm von Jülich, dass er dem Aachener Gerichte gemäss seines Vogtgedinges präsidirte³). Als 1272 die Aachener Beschlüsse über Bier und dessen Ausschank fassen, handeln sie, wie sie selbst angeben, de consilio et ordinatione viri illustris ac sapientissimi dni Willelmi comitis juliacensis⁴). 1274 Februar 20 ermächtigt Rudolf den jeweiligen Vorsitzenden des Gerichtes zu Aachen, die zum gerichtlichen Zweikampf vorgeladenen und nicht erschienenen Missethäter in die Acht zu erklären; dieser Fall darf jedoch nur eintreten, wenn der Graf von Jülich, der Schultheiss, Vogt oder sonst jemand, qui super hujusmodi proscriptione facienda seu pronuncianda bannum et auctoritatem ab imperio seu regno Romano forte habent aut consueverunt habere, abwesend sind oder Gefahr im Verzuge liegt⁵). Dass der Graf von Jülich gewisse Rechte in Aachen von Reichswegen besass, kann nach diesen Urkunden nicht mehr zweifelhaft sein; allerdings vermögen wir sie nicht genau zu bestimmen, wie sie ja auch von dem Grafen selbst nie in einem Titel zusammengefasst wurden.

Als sich nun in der ersten Hälfte des Jahres 1275 Wilhelm IV. nicht bemühte, unter den von Erzbischof Siegfried gestellten Bedingungen die Lossprechung von der Exkommunikation zu erwirken, ging dieser darauf aus, des Grafen Stellung in Aachen zu untergraben. Zunächst schloss er selbst mit Aachen ein Schutz- und Trutzbündniss⁶), dann söhnte er Walram von Limburg mit Aachen

---

1) Loersch S. 279.
2) Neben dem Grafen von Jülich wird der Vogt von Aachen genannt. Quix S. 137; reg. VI 102.
3) Quix, Cod. Aqu. S. 137.
4) Ebenda S. 137.
5) reg. VI 102; Lac. II 385 Anm. 2 wird durch Wilhelms des Grafen von Jülich Anwesenheit entkräftet.
6) Quix, Cod. Aqu. I 150; über Rudolfs Beziehungen zu Aachen vergl. Köln. Mitth. XII S. 45 nr. 17. Vergl. übrigens die Darstell. oben S. 20 ff.

aus[1]) und machte ihn zu seinem Bundesgenossen[2]). Gefährdet wurde jedoch erst des Jülichers Stellung in Aachen, als Siegfried 1277 den Herzog Johann von Brabant zum Verbündeten erhielt[3]). Dieser nannte sich nun mit einem Male Obervogt von Aachen[4]). Für diese Stellung, die er wohl nur auf die Anstachelung durch Siegfried beanspruchte, konnte er nur geltend machen, dass er in ihr seinen Vorgängern folge [. . . sedis regalis aquensis, ubi sicut ipsi (= progenitores nostri) fuerunt, nos sumus superior advocatus]. Eine frühere Urkunde, in der Johann diesen Titel führte oder erhalten hätte, liegt nicht vor und stand auch ihm nicht zur Verfügung. Wäre Rudolf damals am Rhein gewesen[5]), so hätte sich Johann von Brabant nicht zu einem solchen Schritte verleiten lassen. Das Einverständniss, das Dank den Bemühungen Siegfrieds zwischen Aachen und dem Herzog hergestellt wurde, musste Wilhelm von Jülich zu zerstören suchen. So kam es zwischen ihm und der Stadt zum Kampfe; und es ist — solange nichts Besseres gefunden wird[5]) — die Annahme erlaubt, dass Wilhelm von Jülich zur Wahrung der ihm vom Reiche eingeräumten Stellung nach Aachen gekommen war[7]), als er dort am 16./17. März den Tod fand[8]). Als Rudolf von Wilhelms Ermordung erfuhr, forderte er die Gräfin

---

1) Quix, S. 146.   2) Lac. II 395.   3) Lac. II 409.

4) Quix S. 151; 1277 Mai 30, also nach dem Bündniss Brabants mit Siegfried, das am 31. März geschlossen wurde. In einer Recension der Arbeit Werninghoffs (Aach. Zeitschr. XVI 193) sagt auch Loersch, dass die Unvordenklichkeit dieser Obervogtei nichts weniger als wahrscheinlich sei. Die Frage nach dem Ursprung des Vogt-, Schultheissen- und Meieramtes liegt ausserhalb des Rahmens meiner Arbeit.

5) Er ist damals dauernd in Wien, reg. VI 779 ff.

6) Die verschiedenen Ansichten über die Gründe der Feindseligkeiten zwischen Aachen und Wilhelm von Jülich stellt Haagen a. a. O. S. 14 Anm. 10 zusammen.

7) König Rudolf hatte zur Vermittelung zwischen dem Jülicher und Aachen Arnold von Rode gesandt; doch, wie das Schicksal des Grafen zeigt, ohne Erfolg. Die Thatsache der von Rudolf angestrebten Vermittelung ergibt sich aus dem Briefe, reg. VI 864, Baerwald, Baumgartenberger Formelbuch S. 389, Kretzschmar, S. 119; darnach ist Aachen. Zeitschrift V S. 129 zu berichtigen. — Der genannte Arnold von Rode war reg. aulae notarius, Bodmann, cod. epist. Rudolfi I S. 43, Kretzschmar, Die Formelbücher S. 117.

8) Ueber ein ihm errichtetes Denkmal siehe Aachen. Zeitschr. VI 245; XI 139.

von Jülich auf, an den Aachenern keine Rache zu nehmen, bis
er selbst den Urtheilsspruch gefällt habe [1]). Ob Richarda von
Jülich demgemäss zu handeln versuchte, ist unbekannt [2]).
Als sich die Jülicher Grafenfamilie am 14. Oktober 1279 mit
Erzbischof Siegfried aussöhnte, wurde folgende Bestimmung in den
Vertrag aufgenommen [3]): Die Bürger von Aachen können, wenn
sie es wünschen, in diese Sühne aufgenommen werden; wenn sie
es nicht wollen, so soll sie der Erzbischof unterstützen, wie es
Graf Gottfried von Sayn nach Einsicht der diesbezüglichen Urkunden
anordnet. Darnach wurde ein Fortgang des Krieges zwischen
Aachen, dessen Helfer Siegfried und der Herzog von Brabant
waren, und dem Jülicher Geschlechte für durchaus möglich gehalten. Und in der That stand sich Aachen und die gräfliche
Familie auch weiterhin feindlich gegenüber. Denn am 19. April
1280 gelobte die Stadt bei einer Aussöhnung mit den Kindern des
Grafen von Jülich, den Anordnungen des Erzbischofs und des Herzogs von Brabant sich fügen zu wollen [4]). Am 22. April versprach
der Erzbischof, dass er den Aachenern in allen Fällen, in denen
sie sich seinen Anordnungen fügten, helfen werde [5]). Zwei Tage
später versicherte Johann von Brabant an demselben Orte, an dem
Siegfried seine Urkunde ausstellte, Aachen seines Beistandes [6]).
Am 27. Mai verpflichtete sich Aachen, ohne seine beiden genannten
Bundesgenossen keinen Frieden mit der gräflich Jülich'schen Familie
zu schliessen [7]). Endlich am 20. September 1280 fand der Ausgleich
statt [8]). Erzbischof Siegfried und Herzog Johann sind die Ver-
mittler und Bürgen. Die Stadt muss sich verpflichten, 15 000 M.

---

1) Bodmann a. a. O. S. 78; nach anderer Vorlage Aach. Zeitschr. V
S. 131, vergl. auch reg. VI 949.

2) Von der Anwesenheit eines Abgesandten Rudolfs wissen die Ann.
Colm. mai. M. G. Scr. XVII 202, reg. VI 1158a; von einem feindlichen Zuge
Joh. von Brabants gegen Aachen kann nach der obigen Darstellung nicht die
Rede sein.   3) Lac. II 429.

4) Köln. Mitth. XII S. 49 Nr. 65.

5) Quix S. 150. Datum Dailheim.

6) Quix S. 151, April 24 Dailheim, an demselben Tage erklärte Johann, dass durch sein Bündniss mit Aachen der Vertrag zwischen der Stadt
und dem Erzbischof keine Einschränkung erfahre. Köln. Mittheil. XII S. 50
nr. 67.

7) Köln. Mitth. XII 50 nr. 68.

8) Quix I 152.

zu zahlen und 4 Altäre für die Seelenruhe (natürlich Wilhelms von Jülich und seiner Genossen) zu stiften. Dafür schwören die Mitglieder der Jülicher Familie Urfehde und übernehmen es, die Kinder des gefallenen jungen Grafen von Jülich nach Eintritt der Grossjährigkeit [1]) und ebenso Walram von Jülich, den Herrn von Bergheim, zu Gleichem zu veranlassen; widrigenfalls sind der Stadt genannte Summen zurückzuzahlen. Mit keiner Silbe wird in dieser Urkunde der Obervogtei von Aachen gedacht, die zur Zeit Johann von Brabant inne hatte [2]). Dem Herzog genügte es wohl, im faktischen Besitze derselben zu sein.

Am 17. Februar 1283 [3]) verpfändete König Rudolf dem Herzog Johann von Brabant für 3000 M. neben der Münze zu Boppard auch jene zu Aachen und die übrigen noch freien Reichsgefälle daselbst. Nach dem eben Ausgeführten muss es den Anschein gewinnen, als habe man den durchaus unbestimmten Ausdruck „und die übrigen noch freien Reichsgefälle in Aachen" mit Absicht gewählt; jedenfalls konnte man darunter auch die Obervogtei und, wie ich des weiteren zeigen werde, die Verleihung des Schultheissenamtes und der Meierei von Aachen rechnen. Kaum ein Jahr nach dieser Verpfändung durch Rudolf — am 17. März 1284 verspricht Walram von Montjoie und Falkenberg [4]) dem Herzog Johann von Brabant, solange er Schultheiss von Aachen ist, bei Erhaltung des gesammten Rechtes, das Johann in Aachen inne hat und in dessen Besitz ihn Walram vorfand, sowie bei Erhaltung der Vereinbarungen, die zwischen Johann und den Aachener Bürgern getroffen wurden und worüber er deren offene Briefe hat, behülflich zu sein. Durch diesen Vertrag wird die oben ausgesprochene Vermuthung bestätigt, dass Johann von Brabant keinerlei Verleihungen betreffend die Obervogtei aufzuweisen hatte, sondern von den Bürgern von Aachen und zwar im Gegensatz zu Wilhelm von Jülich als Obervogt anerkannt worden war; als solcher verlieh er das Schultheissenamt, wie es ehedem die Grafen von Jülich vergaben.

Als König Adolf am 12. September 1292 [5]) dem Walram von

---

1) An demselben Tage von Walram und Otto von Jülich auch in besonderer Urkunde gelobt. Quix, Cod. Aqu. 154.
2) 1282 nennt er sich noch Obervogt, Quix S. 156.
3) reg. VI 1765.
4) Butkens, Trophées I., Preuves S. 119.
5) reg. 36.

Jülich das Schultheissenamt von Aachen übertrug, befand sich dasselbe noch immer in den Händen des obengenannten Walram von Montjoie [1]; von diesem ging das Schultheissenamt auf Reinald von Montjoie über, sodass Walram von Jülich niemals in dessen Besitz kam [2].

Am 13. Juni 1297 gestattet Adolf dem Walram von Jülich [3]), von Herzog Johann von Brabant die Meierei, die ihm verpfändet ist, zurückzukaufen. Nun erscheint aber weder Herzog Johann noch vorher dessen Vater jemals als Besitzer der Meierei; vielmehr kennen wir für die Jahre 1290, 1293, 1294, 1295, 1302 [4]) die Namen der Villici. Und doch müssen die Meier, wie die angeführte Urkunde Adolfs von 1297 lehrt, von den Herzögen von Brabant abhängig gewesen sein. Denn es ist ausgeschlossen, dass König Adolf bei dieser Verpfändung der Meierei nicht wusste, wem sie gegeben war; aber selbst wenn seine Kanzlei darüber im Unklaren war, so hatte der Petent (in diesem Falle Walram von Jülich) ein Interesse daran zu verhüten, dass irrthümlich jemand als Besitzer der Meierei bezeichnet wurde, der sie überhaupt nicht besass; wurde doch durch einen solchen Fehler das ganze Recht auf Rückkauf hinfällig.

Noch etwas anderes ist auffällig: Walram von Montjoie und Falkenburg nennt sich 1286 nur scultetus, nicht einmal scultetus ex parte imperii [5]). 1295 aber bezeichnet er sich als ex parte imperii provisor et scultetus [6]) und später führt auch Reynard von Montjoie diesen Titel [7]).

Berücksichtigen wir, dass Johann I. von Brabant am 3. Mai 1294 gestorben war, so ist die Annahme berechtigt, dass Walram von Montjoie bei dessen Tod den Titel ex parte imperii provisor annahm. Er sollte dem Titel superior advocatus [8]) entsprechen; dieser selbst aber wurde wohl in Rücksicht auf Johann II. von Brabant vermieden. Also war Walram von Montjoie als Schultheiss von Aachen in gewissem Grade von dem Herzog von Brabant abhängig.

Aus dieser Thatsache und dem Umstande, dass Johann von

---

1) Loersch, Rechtsdenkm. S. 258 nr. 86 und 91.
2) Ebenda S. 259 nr. 94.
3) reg. 351; Lac. II 574.   4) Loersch S. 258/9 nr. 87—92.
5) Loersch S. 258 nr. 86.   6) Loersch S. 259 nr. 91.
7) Ebenda nr. 94.   8) Quix, Cod. Aqu. S. 151.

Brabant als Besitzer der Meierei von König Adolf bezeichnet wird, ohne dass er sie thatsächlich inne hat, möchte ich schliessen, dass Johann von Brabant als Obervogt von Aachen Schultheissenamt und Meierei vergab.

Diese Auffassung erhält durch Folgendes eine Bestätigung: Am 22. September 1292 [1]) schlug Adolf dem Herzog von Brabant auf die für 16 000 M. verpfändeten Reichsgüter 3000 M., die dem Herzog laut Urkunde König Rudolfs noch geschuldet wurden [2]). 3000 M. aber schuldete Rudolf dem Herzog seit dem 17. Februar 1283 [3]); da hatte er Johann ausser der Münze zu Boppard auch jene zu Aachen und die übrigen noch freien Reichsgefälle daselbst für 3000 M. verpfändet. Sah sich nun Adolf am 22. September 1292 veranlasst, für diese 3000 M. eine neue Pfandschaft anzuweisen, so war die seitherige, d. h. die freien Reichsgefälle in Aachen, anderweitig vergeben worden; thatsächlich hatte Adolf 10 Tage vorher — am 12. September 1292 — das Schultheissenamt in Aachen dem Walram von Jülich übertragen [4]).

Die Stellung des gefallenen Wilhelms IV. zu Aachen muss ähnlich der gewesen sein, die Johann von Brabant dieser Stadt gegenüber einnahm, d. h. er muss bei Besetzung des Schultheissen- und Meieramtes bedeutenden Einfluss gehabt haben.

B. Der Inhalt der Wahlkapitulation und ihr Verhältniss zur Erneuerungsurkunde vom 13. September 1292.

Auf die ungeheuer zahlreichen Versprechen, die Siegfried bei den Wahlverhandlungen Adolf, dem Grafen von Nassau, abzwang, ist schon ebenso oft hingewiesen worden, als Adolfs Wahl zum Gegenstand der Darstellung gemacht worden ist. Aber niemals hat man seither untersucht, ob für diese Forderungen eine Berechtigung oder doch wenigstens ein Schein davon bestand [5]); ebensowenig

---

1) reg. 41.
2) Böhmer reg. 41 erwähnt davon nichts (vergl. Heelu ed. Willems S. 562).
3) reg. VI 1764.
4) reg. 36; Lac. II 548.
5) Obwohl für Ennen, Die Wahl Adolfs, dies am nächsten gelegen hätte, so hat er sich doch auch auf eine Aufzählung der einzelnen Artikel

wurde erschöpfend die Frage behandelt, in welchem Verhältniss steht die Wahlkapitulation zu der Erneuerungsurkunde vom 13. September[1]); auch darnach hat man nicht genügend geforscht[2]), in wie weit Adolf seinen Verpflichtungen nachkam. Und doch werden uns nach Beantwortung dieser Fragen Siegfrieds Forderungen weniger ungeheuerlich und Adolfs Verhalten nicht in so hohem Grade unrühmlich erscheinen; zugleich wird uns verständlich, warum zwischen Wähler und Gewähltem eine so rasche und gänzliche Entfremdung statt fand.

a) Welche Artikel sind in der Wahlkapitulation enthalten und was veranlasste ihre Aufnahme?

I. Zunächst finden sich drei Artikel, welche sich auf die Wahl selbst beziehen. 1. Adolf wird die Rechte auf das Reich, die er durch die Wahl seitens Siegfried gewinnt, zu keiner Zeit aufgeben, auch dann nicht, wenn einige deutsche Fürsten anders als der Erzbischof stimmen sollten[3]). 2. Er wird nach der Anweisung Genannter sich die Stimme Ottos mit dem Pfeile, des Markgrafen von Brandenburg, zu erwerben suchen[4]). 3. Ohne Zustimmung Siegfrieds wird er weder jemand mit dem Herzogthum Oesterreich belehnen, noch in Betreff dessen irgend welche Verordnung treffen; auch dieser Artikel hatte den Zweck Stimmen für Adolf zu erwerben[5]).

II. Die zweite Gruppe von Artikeln enthält die Schenkung einer Reihe von Reichs-Burgen und -Festungen an Siegfried und die Kölner Kirche; alle diese hatten sich schon vorübergehend im Besitze oder in Abhängigkeit von Siegfried oder seinen Vorgängern befunden.

---

beschränkt. Auch Schmid, Die Wahl Adolfs S. 24 f., geht auf diese Frage nicht weiter ein.

1) Auch in dieser Beziehung kommt Ennen S. 40 f. über eine blosse Aufzählung nicht hinaus; dagegen hat Schmid S. 88 f. die Wahlkapitulation mit der Erneuerungsurkunde verglichen; seine Folgerungen sind zum grossen Theil unrichtig, weil er nicht erörtert hat, warum Siegfried die einzelnen Forderungen stellte.

2) Vergl. Ennen S. 42 ff., Schmid S. 88 f.

3) Enn. u. Eck. III 326 Z. 18. Im Folgenden sind einfache Angaben von Zahlen stets auf Enn. u. Eck. III zu beziehen.

4) 330 oben. 5) 330 unten.

1. **Kochem**[1]). Auf den dortigen Burggrafen gewann Erzbischof Konrad spätestens, als Richard König war, solchen Einfluss, dass die Burg in den Besitz des Kölner Erzstiftes überging. Unter König Rudolf verlor dann Siegfried Kochem, das alsbald an Diether von Katzenelnbogen verpfändet wurde.

2. **Kaiserswerth**[2]). 1249 bereits nahm Erzbischof Konrad den Burggrafen daselbst in seinen Schutz. Erzbischof Engelbert wusste sich diese Festung aus den Händen ihres Hüters zu verschaffen. Bei seiner Thronbesteigung liess König Rudolf dem Erzbischof Kaiserswerth auf Lebenszeit. Auch Siegfried erhielt 1276 eine Anweisung von 300 M. auf Kaiserswerth; aber nach seiner Rückkehr aus Oesterreich zwang Rudolf den unzuverlässigen Erzbischof zur Ausantwortung der Burg; seitdem war sie für diesen verloren.

3. **Landskron**[3]) (bei Sinzig). Um 1248 machte Erzbischof Konrad den Burggrafen von Landskron seinem Interesse dienstbar; denn dieser versprach, von der dem Reiche zustehenden Burg dem Erzbischof und seinen Nachfolgern keinen Schaden zuzufügen und deren Feinde nicht in die Burg aufzunehmen. Unter Erzbischof Engelbert bestanden diese Beziehungen fort; erst als Siegfried der Partei Ottokars zuneigte, erlitt das Verhältniss zwischen ihm und dem Rudolf treuergebenen Burggrafen einen Bruch.

4. und 5. **Dortmund**[4]) und die **Reichshöfe**[5]) Brakel, Elmenhorst und Westhofen. Die erste Annäherung Dortmunds an das Erzstift Köln fand 1248 statt, indem diese Stadt erklärte, nur von Erzbischof Konrad beraten sein zu wollen. In demselben Jahre noch verpfändete K. Wilhelm Dortmund und die umliegenden Reichshöfe an den Erzbischof. Zu Beginn seiner Regierung überliess Rudolf dem Erzbischof Engelbert Dortmund nebst allem Zubehör in derselben Weise, wie es dessen Vorgänger besessen (also auch die drei Reichshöfe). Gegen Ende seiner Regierung gab Rudolf aus Abneigung gegen Siegfried Dortmund und die Reichshöfe an den Grafen Eberhard von der Mark.

---

1) 326 Z. 5 v. unten; vergl. oben S. 85.
2) 326 Z. 5 v. u.; siehe oben S. 87. Wie Schmid S. 25 und S. 88 dazu kommt, Rheineck zu erwähnen, ist unklar; in der Urkunde steht davon nichts.
3) 326 Z. 4 v. u.; siehe oben S. 95.
4) 326 Z. 4 v. u.; siehe oben S. 100.
5) 327 Z. 18 v. u.; siehe oben S. 101.

6. **Die Vogtei Essen**¹). 1247/48 veranlasste Erzbischof Konrad den Theoderich von Limburg an der Lenne seine Ansprüche auf die Vogtei Essen aufzugeben; vermuthlich liess er sich dann selbst zum Vogte wählen. Von Erzbischof Engelbert steht dies fest. Nach dessen Tode setzte König Rudolf seine Wahl durch; doch 1276 verzichtete er zu Gunsten Siegfrieds auf diese Stellung. Während der Gefangenschaft dieses Erzbischofes übertrug Rudolf dem Grafen Eberhard von der Mark dieses Amt. Seiner Haft entlassen, gab Siegfried seine Ansprüche auf die Vogtei nicht auf, ohne aber unter Rudolf wieder in deren Besitz zu gelangen.

III. **In einer Reihe von Artikeln wird dem Erzbischof sein augenblicklicher Besitzstand gewährleistet.** 1. Adolf verspricht, die Privilegien, die dem Erzbischof und seiner Kirche von früheren Kaisern und Königen verliehen wurden, zu bestätigen und zu erneuern ²). 2. Er gelobt, den Zoll zu Andernach ³) zu erneuern und zu bestätigen; diesen besass Siegfried zu Recht. 3. Er verheisst das Gleiche in Betreff des Zolles zu Rheinberg ⁴). Diesen hatte wahrscheinlich Erzbischof Engelbert eigenmächtig aufgerichtet, ohne dass nachher Rudolf von ihm oder Siegfried dessen Aufhebung verlangte. 4. Er macht sich anheischig, dem Erzbischof die Obhut über das Kloster Korvey ⁵), die ihm einst von König Rudolf übergeben wurde, zu erneuern und zu bestätigen.

IV. **Allein steht das Versprechen, dem Erzbischof und seiner Kirche für die im Dienste des Reiches unvermeidlichen Kosten 25 000 M. schenken zu wollen**⁶).

V. **Eine weitere Gruppe von Artikeln soll die Verpflichtungen und Nachtheile beseitigen, die dem Erzbischof aus dem Limburger Erbfolgekrieg erwachsen sind.** 1. Adolf gelobt, den Erzbischof von der Forderung⁷), die er an ihn (in Folge des Limburger Erbfolgekrieges) ⁸) hat und um derent-

---

1) 327 Z. 16 v. u., siehe oben S. 102.   2) 328 Z. 5.
3) 328 Z. 4, siehe S. 54. (*Dieser und die folgenden Verweise, bei denen das Wort „oben" fehlt, beziehen sich auf den zweiten Theil der Abhandlung in diesem Hefte der Annalen.*)
4) 328 Z. 4, siehe S. 55.
5) 328 Z. 11 v. u. Näheren Aufschluss gibt die Sühne des Bischofs von Paderborn mit Siegfried, Seibertz, Urk. II 553.
6) 329 oben.   7) 329 Z. 11 v. u.
8) Das ergibt sich aus der Bestätigungsurkunde Adolfs vom 13. Sept. 1292 S. 335 Z. 9 v. u.; über die Betheiligung Adolfs und Heinrichs von Nassau

willen ihm der Zoll zu Andernach verpfändet wurde, freizusprechen. 2. Desgleichen übernimmt es Adolf, die Streitfrage¹) wegen des Schadens und Verlustes, den Heinrich von Nassau im Limburger Erbfolgekrieg erlitt, zu erledigen und diesen abzufinden. 3. Adolf soll dahin wirken, dass der Graf Adolf von Berg genannte Burgen ohne Entgelt zurückgibt²); mit anderen Worten, dass der Graf von Berg auf alle Entschädigung, die ihm durch die Sühne vom 19. Mai 1289 seitens des Erzbischofs zugestanden wurde, ohne weiteres verzichtet. 4. Adolf verpflichtet sich, den Erzbischof im Besitze Wassenbergs zu erhalten³); dennoch hatte Siegfried am 19. Mai 1289 gelobt, alle Güter des Herzogthumes Limburg, die von der Kölner Kirche lehenrührig seien — zu diesen gehörte Wassenberg — nach der Anweisung Adolfs von Berg zu verleihen. 5. Adolf verheisst, ohne des Erzbischofs Zustimmung weder mit dem Herzogthum Limburg irgend jemand zu belehnen noch in Betreff desselben irgend eine

---

an Siegfrieds Kriegen vergl. v. Heelu ed. Will. S. 69 und S. 260; Ennen, Die Wahl Adolfs S. 54; Ennen S. 55; Ernst, Hist. du Limb. IV 524 Anm. 1.

1) 329 Z. 8 v. u.; wiederholt S. 335 Z. 7 v. u. mut. mut. reg. Ad. 130 Lac. II 555 mit dem Zusatz, dass der Schaden bei Worringen erlitten wurde.

2) 327 Z. 13. Bei der Sühne zwischen Adolf von Berg und Siegfried (1289 Mai 19 Lac. II 508) verspricht dieser, jenem für den ungerechtfertigter Weise zugefügten Schaden 12 000 M. zu bezahlen. Zur Sicherstellung gibt ihm Siegfried die Burgen Wieden, Waldenberg, Rothenberg und Aspel, sowie die Stadt Deutz nebst Schultheissenamt daselbst in Verwahr. Nach Abzahlung einzelner Theile der Schuldsumme werden die einzelnen Burgen Siegfried zurückgegeben. Rothenberg, Wieden und Waldenberg gingen später als Pfänder in die Hände Eberhards von der Mark über, Seibertz Urk. I 575, Lac II 581. Lechenich war dem Grafen R. von Virneburg, einem Anhänger Joh. von Brabants (Lac. II 522, 531), verpfändet worden; er scheint es später an die Grafen von Berg weiter gegeben zu haben (Lac. II 530).

3) 327 Z. 11 v. u. 1283 September 22. Lac. II 458 verpfändet Rainald von Geldern dem Erzbischof die von Köln lehnrührige Burg und Stadt Wassenberg. Bei der Sühne zwischen den Grafen von Berg und Siegfried (1289 Mai 19, Lac. II 510) verblieb letzterem Wassenberg. Nach dem Entscheid König Philipps von Frankreich (1289 October 15, Ernst, Hist. du Limb. VI 391) musste Rainald von Geldern u. a. Wassenberg Johann von Brabant für immer überlassen und dem Erzbischof davon Kenntniss geben (der Revers Rainalds vom selben Datum ibid. S. 398). Trotz dieser Anordnungen blieb Wassenberg im Besitz des Erzbischofs; denn 1291 sichert dieser dem Walram von Jülich, der seine Nichte heirathet, eine Aussteuer zu und will ihm auf Wunsch dafür Wassenberg verpfänden (Lac. II 540).

Verordnung zu treffen ¹). Dieser Artikel ist natürlich gegen den Herzog von Brabant, den faktischen Besitzer des Herzogthums Limburg, gerichtet. 6. Adolf will dafür sorgen, dass die Kölner dem Erzbischof nach seinem Ermessen für ihre Frevelthaten entsprechenden Ersatz leisten ²); sonst wird er die Reichsacht über sie verhängen und den Erzbischof thatkräftig bei ihrer Verfolgung unterstützen. Zugleich begibt sich Adolf aller Rechte auf die Stadt Köln, die völlig dem Erzbischof unterthan sein soll. Und doch hatte Siegfried in seiner Sühne mit Köln am 18. Juni 1289 auf jeglichen Schadenersatz verzichten müssen ³). 7. Adolf macht sich verbindlich, weder den Herzog von Brabant, die Grafen von Berg und von der Mark noch sonst irgend welche Feinde der Kölner Kirche ohne Zustimmung des Erzbischofs unter seine Räthe aufzunehmen ⁴); es sind dies die Hauptgegner Siegfrieds im Limburger Erbfolgestreit gewesen, mit denen er sich am 19. Mai 1289 einzeln ausgesöhnt hatte ⁵). 8. Adolf gestattet dem Erzbischof den Wiederaufbau aller der Burgen, die zur Zeit seiner Gefangenschaft zerstört wurden ⁶). 9. Adolf wird dahin wirken, dass die Burg und Güter bei Zeltingen, deren Siegfried zur Zeit seiner Gefangenschaft von dem Grafen von Veldenz beraubt wurde, wieder ausgeliefert werden ⁷).

VI. **Die sechste Gruppe von Artikeln enthält die Vereinbarungen, die zwischen Siegfried und seinem Verbündeten Walram von Jülich ange-**

---

1) 330 unten. 2) 328 Z. 10.
3) L a c. II 517. 4) 330 Z. 23 v. u.
5) L a c. II S. 508 f. nr. 865, 867, 868, 869.
6) 327 unten. 1290 Juli 5 (L a c. II 531) wird ausgesagt, dass A. von Berg während der Gefangenschaft des Erzbischofs die Städte Werl und Menden sowie die Burgen Isenburg und Volmarstein eroberte und zerstörte. Ueber diese Burgen vergl. L e v o l d ed. T r o s s S. 119 (über Isenburg ausserdem S. 95, über Werl S e i b e r t z I 582, über Raffenburg L e v o l d S. 113 u. L a c. II 513, über Worringen L a c. II 531).
7) 328 Z. 6. Wann Zeltingen (E n n e n, Die Wahl Ad. S. 74) in den Besitz der Erzb. von Köln gelangte, konnte nicht festgestellt werden. 1289 verpfändet Erzb. Konrad Zeltingen und Rachtig (Mittelrh. Urk. III 505); doch setzt die obige Forderung an Adolf voraus, dass seitdem die Orte wieder eingelöst worden waren. Auch Zeltingen ward nicht an die Erzb. trotz Adolfs Versprechen ausgeantwortet [Albr. reg. 18; Heinr. VII reg. 18 u. 168 (L a c. III 61)].

sichts der bevorstehenden Königswahl getroffen wurden. Walram von Jülich, der im Limburger Erbfolgestreit zu den Gegnern des Erzbischofs gehörte, hatte sich im März 1291 mit diesem ausgesöhnt und mit dessen Nichte verlobt[1]). Als nun der deutsche Thron neu zu besetzen war, einigten sich Siegfried und Walram in einer uns nicht mehr vorliegenden Urkunde zu ihrem beiderseitigen Vortheil auf folgende Artikel[2]):

α) Dem Interesse Walrams dienen dabei diese:
1. Adolf soll dem Walram die dessen Vater verpfändete Reichsstadt Düren um die Pfandsumme überlassen[3]). 2. Da aber der genannte Graf bei seinem Abkommen mit Siegfried ohne Zustimmung seiner Familie handelte, vielmehr deren Interessen verletzte, so muss ihm Adolf Schutz gegen den Grafen Guido von Flandern als den Grossvater der Kinder des erstgeborenen Sohnes Wilhelms IV. und gegen Johann von Brabant als deren Oheim verheissen[4]). Die Schulden, die König Rudolf bei Walrams Vater hatte, sollen nach Entscheidung des Erzbischofs von Adolf übernommen werden[5]). 3. Ausserdem verpflichtet sich Adolf, das Schultheissenamt zu Aachen nach Wunsch des Erzbischofs, d. h. dem Grafen Walram von Jülich, zu verleihen[6]).

β) Für diese Vergünstigungen hatte Walram die berechtigten Ansprüche seiner Familie auf Sinzig, Duisburg und Liedberg auf-

---

1) Siehe oben S. 66 f.
2) Ennen, Die Wahl Adolfs S. 26 „Zur Verwirklichung seines Planes scheute Siegfried nicht, zu den Waffen zu greifen und durch Blut und Kampf seinem Kandidaten den Thron zu sichern. — Für diesen Fall scheint er sich vor Allem der thätigen Beihülfe des Grafen von Jülich, eines Verwandten des Nassauers, versichert zu haben." Natürlich ist die Auffassung Ennens lediglich Kombination.
3) 330 Z. 11. 1246 Dec. 12 (reg. V 4519; vergl. auch 4446 u. 4452) verpfändet Friedrich II. dem Wilhelm von Jülich Düren. Am 16./17. März 1278 erfolgte der Tod Wilhelms und bereits am 4. April (Lac. II 415) gelobte Düren, dass es dem Erzb. und der Kölner Kirche gehorchen wolle, und räumte ihnen dieselben Rechte an sich ein, die Wilhelm von Jülich an ihm hatte. Als es 1279 zwischen Siegfried und der Jülicher Familie zur Sühne kam (Lac. II 429), muss Düren bereits wieder in deren Besitz gewesen sein; denn dieser Stadt wird damals mit keinem Worte gedacht. Damit, dass Adolf Walram, dem Freunde Siegfrieds, Düren verleiht, soll wohl der Anspruch jedes anderen Gliedes der Grafen von Jülich von vornherein beseitigt sein, vergl. im übrigen Werminghoff, Die Verpfändungen S. 129 ff.
4) 330 Z. 5.   5) 330 Z. 15.   6) 330 Z. 12.

gegeben; darum lässt sich Siegfried von Adolf geloben 1. dass er ihm Duisburg schenkt[1]); auf diese Stadt waren einst dem Walram von Jülich 1200 M. angewiesen worden. 2. Dass er ihm Sinzig schenkt[2]); diesen dem Reiche gehörigen Ort hatte 1267 Engelbert dem Grafen Wilhelm IV. von Jülich entwunden; doch unter Rudolf — vielleicht durch dessen Machtwort — waren die Jülicher wieder Herrn von Sinzig geworden. 3. Dass er ihn im Besitze der Burg Liedberg erhalten und ihm gegen den Herzog von Brabant, den Grafen von Flandern und alle anderen, die ihn deswegen angreifen wollen, beistehen wird[3]). Wenn auch Walram mit der Ueberlassung Liedbergs an Siegfried nur eine Vereinbarung zwischen dem Erzbischof und seiner Mutter wiederholte, so handelte er dennoch ohne Einwilligung der Kinder des erstgeborenen Sohnes Wilhelms IV In dieser Erkenntniss liess sich Siegfried ebenso wie Walram königlichen Schutz gegen den Grafen von Flandern und den Herzog von Brabant zusagen.

VII. **In einem letzten Artikel muss Adolf für die Erfüllung der eingegangenen Verpflichtungen Sicherheit und Bürgschaft leisten**[4]).

In der Wahlkapitulation beansprucht Siegfried alles Reichs-

---

1) 326 Z. 4 v. u., siehe oben S. 97.
2) 326 Z. 4 v. u., siehe oben S. 93.
3) 327 Z. 14 v. u. 1273 November 24 (reg. VI 40) kauft Rudolf die Burgen Liedberg, Worringen und Kaster, die bisher Eigentum des Grafen Wilhelm von Jülich waren, und gibt sie dem Grafen und seiner Familie zu Lehen. Die Thatsache, dass dieser Verkauf so rasch nach Rudolfs Krönung erfolgte, ferner, dass, wie im Folgenden gezeigt wird, Siegfried als Erzb. von Köln wiederholt auf Liedberg Ansprüche erhob, lassen vermuthen, dass der Verkauf seitens des Grafen erfolgte, weil er vor den Forderungen des Erzb. geschützt sein wollte; in Besitz Liedbergs war dann Wilhelm von Jülich gelangt, als er mit Erzb. Engelbert die Sühne des 16. April 1271 schloss (dies vermuthete zuerst Lac. Archiv III 85; über Worringen und Kaster vergl. oben S. 6 Anm. 2). 1279 überlässt die Gräfin von Jülich dem Erzb. Liedberg (Lac. II 429). 1291, als sich Walram endgültig mit Siegfried aussöhnte (Lac. II 539), gewährleistete er der Kölner Kirche Liedberg. Walram hätte hierzu die Einwilligung der Kinder Wilhelms von Jülich und die Zustimmung Guidos von Flandern, der deren Grossvater war, bedurft; also auch in diesem Punkte hatte er stets auf die Einsprache Guidos zu rechnen (vergl. oben S. 66 f.). Erst 1299 verspricht Guido zur Uebertragung Liedbergs an den Erzb. von Köln die Genehmigung Wilhelms von Jülich zu erwirken (L a c. II 608).
4) 330 Z. 17 v. u.

gut, das sich jemals im Besitz oder in Abhängigkeit von dem Kölner Erzstift befunden hatte. Die darin gestellten Forderungen sollten ferner dazu dienen, Siegfried alle jene Besitzungen und Rechte wieder zu verschaffen, die er im Kampfe mit König Rudolf, vor allem aber in Folge des Limburger Erbfolgekrieges an den niederrheinischen Adel und die Stadt Köln verloren hatte. Seine Aufgabe fasst Adolf in der Wahlkapitulation dahin zusammen [1]): ecclesiam Coloniensem que iam multo tempore gravibus iacet prostrata dampnis et affecta iacturis, in suis iuribus et libertatibus conservabimus et defendemus et ipsas lesas ad statum debitum reducemus; er hätte Recht damit, wenn hinter libertatibus noch stände a predecessoribus nostris concessis et in iis quas asserit se habere.

b) **In welchem Verhältniss steht Adolfs Erneuerungsurkunde [2]) vom 13. September 1292 zur Wahlkapitulation? [3]).**

1. Zunächst ist die erste Gruppe der Artikel als erledigt weggefallen [4]). 2. In der Wahlkapitulation heisst es: Da der Erzbischof und die Kölner Kirche nothwendige, nützliche und unvermeidliche Ausgaben im Dienste des Reiches machen müssen, so verspricht ihnen Adolf als Beisteuer 25000 M. und weist ihnen, um diese sicher zu stellen, seine und seines Bruders Burgen und Städte an [5]). Jetzt verpfändet er [6]) Kochem, Kaiserswerth, Sinzig, Landskron, Duisburg, Dortmund und die 3 Reichshöfe, Orte, die er dem Erzbischof ohne irgend welche Einschränkung geschenkt hatte, um jene 25000 M. Bei Kaiserswerth soll ausserdem die Summe, um die die Einnahmen die Ausgaben übersteigen, von der Pfandsumme in Abrechnung kommen; dies darf jedoch erst dann geschehen, wenn Adolf dem Erzbischof die Summe, die dieser zur Einlösung von Kaiserswerth aufbringt, heimgezahlt hat. 3. In Betreff der Reichshöfe findet sich in der Erneuerungsurkunde ein wichtiger Zusatz [7]):

---

1) S. 326 Z. 14 d. Urk.
2) 334.
3) Siehe S. 65 Anm 2.
4) Siehe S. 65.
5) 328/9.
6) 336 Z. 19 v. u.
7) 337 Z. 21.

Ueber das Eigenthumsrecht, das die Kölner Kirche an den Höfen zu haben behauptet, soll durch die Verpfändung keine vorgreifende Entscheidung herbeigeführt werden; es wird durch sie ebensowenig berührt wie das Eigenthumsrecht des Reiches an diesen Höfen. 4. Gerade so verfährt Adolf in Bezug auf die Vogtei Essen. Dem Versprechen, den Erzbischof in deren ungestörten Besitz zu setzen[1]), fügt er jetzt hinzu: doch sollen dadurch die Rechte irgend jemand anderes nicht verletzt werden[2]). 5. Während Adolf am 27. April gelobt hatte, den Zoll zu Andernach und Rheinberg zu bestätigen[3]), verspricht er am 13. September, dem Erzbischof und seiner Kirche die Zölle, die sie bisher mit Recht innehatten, zu überlassen[4]). Diese Fassung enthält eine Erweiterung des früheren Versprechens, da der Erzbischof manchen früher — gleichviel ob mit Recht oder Unrecht — erhobenen Zoll, z. B. den Neusser Zoll nun wiederaufrichten konnte[5]). 6. In der Wahlkapitulation hatte Adolf allgemein versprochen, dass er den Grafen von Berg zur unentgeltlichen Aufgabe genannter Bürgen bewegen werde[6]); nun gelobt er, bis Sonntag Invocavit in diesem Sinne zu wirken[7]). 7. Die Verpflichtung Adolfs, die Burgen und Festungen der Korweyer Kirche, die von anderen gewaltsam besetzt sind, zurück zu fordern und nach dem Rath des Erzbischofs zurück zu erwerben, findet sich in der Erneuerungsurkunde nicht mehr[8]). 8. Der Artikel, der gegen den Herzog von Brabant gerichtet war und in dem Adolf verheisst, die Belehnung mit Limburg nur mit Einwilligung Siegfrieds vorzunehmen[9]), ist weggefallen; denn mittlerweile war Adolf mit Brabant in enge Beziehung getreten. 9. Hatte Adolf sich vordem verpflichtet, den Herzog von Brabant, die Grafen von Berg und von der Mark nicht unter seine Räthe aufzunehmen[10]), so macht er jetzt den einschränkenden Zusatz: so lange sie unberechtigter Weise Feinde der Kölner Kirche sind[11]). Also Feinde Siegfrieds können sie sein; ausserdem ist Adolf infolge dieses Zu-

---

1) 327 Z. 18 v. u.
2) 334 Z. 7 v. u.
3) 328 oben.   4) 335 Z. 11.
5) Siehe dessen Gesch. S. 56.
6) 327 Z. 13.   7) 334 Mitte.
8) 328 unten; vergl. 335 Z. 14 v. u.
9) 330 unten; vergl. oben S. 6 Anm. 1.
10) 330 Z. 23 v. u.
11) 336 Z. 11.

satzes überhaupt nicht mehr gebunden, da er jederzeit erklären kann, er finde ihre Feindseligkeiten in Folge Siegfrieds Verhalten berechtigt. Auch die Aenderung dieses Artikels hat in den Beziehungen Adolfs zu Herzog Johann ihren Grund. 10. Auch am 13. September noch macht sich Adolf verbindlich, dass die Kölner dem Erzbischof Ersatz leisten sollen, und ist bereit, Siegfried mit allen Rechtsmitteln in Behauptung seines Rechtes zu unterstützen [1]). Wenn die erhoffte Aussöhnung keinen Fortgang nehmen sollte — heisst es aber dann weiter [2]) — so wird Adolf in Betreff des Treueides, den ihm die Kölner leisten müssen und den er von diesen entgegen zu nehmen hat, so verfahren, wie es Rechtens ist. Die Bestimmung des 27. April, dass Adolf die Stadt nicht betreten und ihr keinerlei Treueid abnehmen dürfe, ist weggefallen; denn bereits war Adolf in Köln eingezogen und mit den Bürgern — vermuthlich auf Veranlassung Herzog Johanns — in Verbindung getreten [3]). 11. Auch den Aufbau von solchen Festungen gestattete jetzt Adolf, die vor Siegfrieds Gefangennahme zerstört wurden [4]). Was dies erweiterte Versprechen bezweckte, wissen wir nicht. 12. Entgegen dem Gelöbniss, Walram von Jülich u. a. gegen den Herzog von Brabant, den Grafen von Flandern und gegen jeden anderen, der ihn wegen der Grafschaft und sonstiger Güter angreifen will, beizustehen [5]), verspricht jetzt Adolf nur noch Walram gegen alle zu unterstützen, die ihn als Inhaber der Grafschaft mit Ansprüchen behelligen [6]). Die Ursache dieser Aenderung haben wir wiederum in den Beziehungen zu erblicken, die gelegentlich Adolfs Krönung zwischen diesem und dem Herzog von Brabant angeknüpft wurden. Dagegen verspricht Adolf auch in der Erneueruugsurkunde dem Erzbischof als dem Besitzer von Wassenberg und Liedberg Hülfe, wenn ihn darum der Herzog von Brabant und der Graf von Flandern angreifen [7]). 13. Der Artikel in Betreff Verleihung des Schultheissenamtes ist deswegen in der Urkunde des 13. September nicht wiederholt, weil dieses dem Grafen Walram von Jülich unter dem 12. September bereits übertragen worden war [8]).

---

1) 328 Z. 10, vergl. 335 Z. 23 v. u.
2) 335 Z. 17 v. u.
3) Vergl. oben S. 6 Anm. 1.
4) 335 Z. 7.   5) 330 Z. 5.
6) 335/6.   7) 334/5.
8) reg. 36. Lac. II 548.

14. Schmachvoll war es, wie Adolf in der Wahlkapitulation für die Erfüllung der gelobten Artikel Bürgschaft leisten musste [1]. Er sollte 50 Bürgen stellen und auf Verlangen des Erzbischofs bis zur Erfüllung oder Sicherstellung der eingegangenen Verpflichtungen Einlager halten. Durch Nichterfüllung auch nur einer Bedingung sollte sich Adolf das Recht auf das Reich verscherzen und dementsprechend mit einer allenfallsigen Neuwahl einverstanden sein. Die Krönung in Aachen sollte Adolf nicht fordern dürfen, bis er für die Erfüllung der übernommenen Verpflichtungen Sicherheit geleistet hätte [2]. Jetzt verspricht Adolf nur, bis Sonntag Invocavit (1293 Februar 15) den Festsetzungen nachzukommen und seinen Sohn mit 10 Kriegsleuten in Andernach Einlager halten zu lassen. Im Falle seines Todes soll sein Sohn aller Verpflichtungen ledig sein [3].

Abgesehen von ganz unwesentlichen Erweiterungen sind in der Urkunde des 13. September die Versprechen, die am 27. April gegeben wurden, bedeutend verringert und eingeschränkt. Es mag zugegeben werden, dass Adolf dem Herzog von Brabant und seinem Anhang gegenüber zur Nachgiebigkeit gezwungen wurde und die Nachwirkung hiervon nothwendig in den Versprechen, welche Adolf dem Erzbischof in Bezug auf den Herzog Johann von Brabant gab, zu Tage treten musste. Es darf auch ebendahin gerechnet werden, dass der König nun des Reiches Rechte auf Essen und die drei Reichshöfe wahrte; denn diese befanden sich in den Händen des Grafen Eberhard von der Mark, eines Anhängers des Brabanters. Daran aber, die genannten Reichsburgen und -Festungen bedingungslos — wie es vereinbart worden war — dem Erzbischof zu geben, konnte Adolf niemand hindern. Wenn er sie aber nun um die 25 000 M., die er obendrein geben wollte, Siegfried verpfändete, so zeigte er eben, dass er nach Wahl und Krönung entschlossen war, den Preis für des Erzbischofs Stimme soviel wie möglich herabzudrücken.

---

1) 330 Z. 17 v. u.
2) Am 29. Mai 1292 (Enn. u. Eck. III 331) hatte dann Adolf gelobt, seinen Verpflichtungen gleich nach der Krönung nachzukommen; sollte dies nicht innerhalb 8 Tage nach der Krönung geschehen sein, so sollte Adolf mit 4 Genannten in Bonn oder Neuss Einlager halten.
3) 338 Z. 17 v. u.

c) Kam Adolf den übernommenen Verpflichtungen nach?

Es ist natürlich, dass Adolf den Erzbischof im Besitze der Zölle zu Andernach und Rheinberg liess und ihm auch nicht die Obhut über das Kloster Korvey entzog. Aber Kochem, Kaiserswerth, Sinzig, Landskron, Duisburg, Dortmund nebst den Reichshöfen und die Vogtei Essen kamen niemals in die Hände Siegfrieds. Ebensowenig half Adolf dem Erzbischof im Verlauf seiner Regierung das wiedergewinnen, was dieser einst durch den Limburger Erbfolgestreit verloren hatte. Auch dem Verbündeten des Erzbischofs, dem Grafen von Jülich, verschaffte er nicht das Schultheissenamt zu Aachen. Soviel Vortheil sich Siegfried von dem Könige durch seine Gnaden versprach, so wenig Gewinn hatte er von ihm und durch ihn. Dies zu zeigen und nachzuweisen, wie das Verhältniss zwischen Adolf und Siegfried stets gespannter wurde, ist die Aufgabe der weiteren Darstellung.

Adolfs verzögerte Krönnung in Aachen.

Am 27. April 1292 gelobte Adolf von Nassau dem Erzbischof Siegfried u. a., dass er ihm wieder zum Besitze alles dessen verhelfen wolle, was er im Limburger Erbfolgestreit eingebüsst und dann für seine Freilassung hingegeben habe [1]); dadurch machte sich Adolf zunächst die Grafen von Berg, Eberhard von der Mark, die Stadt Köln sowie Johann von Brabant zu Feinden; denn diesen gegenüber hatte damals der Erzbischof die Einbussen erlitten [2]). Indem Adolf ferner jene Verträge zu schützen versprach [3]), die Walram von Jülich zu Ungunsten seiner Bruderskinder mit dem Erzbischof abgeschlossen hatte, trieb er Guido von Flandern in das Lager seiner Gegner und verschärfte noch den Gegensatz, in dem er sich zu Johann von Brabant bereits befand [4]).

. 1) Enn. u. Eck. III 327 Z. 13 ff.; Z. 10 v. u. 328 Z. 10.

2) Einer der Bundesgenossen trat für die Rechte des anderen ein Lac. II 508—517; Enn. u. Eck. III 295; auch die Urfehde wurde stets ihnen allen geschworen cf. van Heelu (edit. Willems) 459; 462.

3) Enn. u. Eck. III 327 Z. 14 v. u. und 330 Z. 5.

4) Vergl. oben S. 66 f. Die Jülicher hatten sich bis dahin im unangefochtenen Besitz der Vogtei Vilich befunden. Walram dachte damals schon an die Möglichkeit, dass er dereinst von den Kindern seines verstor-

Doch damit nicht genug; Adolf musste erklären, ohne Zustimmung des Erzbischofs mit dem an das Reich heimgefallenen Herzogthum Limburg Niemand zu belehnen, ja nicht einmal irgend etwas in Betreff desselben zu verfügen¹); das war die schärfste Waffe, die Siegfried gegen den Sieger von Worringen zu gebrauchen gedachte. Sollte Johann, nachdem er nahezu sechs Jahre um das Herzogthum gekämpft hatte und sich von Rainald von Geldern, der allein berechtigte Ansprüche auf Limburg hatte, anerkannt sah, seine Erfolge durch Siegfried vernichten lassen? Dass ein so mächtiger Fürst wie Johann, der Herzog von Lothringen, Brabant und Limburg, dazu durchaus nicht gewillt war, erfuhr der Graf von Nassau bereits, als er seine Krönungsfahrt nach Aachen unternahm²).

Gerade in Aachen besass Johann von Brabant seitens des Reiches ausgedehnte Rechte. 1277 bezeichnete ihn diese Stadt als ihren Obervogt, als ihren höchsten Vorgesetzten nächst dem Reichsoberhaupte³). 1283 verpfändet König Rudolf dem Herzoge für 3000 M. Sterlinge neben der Münze in Boppard auch die in Aachen sowie die noch übrigen freien Reichsgefälle daselbst⁴); seitdem stand ihm auch die Verleihung des Schultheissen- und Meieramtes zu⁵). Gestützt auf seine amtliche Stellung und seine bedeutende Hausmacht war Johann imstande, die Stadt in ihren Entschlüssen zu leiten und einem neuerwählten Könige den Einzug in Aachen zu verwehren. Dazu hätte er vor allem Adolf von Nassau gegenüber, der so offen gegen ihn Partei nahm, allen Grund gehabt. Und doch wissen unsre dürftigen Quellen von nichts Derartigem zu berichten.

Am 17. Mai 1292 weilt Adolf noch in Frankfurt⁶), am 29. Mai in Boppard⁷); erst am 30. Juni können wir ihn urkundlich wieder nachweisen; er befindet sich an diesem Tag in Aachen⁸). Wo er sich inzwischen aufgehalten und was seine Krönung, die ursprünglich auf den 24. Juni festgesetzt war⁹), so lange verzögerte, ist nicht überliefert. Aber eben in Aachen erklären an diesem

---

benen älteren Bruders Wilhelm oder von deren Grossvater, dem Grafen von Flandern, zur Rechenschaft gezogen werde; daher das Gelöbniss des Erzbischofs. Lac. II 540 Mitte.

1) Enn. u. Eck. III 330 unten. 2) Siehe das Folgende.
3) Winkelm. Act. II 740 „post imperii dominium superior advocatus."
4) reg. VI Rud. 1764. 5) Siehe die Ausführ. S. 57 ff.
6) reg. 6. 7) Enn. u. Eck. III 331. 8) reg. 7.
9) Enn. u. Eck. III 331 Z. 7 d. Urk.

30. Juni Eberhard von der Mark, Johann von Kuik, Kraft von Greifenstein und Ludwig der Vicedominus vom Rheingau als von König Adolf und Herzog Johann von Brabant gekorene Schiedsrichter [1]), dass dem letzteren die Güter des Herzogthums Limburg nebst Zubehör innerhalb 15 Tage zu übertragen seien in der Form und mit dem Rechte, wie sie bisher die Herzöge von Limburg vom Reiche innehatten; zugleich verkünden sie, dass sie in Betreff der Freundschaft, die sie zwischen Adolf und Johann schliessen sollen, ebenfalls innerhalb 15 Tage Bestimmungen treffen werden.

Indem es Adolf einem Schiedsgerichte, das Herzog Johann mit ihm gleichmässig besetzte [2]), überliess, in der Limburgischen Belehnungsfrage zu entscheiden, schloss er den Einfluss Erzb. Siegfrieds in dieser Angelegenheit völlig aus. Wie kam nun Adolf dazu, eins der Versprechen, die er Siegfried unter Eid gegeben hatte, schon so bald zu verletzen?

Die vorgeführten Thatsachen drängen meines Erachtens zu dem Schlusse: Johann von Brabant trug die Schuld daran, dass sich Adolfs Krönung solange hinauszog. Der Umstand, dass Adolf so rückhaltslos gegen ihn Partei ergriff und ihm im Vereine mit Erzb. Siegfried Limburg zu entziehen strebte, bewog den Herzog, diesem neuen Könige gegenüber seine überlegene Stellung am Niederrhein auszunutzen; er verweigerte ihm den Einlass in die Krönungsstadt [3]). Erst als sich Adolf dazu verstand, über die Belehnung mit Limburg in der bereits erwähnten Weise entscheiden zu lassen — diese konnte ja nur zu einem für Johann günstigen Ergebnisse führen [4]), — erst da öffnete ihm der Herzog von Brabant die Thore Aachens.

---

1) Ernst, Hist. du Limbourg VI 418, van Heelu (ed. Willems) 560.

2) Johann ernannte zu Schiedsrichtern E. v. d. Mark und J. von Kuik, beides Kampfgenossen von Worringen; siehe z. B. Lac. II 522; van Heelu (ed. Willems) S. 273 u. 300.

3) Wenn die Schiedsrichter am 30. Juni es für ihre Aufgabe erklären, Freundschaft zwischen Adolf und Johann zu stiften, so muss bis dahin unter ihnen Feindschaft bestanden haben.

4) Die Vier hatten Johanns Rechte auf Limburg zu prüfen. Wer aber konnte nach dem Rücktritte Adolfs von Berg und Rainalds von Geldern berechtigtere Ansprüche auf Limburg erheben als Johann von Brabant? Bei der Erneuerung der Wahlkapitulation am 13. September geschieht der Limburger Frage keine Erwähnung mehr. Wäre diese noch nicht erledigt gewesen, so hätte Siegfried sicher die frühere Bestimmung wiederholen lassen.

Nunmehr konnte die Krönung stattfinden; sie wurde am 1. Juli durch den Erzb. Siegfried vollzogen [1]. Zeugen dieser feierlichen Handlung waren u. a. die Erzb. von Mainz und Trier und Markgraf Otto von Brandenburg; daneben bemerken wir auch Johann den Herzog von Brabant und Eberhard den Grafen von der Mark [2], beides Feinde Siegfrieds; nach den vorstehenden Ausführungen ist ihre Anwesenheit nicht mehr befremdend.

Von Aachen begab sich Adolf nach Bonn; am 5. Juli urkundet er hier [2]. Wenn er auf der Reise dahin Köln nicht berührte, so handelte er damit so, wie er in der Wahlkapitulation gelobt hatte [4]. Auch sein Eilen nach Bonn hatte einen Grund: er hatte am 29. Mai 1292 versprochen [5], innerhalb 8 Tage nach seiner Krönung zusammen mit Johann von Limburg, Gottfried von Merenberg, Ludwig dem Vitzdum und Johann von Limburg in Neuss oder Bonn Einlager zu halten und nicht früher von dort sich zu entfernen, bis alle dem Erzb. gegenüber übernommene Verpflichtungen erfüllt seien.

Des Königs Beziehungen zu Siegfrieds Gegnern und die Erfüllung der Wahlbedingungen.

Schon in Aachen liess sich Erzb. Gerhard von Mainz seitens Adolf eine Reihe Versprechen geben, die ihn dafür entschädigen sollten, dass er Adolf gewählt hatte [6]. Weitere Vergünstigungen wurden ihm in Bonn zu Theil [7]. Hier erhielt der Erzb. von Trier Briefe, die ihm Entschädigung für die Wahlunkosten verhiessen [8]. In betreff der geplanten Vermählung seines Sohnes Rupert mit der

---

1) Ich halte an diesem Tage trotz der Ausführungen Schliephakes Gesch. v. Nass. II S. 380 Anm. 1 fest. Wenn man am 29. Mai (Enn. u. Eck. III 331) den 24. Juni als Krönungstag ansetzte, so ist damit doch nicht gesagt, dass der Tag unter allen Umständen eingehalten werden musste und konnte. Adolf soll am 24. Juni gekrönt worden sein und während der Oktave die Urkunden mit dem Zusatze in sollempnitate coronationis nostre ausgestellt haben; nur schade, dass die Urkunde vom 30. Juni — doch wohl noch innerhalb der Oktave — Böhmer Acta S. 368 den Zusatz nicht hat. Ueber den Titel electus, der für diese Frage nicht in Betracht kommt, vergl. Ennen, Wahl S. 37.
2) reg. 8.   3) reg. 14 ff.   4) Enn. u. Eck. III 328 Z. 16 v. u.
5) Enn. u. Eck. III 331.
6) reg. 10.   7) reg. 14, 19, 20, 21.
8) reg. 16, 17.

Tochter König Wenzels von Böhmen hatte Adolf sogar schon vor seiner Krönung Zusagen gemacht [1]).

Muss es da nicht sehr auffallen, dass sich Adolf dem Erzb. Siegfried gegenüber, dem er doch seine Erhebung vorzüglich verdankte, erst am 13. September zu einer Erneuerung der ihm gelobten Vergünstigungen und Verleihungen verstand? [2]) Was ist der Grund hiervon? Daran, dass damals Siegfried in Bonn, seiner gewöhnlichen Residenz, nicht anwesend gewesen wäre, darf nicht gedacht werden, obwohl er uns in den von Adolf dort ausgestellten Urkunden nicht begegnet. Zweifellos ist z. B. jene Urkunde, in der Adolf Westerburg die Stadtfreiheit von Wetzlar verleiht [3]), auf Siegfried, den Schwager der Petentin Agnes von Westerburg, zurückzuführen. Möglicher Weise könnte Siegfried auch aus Verstimmung darüber, dass Johann von Brabant gegen seinen Plan mit dem Herzogthum Limburg belehnt worden war [4]) und nun in Bonn von Adolf durch Aufträge geehrt wurde [5]), die Erneuerung der Wahlkapitulation nicht nachgesucht haben. Wahrscheinlich dauerte es aber aus einem anderen Grunde so lange, bis Siegfried sich seine Privilegien durch den gekrönten König aufs neue verbriefen liess. Dieser hatte am 27. April geloben müssen [6]), dafür zu sorgen, dass die Kölner dem Erzbischof nach dessen eignem Ermessen Ersatz leisten; anderenfalls sollte Adolf auf die Aufforderung des Erzbischof hin ohne Widerrede die Kölner ächten, ihre Güter einziehen und dem Erzbischof gegen sie und ihre Verbündete beistehen. Vermuthlich hatte der Erzbischof die Absicht, sich nicht eher von Adolf die Erfüllung der Wahlbedingungen abermals geloben zu lassen, als bis von diesem Verhandlungen mit Köln eingeleitet worden waren und dieselben zu einem Ergebniss geführt oder den Beweis von Kölns Unnachgiebigkeit erbracht hatten; in letzterem Falle konnte dann der Erzbischof den König in der Erneuerungsurkunde zu noch energischerem Vorgehen gegen die Stadt verpflichten. Thatsächlich fanden Verhandlungen zwischen Adolf und Köln statt; denn es verkündet der Dominikanerbruder Diether [7]), dass er im Auftrage des Königs Vernehmungen über den Zoll, den die Kölner zu Neuss zahlen müssen,

---

1) reg. 7 u. Böhmer Acta S. 368.
2) Enn. u. Eck. III 334. 3) reg. 401, Böhm. Act. 368.
4) Siehe S. 78. 5) reg. 15.
6) Enn. u. Eck. III 328 Z. 10.
7) Vielleicht des Königs leiblicher Bruder, der später Erzbischof von Trier wurde; vergl. Böhmer Reg. S. 159 zweites Alinea.

machte ¹). Erinnern wir uns, dass gerade der Zoll zu Neuss es war, an dem die Vorgänger Siegfrieds den Kölnern wiederholt Steuerfreiheit gelobt hatten, ohne freilich ihrer Versprechen auch stets eingedenk zu bleiben ²); berücksichtigen wir ferner, dass die Kölner — wie die angezogene Urkunde lehrt — augenblicklich auch Siegfried hier Abgaben für ihre Waaren entrichten mussten, so dürfte folgendes klar sein: Die Stadt Köln hatte bei Adolf Gegenklage gegen Siegfried erhoben und diesen der Verletzung ihrer Privilegien beschuldigt. Während solche Unterhandlungen stattfanden, zog Adolf in Köln ein ³); und doch hatte er in der Wahlkapitulation gelobt ⁴): wofern ein Ausgleich mit den Bürgern zustande kommt oder dieselben dem Erzbischof unterworfen werden — also in keinem Falle — wird er die Stadt Köln betreten und deren Bürgern einen Treueid abnehmen. Es kann wohl gesagt werden, Adolf sei zur besseren Fortführung der Verhandlungen mit der Bürgerschaft ⁵) — also im Interesse des Erzbischofs und darum wohl auch mit dessen Erlaubniss — in die Stadt gekommen. Merkwürdig bleibt dann nur, dass gerade in Köln noch engere Beziehungen zwischen Adolf und Johann von Brabant, Siegfrieds verhasstem Gegner und Kölns treuem Verbündeten, eintraten; denn am 25. August gestattet der König, dass Florenz, Graf von Holland, die Belehnung von Herzog Johann von Brabant als königlichem Stellvertreter empfängt ⁶) und am 1. September bestätigt er demselben Herzoge alle seither besessenen Rechte, Freiheiten und Lehen ⁷). Sollte nicht eher der Herzog als der Erzbischof Adolf zum Besuche Kölns veranlasst haben? Gerade diese bedenkliche Annäherung zwischen dem Herzog und der Stadt einer- und Adolf andererseits bestimmte nun Siegfried, mit der Erneuerung der Wahlkapitulation nicht mehr länger zu warten; musste er doch fürchten, an einem späteren Zeitpunkt von Adolf gegen diese seine Feinde überhaupt nichts mehr

---

1) Enn. u. Eck. III 333 mit falschem Datum. Mitth. Köln. Stadtarchiv IV S. 29 Nr. 573; wenn auch die Urkunde erst am 11. Oktober ausgestellt wurde, so konnten die Erhebungen doch schon lange vorher stattfinden.

2) Siehe S. 56 und oben S. 5 f.

3) Er urkundet hier am 17. August Forschungen XV 391; Lac. II 528 Anm., am 7. August ist er noch in Bonn reg. 23.

4) Enn. u. Eck. III 328 Z. 15 v. u.

5) Vielleicht war bei diesen auch der Erzbischof von Trier thätig: denn Adolf bekennt ihm ex causa expensarum factarum ab eodem in servitio nostro apud Coloniam 692 M. zu schulden. reg. 51.

6) reg. 28.   7) reg. 33 gedr. Winkelmann II 149.

zu erlangen. Es ist schon darauf hingewiesen worden, dass sich die Urkunde des 13. September in wesentlichen Punkten von der des 27. April unterscheidet und in ihr Adolf seine Verpflichtungen gegenüber dem Erzbischof zu verringern sucht [1]). Besonders sind jene Artikel, welche Adolfs Verhältniss zu Siegfrieds Feinden, d. h. zu Johann von Brabant, Eberhard von der Mark, Köln u. a. betreffen, beträchtlich gemildert [2]). Nun nachdem Siegfried vorerst mit neuen Versprechungen abgefertigt war, wurde das Verhältniss Adolfs zu Johann von Brabant und damit auch zu dessen Verbündeten ein solches, dass er sich nicht scheute, die dem Erzbischof gegebenen Versprechen auf's gröbste zu verletzen. So nimmt er am 21. September 1292 den Herzog von Brabant in seinen Schutz und in die Zahl seiner besonderen Freunde auf [3]). Was half es nun dem Erzbischof, dass Adolf am 27. April gelobt hatte, neben anderen den Herzog von Brabant ohne Zustimmung des Erzbischofs nicht in die Zahl seiner Räte und Vertrauten aufzunehmen [4]), und dies Zugeständniss allerdings mit dem einschränkenden Zusatz: „so lange er unberechtigter Weise Feind der Kölner Kirche ist" wiederholt hatte [5])? Doch auch die Hoffnungen auf materiellen Gewinn, welche die Wahlkapitulation und neuerdings die Urkunde des 13. September Siegfried eröffnet hatte, sollten gefährdet werden. Am 22. September 1292 nämlich verpfändete Adolf [6]) dem Herzog Johann von Brabant, der ihm zur Einlösung von Reichs-Festen und -Gütern 16,000 Mk. zu leihen und bis folgenden 6. Januar zu liefern versprach, den Zoll zu Kaiserswerth mit allen Rechten und sämmtlichem Zubehör, ferner alle Einkünfte, die dem Reiche in Aachen, Sinzig, Dortmund und Duisburg zustehen, sowie die Erträgnisse der Festen, Dörfer und Güter zwischen Mosel und der See, soweit sie augenblicklich im Besitze des Reiches seien oder auf rechtlichem Wege wieder erworben werden könnten [7]). Mit diesen Verpfändungen ver-

---

1) Siehe S. 72 ff.   2) Vergl. S. 73.
3) reg. 40; die an sich auffallende Thatsache, dass Adolf am 15. Sept. dem Herzog nochmals alle Privilegien bestätigt (reg. 37; die Abweichungen von reg. 33 sind unwesentlich), obwohl er solches bereits am 1. Sept. gethan (reg. 33; Winkelm. II 149), ist sehr einfach zu erklären: Infolge der Versprechen, die Adolf am 13. Sept. auch gegen den Herzog dem Erzb. machte, musste der Herzog annehmen, die Urkunde des 1. Sept. habe ihre Kraft verloren; darum liess er dieselbe am 15. Sept. erneuern.
4) Enn. u. Eck. 330 Mitte.   5) ibid. 336 Z. 16.   6) reg. 41.
7) Die Urkunde fährt weiter: So lange soll Johann im Besitze dieser

stiess Adolf gegen die Abmachungen des 13. September, nach denen Kaiserswerth, Sinzig, Dortmund und Duisburg Siegfried zuzuweisen waren [1]); dass der König nicht etwa von dem Erzbischof zu solchem Thun ermächtigt worden war, zeigt dessen weiteres Verhalten.

Auch zur Stadt Köln trat Adolf in Beziehungen, die den Bestimmungen der Urkunde vom 13. September schnurstracks zuwiderliefen. Ohne dass eine Aussöhnung zwischen Siegfried und der Stadt erfolgt war, bestätigte der König dieser am 27. September [2]) das Privileg de non evocando, das ihr Erzbischof Konrad verliehen hatte [3]), und eine Urkunde Friedrichs II., in der dieser den Kölnern alle Rechte und Gewohnheiten verbriefte [4]). Dafür leistete wohl die Stadt dem Könige den Treueid [5]). Als Adolf am 1. Oktober 1292 Rudolfs Landfrieden vom Jahre 1287 erneuerte [6]), beschwor ihn die Stadt und gelobte, vor ihm Recht zu nehmen. Nun sicherte Adolf am 11. Oktober den Bürgern den königlichen Frieden zu und befahl, dass sich alle Gegner der Stadt künftig dieser gegenüber aller Gewaltthätigkeit enthalten und mit rechtlichem Austrag ihrer Angelegenheiten zufrieden geben sollten [7]). An demselben Tage wiederholte [8]) er nochmals die obengenannte Urkunde Erzbischof Konrads und König Friedrichs II. in der Form, wie sie

---

Pfandschaften verbleiben, bis ihm die vorgenannte Summe und die 3000 M., welche laut Brief König Rudolf noch dem Herzog schuldet, zurückerstattet sind.

1) 336 Z. 11 v. u. ff.   2) reg. 43.

3) In dem Transsumpt Friedrichs II. vom Mai 1242 reg. V 3294 Enn. u. Eck. II 226. Erzbischof Konrads Urkunde ist datiert vom 23. Juli 1239.

4) Sie ist ausgestellt im Mai 1236. Enn. u. Eck. II 160.

5) Ein solcher Treueid ist z. B. von Worms erhalten; er lautet Font. II 207: Das wir burgere von Wormes zu unserm hern dem romischen Konige Rudolf, der hie gegenwortig ist, also holt und also getruwe sin, also zu rechte ein frie stat deme riche von Rome sal sin, die da ist gefürstet von dem riche, sin riche zu meren, sine schaden zu warnen wider maniglichene an alle arge liste, so uns god helfe unde die heiligen.

6) reg. 44a und 45; nach dem Verhältniss, in das Adolf zu Siegfried seit der Krönung getreten war, kann ich nicht annehmen — wofür übrigens urkundlicher Anhalt fehlt — dass der Erzbischof Landfriedenshauptmann in Westfalen gewesen sei (wie dies Wyneken, Die Landfrieden, S. 27 annimmt); vielmehr wird Eb. von der Mark, der Bundesgenosse Johanns von Brabant, diese Stelle bekleidet haben.

7) Enn. u. Eck. III 342.

8) reg. 50 Lac. II 553.

König Rudolf bestätigt hatte[1]), und erneuerte[2]) Rudolfs Privileg, dass die Kölner die Waaren ihrer weltlichen Mitbürger mit einer Accise belegen dürfen[3]). Auch am 11. Oktober 1292 beauftragte Adolf den Herzog Johann von Brabant, wenn je Ritter Heinrich von dem Vorst oder dessen Erben eine Befestigung zu Vorst anlegen würden, sich zu widersetzen und die etwa errichteten Werke bis auf den Grund zu zerstören[4]). Heinrich von dem Vorst war nämlich in Streitigkeiten mit Köln gerathen, darauf geschlagen und sein Haus Vorst gebrochen worden[5]). Da wir hier Herzog Johann mit dem Schutze Kölns beauftragt sehen, dürfen wir annehmen, dass unter seinem Einflusse das gute Einvernehmen zwischen Adolf und der Stadt erzielt wurde — und zwar trotz aller gegentheiligen Bemühungen Siegfrieds.

Was erreichte nun dieser bei Adolf, den er mit der Wahlkapitulation zu seinem Werkzeuge gemacht zu haben glaubte, dessen ganzes Verhalten seit der Krönung ihn aber so gründlich enttäuschen musste? Zunächst machte er jene Verpfändung an Herzog Johann zu nichte; denn am 4. Oktober 1292 befahl Adolf den Bürgern von Dortmund[6]), Duisburg[7]) und Sinzig[8]), dem Erzbischof zu gehorchen. Adolf hätte sicher nicht über die Herzog Johann zugewiesenen Orte in solcher Weise verfügt, wenn ihn nicht Siegfried dazu gedrängt hätte; denn nun verlor Adolf, der stets an Geldmangel litt, die Aussichten auf jene 16,000 Mk., die ihm Herzog Johann hatte liefern wollen[9]). Am 5. Oktober theilte er den Angehörigen des Stiftes Essen mit, dass er den Erzbischof Siegfried und dessen Kirche in den Besitz der Vogtei und des Gerichtes zu Essen wieder eingesetzt habe, und befahl ihnen, diesem zu gehorchen[10]); auch hierzu hatte ihn Siegfried auf Grund der Urkunde vom 13. September gezwungen[11]). Wahrscheinlich erliess Adolf in diesen Tagen auch Befehle an den Grafen von Spanheim in betreff der Auslieferung von Kaiserswerth[12]). Am 25. Oktober befahl Adolf noch-

---

1) Am 19. November 1273 = reg. VI nr. 36.
2) reg. 50 Lac. II 553.   3) Es ist vom 2. März 1274 reg. VI 119.
4) reg. 49 Enn. u. Eck. III 343. 1293 März 20. stiftet Adolf zw. H. von dem Vorste und Köln Frieden reg. 110. Enn. u. Eck. III 346.
5) Ennen, Gesch. II 258 u. Anm. 4.
6) reg. 46, Lac. II 551.   7) reg. 47, Enn. u. Eck. III 341.
8) Enn. u. Eck. III 340.   9) laut reg. 41.
10) reg. 48, Lac. II 552.   11) Enn. u. Eck. III 334 Z. 7 v. u.
12) Denn diese Burg stand nach der Erneuerungsurkunde 337 Z. 12 v. u. dem Erzbischof ebenso zu wie die vorgenannten Orte.

mals den Bürgern von Dortmund, Duisburg, Sinzig und Essen, dem Erzbischof Gehorsam zu leisten ¹).

Welche Vortheile hatte nun bis Ende Oktober 1292 dem Erzbischof die Erhebung Adolfs zum Könige verschafft? Das Verhältniss Adolfs zu dem Herzog von Brabant und Köln und überhaupt zu Siegfrieds niederrheinischen Gegnern war ein derartiges geworden, dass dieser auf Wiedereinbringung der Verluste, die ihm der Limburger Erbfolgestreit verursacht hatte, schon nicht mehr hoffen durfte. Die Ansprüche auf die wenigen genannten Orte waren das Einzige, was Siegfried von seinen umfassenden Forderungen gerettet hatte. Aber selbst diese verloren ihre Bedeutung, wenn Adolf den Niederrhein verliess; denn diese Orte befanden sich in den Händen von Männern, die auf sie ältere und darum bessere Rechte als Siegfried besassen ²).

Als Adolf die letztgenannte Aufforderung an die Städte Dortmund, Duisburg und Sinzig richtete, war er bereits auf dem Wege nach dem Oberrhein ³). Er war im Begriffe, sich gegen Herzog Albrecht von Oesterreich, der noch immer im Elsass stand, zu wenden. In Hagenau traf er mit ihm zusammen, und nun empfing König Rudolfs Sohn von Adolf die Lehen ⁴); damit war des letzteren Stellung im Reiche begründet. Der König nahm hierauf seinen Weg durch die Schweiz nach Schwaben; hier hielt er zu Esslingen ⁵) einen grossen Hoftag ab; auch nach Franken begab er sich und nahm Huldigungen entgegen. Im Mai 1293 kehrte Adolf an den Rhein zurück ⁶). Um den 28. Mai 1293 traf er in Boppard mit Siegfried von Köln zusammen; dieser hatte ihn aufgesucht, um sich für die Ansprüche, die er an Adolf infolge der Wahl und Krönung zu haben glaubte, in anderer Weise, als dies zuletzt im Oktober 1292 geschen war, entschädigen zu lassen. Am 28. Mai 1293 kam eine diesbezügliche Urkunde zu Wege ⁷). Sinzig, Dortmund, Duisburg, die noch im Oktober des vergangenen Jahres Siegfried angewiesen worden waren ⁸), werden überhaupt nicht mehr genannt, nicht etwa deswegen, weil sie mittlerweile in den Besitz des Erzbischofs übergegangen waren, sondern weil für diesen keine Hoffnung bestand, diese jemals zu erlangen. Dagegen werden die 3 Reichs-

---

1) reg. 53 Lac. II 554. Mitth. Köln. Stadtarchiv XII, S. 53 Nr. 99 heisst der Bote Hermann v. Hadamar u. reg. 408, Wink. II 149.
2) Siehe oben S. 100, 97, 93 und 102.
3) reg. 53 u. 408. Die Urkunden sind ausgestellt in Ingelheim.
4) reg. 68a.   5) reg. 101a.   6) reg. 123 ff.
7) reg. 127 Lac. II 554.   8) reg. 53.

höfe hier erwähnt. Adolf erklärt, sie dem Erzbischof vollständig zu überlassen, wenn dieser seine Rechte daran nachweise [1]). Man einigte sich ausserdem in folgender Weise: Adolf verpfändet dem Erzbischof, die Reichsburg Kaiserswerth mit Stadt und Zoll, allen Rechten und allem Zubehör, ebenso die Weingabe an dem neuen Zolle bei der Stadt Bonn auf 15 Jahre für die 37,500 Mk., die er dem Erzbischof, seinen Nachfolgern und seiner Kirche anlässlich seiner Wahl und Krönung schuldet. Nach diesen Jahren fällt Kaiserswerth mit jeglichem Zubehör unter allen Umständen an das Reich zurück, der Zoll zu Bonn aber hört vollständig auf, während der zu Rheinberg schon jetzt niedergelegt werden muss. Von den 37,500 Mk. hat der Erzbischof 6000 dem Grafen Johann von Spanheim zugeben, damit dieser Kaiserswerth freigibt, und 2000 auf den Rückkauf von Kochem zu verwenden. Diese Burg mit allen Rechten und jeglichem Zubehör hat dann der Erzbischof unverzüglich Adolf auszuantworten. Unter des Königs Zustimmung wurde zwischen Siegfried und Johann von Spanheim folgendes Übereinkommen getroffen [2]): Sobald der Erzbischof dem Grafen 6000 Mk. bezahlt hat, wird dieser ihm Kaiserswerth mit Zoll und allem Zubehör übergeben, damit er es unter den mit Adolf vereinbarten Bedingungen besitzt. Wenn der Erzbischof die Summe nicht bezahlt, dann bleiben der Graf und Genannte in ihrem alten Verhältniss gegenüber dem Reiche. Wenn jedoch der Graf nach Empfang der 6000 Mk. Kaiserswerth nicht ausliefert, so wird Adolf gegen ihn vorgehen und nicht eher von seiner Verfolgung abstehen, bis er die Burg dem Erzbischof ausgeantwortet hat. Ausserdem übernimmt es Adolf [3]), Heinrich von Nassau wegen der Ansprüche, die dieser von der Worringer Schlacht an den Erzbischof hat, abzufinden. Endlich verspricht er Siegfried in Berücksichtigung der zerrütteten Zustände der Kölner Kirche, dass er ihm bei Vertheidigung seiner und des Erzstiftes Rechte stets gegen alle beistehen wird [4]).

Zum letzten Male versuchte hier Adolf die Bedingungen, die

---

1) Damit ist im Wesentlichen die Stelle (Enn. u. Eck. III 337 Z. 21 ff.) der Erneuerungsurkunde wiederholt.

2) Am 30. Mai 1293, reg. 132; Lac. II 556.

3) In der Urk. vom 29. Mai 1293 reg. 130 Lac. II 555; siehe die Stelle Enn. u. Eck. III 335 Z. 7 v. u., die hier mut. mutand. wiederholt wird.

4) Urk. vom 31. Mai 1293 reg. 133 Lac. II 557. Hiermit wird in allgemeinster Form Enn. u. Eck. III 336 Z. 19 v. u. wiederholt; die Begründung ist ähnlich.

ihm der Erzbischof in der Wahlkapitulation und in der Erneuerungsurkunde gestellt hatte, zu erfüllen. Die Verpflichtungen, denen Adolf jetzt nachzukommen gelobte, blieben an Bedeutung hinter den früheren weit zurück. Was nutzte dies allgemeine Gelöbniss des Beistandes, nachdem Adolf gegenüber Siegfrieds grössten Gegnern, dem Herzog von Brabant und der Stadt Köln, so allen Vereinbarungen zuwider gehandelt hatte? Oder bezeichnete es etwa einen Vortheil, dass Siegfried Kaiserswerth nun allein angewiesen wurde und die jetzige Pfandsumme die frühere um 4500 Mk. überstieg? Keineswegs. So lange dem Erzbischof mehrere Orte als Pfandschaft überlassen wurden, konnte er hoffen, wenigstens in Besitz des einen oder anderen zu gelangen. Ging nun aber Kaiserswerth nicht in Siegfrieds Hände über, dann hatte er mit all seinen ungeheueren und weitgehenden Forderungen nichts erreicht. Und dieser Fall trat in der That ein. Kaiserswerth erwarb der Erzbischof niemals[1]); neue Vereinbarungen aber über Wahl- und Krönungsunkosten fanden zwischen Siegfried und Adolf nicht mehr statt.

Siegfried als Theilnehmer an dem geplanten Zuge nach Burgund.

Wohl schon bei der Bopparder Zusammenkunft forderte Adolf Siegfried auf, an einem geplanten Zuge nach Burgund theilzunehmen[2]), und vielleicht wurden hierfür bereits dem Erzbischof jene 4500 Mk. verschrieben[3]). Am 9. Juli traf der König mit dem Erzbischof von Mainz zusammen und ermahnte wohl auch ihn, sich der beabsichtigten Fahrt anzuschliessen. Die unter diesem Datum ausgestellte Urkunde war wohl der Preis, unter dem der Erzbischof hierzu bereit war[4]). Anfangs September brachen die beiden

---

1) Siehe oben S. 93.
2) Die zu 1292 gehörige Notiz der Ann. Colm. Mon. Germ. Scr. XVII 258. Font. II 30 „Adolfus rex in imperio omnes controversias componit; principes ad expeditionem hortatur" bringe ich in Verbindung mit reg. Adolf 127, 130, 132, 133; unter der expeditio ist der Zug nach Burgund gemeint.
3) Nicht um 12500 Mk. übersteigt die Pfandsumme (reg. 127) die frühere, sondern um 4500 Mk., denn von den 37 500 Mk. sind 6000 Mk. auf den Rückkauf von Kaiserswerth und 2000 Mk. auf den von Kochem zu verwenden; dies gegen Lorenz II 541 Anm. 2.
4) reg. 145. Ueber die Bedeutung der einzelnen Artikel der Urkunde vergl. Heymach, Gerhard von Eppenstein S. 42.

Erzbischöfe gemeinschaftlich mit Adolf nach dem Oberrhein auf; unterwegs vereinigte sich mit ihnen der Bischof von Speyer [1]). Schon war man bis Strassburg, wo sich auch der Bischof von Basel einfand, gekommen [2]), da nöthigten die Verhältnisse zu Kolmar Adolf, sich dorthin zu wenden. Hier hatte sich nach K. Rudolfs Tod der einst von diesem entsetzte Schultheiss der Stadt bemächtigt und dann dem neuerwählten Könige Adolf die Huldigung versagt [3]). Erst als ihm der Landvogt des Elsasses versichert hatte, Adolf werde ihn lebenslänglich im Schultheissenamte belassen, die verbannten Bürger nicht zurückführen und niemals mit bewaffneter Macht die Stadt betreten, erst da empfing der Landvogt von dem Schultheissen die eidliche Versicherung, dass Kolmar niemals einem anderen als dem Könige Adolf übergeben werde. Nun da Adolf in so unmittelbarer Nähe weilte [4]), rief der Schultheiss heimlich den Anselm von Rappoltstein mit seinen Schaaren herbei und lieferte ihm die Stadt aus; vielleicht bewog ihn hierzu die Furcht, Adolf möge sich um die von dem Landvogt gegebenen Versprechen nicht kümmern, vielleicht erfuhr er auch, dass aus der Stadt Vertriebene bei dem Könige Recht suchten und über das Gewaltregiment in der Stadt Klage erhoben. Auf die Kunde, dass Anselm von Rappoltstein Kolmar besetzt habe, beschloss Adolf einen Zug gegen die Stadt. Doch nicht so rasch nahte das königliche Heer. Deshalb konnten die Kolmarer — wie uns das Chronic. Colm. erzählt [5]) — noch am 13. September eine Weinlese veranstalten und sonstige Vorkehrungen treffen. Am 15. September gelangte das Heer wohl vor Rappoltsweiler [6]), am 16. wurde mit der Belagerung dieses Ortes begonnen [7]). Nach 10 Tagen marschirte der König auf Kolmar los [8]); es wurde jetzt während 6 Wochen diese Stadt eingeschlossen. Es wird uns von dem Chronic. Colm. berichtet [9]), dass Erzbischof Siegfried während dieser Zeit grossen Luxus ent-

---

1) Font. II 74. 2) reg. 162/3.

3) Diese Vorgänge erzählt oberflächlich Math. Neuenb. Font. IV 168, ausführlich Ann. Colm. II 30 u. Chron. Colm. II 72 ff.

4) reg. 162/3. 5) Font. II 73.

6) Adolf für seine Person ist am 15. Sept. in Breisach reg. 417, Font. rer. Austr. Acta et diplom. I 258. Sollte vielleicht die hierher gehörige Nachricht Font. II 73 Rex Adolfus reginam Brisacum mittit ungenau sein für duxit?

7) Font. II 31, reg. 418 gedr. Böhm. Act. 377; Oberrh. Zeitschr. N. F. I 78.

8) Font. II 31 u. 74. 9) Font. II 74.

faltete. Er hatte ein Zelt von 40 Fuss Breite und 100 Fuss Länge, während der König überhaupt kein grosses Zelt errichtete und sehr einfach lebte. Bei sich hatte Siegfried 200 Panzerreiter, wohl mehr als der Erzbischof von Mainz und die Bischöfe von Basel und Speyer [1]). Endlich zwang der Hunger zur Uebergabe von Kolmar. Nachdem die dem Rappoltsteiner gehörige Burg Gemar genommen war [2]) und dessen Verbündeter Konrad von Lichtenberg, der Strassburger Bischof, sich Adolf unterworfen hatte [3]), verliess dieser das Elsass. Der Zug nach Burgund war vorerst aufgegeben [4]). Otto der Graf von Burgund hatte ja vor Kolmar seine Lehen von Adolf entgegengenommen [5]), ausserdem war daselbst ein Rechtsspruch inbetreff der Maiorie Bisanz ergangen [6]). Damit gab man sich zufrieden. Mit Adolf begab sich natürlich auch Erzbischof Siegfried rheinabwärts.

Allerdings ermächtigte Adolf noch am 23. März 1294 den Erzbischof Siegfried, seine Bürgschaftssache mit dem Markgrafen Otto von Brandenburg und dem Herzoge Albert von Sachsen auszugleichen und erklärte, seine Entscheidung als bindend anzuerkennen [7]); ebenso forderte er ihn neben dem Herzog von Brabant und den Grafen von Hennegau, Cleve und Holland auf, die Grafen von Lou und Walram von Falkenburg zur Aufhebung der Belagerung von Born zu bestimmen, anderenfalls aber den Grafen Rainald von Geldern bei Vertheidigung seiner Burg zu unterstützen [8]); aber Siegfried verhielt sich in dem letztgenannten Falle ebenso ablehnend [9]) wie bald darauf gegenüber Adolfs Unternehmungen in Thüringen.

---

1) Denn es wird nicht gesagt, wie viele Reiter diese mit sich führten.
2) Font. II 77; reg. 166, gedr. Böhm. Act. 378, auch noch am 12. November ist Adolf in castris ante Gemar Oberrhein. Zeitschr. XIV 351. Pressel, Ulm. Urkundenbuch I 209.
3) Font. II 78 f.
4) Font. II 32 Adolfus in Landowe in nativitate domini (1293 December 25) curiam celebravit.
5) Font. II 74.
6) reg. 165 gedr. Böhm. Act. 377.
7) reg. 190, Lac. II 559; worum es sich dabei handelte, vermag ich nicht anzugeben. Lacomblet, Arch. Niederrhein. IV S. 12 ist der Ansicht, dass es sich um Ankauf der Thüringisch-Meissenischen Lande handelt.
8) Am 29. April 1294 reg. 194, Lac. II 560', dazu ist zu vergleichen Art. 5 des von Rainald von Geldern am 14. April 1294 herbeigeführten Rechtsspruches reg. 192.
9) Das beweist Adolfs Urk. vom 10. Juli 1294 (reg. 201 Lac. II 560);

An dem Kriege nämlich, den Adolf seit September 1294 führte, um die durch den Tod Friedrich Tutta's erledigte Markgrafschaft Meissen einzuziehen und die von Albrecht dem Unartigen käuflich erworbene Landgrafschaft Thüringen an sich und das Reich zu bringen, betheiligte sich Siegfried nicht; auch dem zweiten Feldzuge nach Thüringen (seit August 1295) blieb er fern. Der Erzbischof von Köln hatte eben an diesen Bestrebungen Adolfs nicht ein solches Interesse, wie Gerhard von Mainz, der darum trotz mancher Zwistigkeiten hier, wenigstens anfangs, mit dem Könige Hand in Hand ging [1]. Zum Fernbleiben bewog Siegfried auch der Umstand, dass Adolf seither seine verbrieften Forderungen noch weniger als die Gerhards [2] erfüllt hatte. Die ganze Entschädigung, die Adolf zuletzt Siegfried für Wahl und Krönung zuerkannte, bestand in 25000 Mk.; dazu waren noch 4500 Mk. geschlagen worden, weil der Erzbischof an dem Zuge nach Burgund theilzunehmen versprach [3]. Kaiserswerth jedoch, das Siegfried als Pfand für diese 29500 Mk. angewiesen wurde, kam nicht in seinen Besitz [4], und Adolf bemühte sich in dieser Richtung trotz aller Versprechen durchaus nicht. Im Gegentheil, eine Reihe Massnahmen des Königs mussten Siegfried empfindlich verletzen, so die Verpfändung von Kochem [5], Duisburg [6] und Sinzig [7], alles Orte, auf die einst der Erzbischof von Köln Ansprüche erhob, die von Adolf anerkannt wurden.

Diese Geringschätzung, die sich in Adolfs Verhalten gegenüber seinen Wählern zeigt, hatte ihren Grund darin, dass es ihm gelungen war, sich andere Bundesgenossen zu verschaffen. Otto der Herzog von Niederbayern hatte sich als Gegner Albrechts von Oestereich ihm angeschlossen. Ludwig II. von Bayern, der 1291/2 so thatkräftig für Albrechts Wahl gewirkt hatte, war am 1. Februar 1294 gestorben und ihm sein älterer Sohn Rudolf gefolgt. Zwischen diesem und Adolf wurde bereits am 19. März 1294 ver-

---

denn da erklärt der König, da der Graf von Lon und Walram von Falkenburg die Belagerung von Born nicht aufgehoben hätten, müsse er dem Rainald von Geldern beistehen.

1) Lorenz II 548, Heymach S. 46 f.
2) Heymach S. 37, 47, 52.
3) Vergl. S. 86 f.   4) Siehe oben S. 93.
5) reg. 204, 205. Diese Burg scheint auch in den Besitz des Erzbischofs von Trier übergegangen zu sein; dann reg. 6 verwandelte Albrecht das verpfändete Kochem in ein Erblehen.
6) reg. 424.   7) reg. 257 Lac. II 563.

abredet¹), dass er Adolfs Tochter heirathen solle. Wenige Monate später — am 1. September 1294 — vollzog Rudolf seine Vermählung mit Mechtild von Nassau²); seitdem war er ein treuer und nicht zu unterschätzender Verbündeter seines Schwiegervaters. Eine Folge der ihm widerfahrenen Geringschätzung war es, dass sich Siegfried um den König und dessen Unternehmungen, die ihm doch keinen Gewinn brachten, überhaupt nicht mehr kümmerte. Wenn wir ihn in der Folge noch einmal vorübergehend in Adolfs Umgebung finden, so führte ihn einzig ein bestimmtes Interesse dorthin.

Siegfried als Mitglied des englisch-deutschen Bündnisses³).

Auch bei Gelegenheit der englisch-deutschen Allianz ging Siegfried, wie das Folgende zeigt, nur scheinbar mit dem Könige zusammen.

Am 27. Mai 1294 erklärte England an Frankreich den Krieg⁴). Alsbald begannen die Werbungen für diesen in Deutschland. Am 20. Juni 1294 ermächtigte König Eduard den Erzbischof von Dublin, den Bischof von Durham, Nikolaus Seegrave, Hugo le Despenser und Florenz, den Grafen von Holland, mit König Adolf ein Bündniss abzuschliessen⁵). Zu Dordrecht setzten die Genannten jene Artikel fest, die in den gleich zu erwähnenden Urkunden Adolfs und Eduards wiederholt sind⁶). Hierbei war Florenz von Holland, da Erzbischof

---

1) reg. 188.
2) reg. 216a.
3) Ich schliesse mich bei dieser Darstellung im Wesentlichen den Ausführungen Bergengrüns, Die politischen Beziehungen Deutschlands zu Frankreich S. 28 ff. an. Ich habe diesen Abschnitt über das englisch-deutsche Bündniss, bei dem Siegfried keine leitende Persönlichkeit ist, mehr der Vollständigkeit halber eingefügt.
4) Pauli, Gesch. Englands IV 86; Reichss. 176.
5) Rymer, Foedera Ausgabe, Hagae Comitis 1739, Tomi. I pars. 3, S. 131 (in dieser Ausgabe ist auf die Londoner [1704—35] stets hingewiesen). Ausgabe von 1816 I₂ 802—4. Bei den weiteren Anführungen bezieht sich das erste Citat auf die Ausgabe von 1739, das zweite auf die von 1816. Die Beglaubigungsschreiben für die Genannten ebenda.
6) Reichss. S. 365 Nr. 178. Bergh, Oorkondenboek I₂ 404. Die in Düsseldorf befindliche Ausfertigung der Urk. Reichss. S. 365 nr. 178 (A III

Siegfried nicht erschienen war, der einzige Bevollmächtigte König Adolfs. Von fetzterem wurde dies Abkommen am 21. August zu Nürnberg ratificirt¹). Die Gegenurkunde, die König Eduard am 22. Oktober 1294 ausstellt, enthält dieselben Bestimmungen wie die Adolfs²). Da keine derselben dem König von England auch nur einen Augenblick Bedenken einflössen konnte, so müssen sich die Unterhandlungen³), die bis Oktober stattfanden, auf Dinge erstreckt haben, die nicht in Eduards Urkunde enthalten sind. Es wird wohl die Höhe der nach Deutschland zu sendenden Geldsummen gewesen sein⁴), über die von Florenz, dem Kölner Domdechanten Wicbold und Hertrad von Merenberg mit England berathen wurde⁵). Dass gerade Wicbold und Hertrad, zwei Vertraute Siegfrieds von Köln, hier thätig sind, hat nicht darin seinen Grund, dass König Adolf neben Florenz von Holland Erzbischof Siegfried zu seinem Bevollmächtigten gemacht hatte⁶), — denn Siegfried bemühte sich nicht im Interesse Adolfs⁷) — sondern darin, dass er für seine Person

---

Churköln Nr. 355), deren Artikel mut. mut. in der Urk. Ad. bezw. Eduards wiederkehren, trägt die Siegel der 4 genannten Aussteller; darauf, dass auch ein Siegel des Erzb. von Köln anhing, weist nichts hin.

1) S. S. rer. Brit. XVI 240. reg. Ad. 213. Mon. Germ. Scr. XXVIII 607.

2) Rymer I₃ S. 138 u. 140, I₂ 812 u. I₂ 815 22. Oktob. und 9. Nov. 1294 Reichss. Nr. 179 u. 183.

3) Am 24. Sept. 1294 bescheinigen Florenz von Holland, Decan Wicbold von Köln und Hertrad von Merenberg, dass die Erzb. von Köln und Salzburg, die Bischöfe von Bamberg und Brixen, sowie der Pfalzgraf die Verpflichtung, ihren König, wenn er die Vertragsbedingungen nicht einhalte, zu verlassen, auf dessen eignen Befehl übernommen hätten. Dementsprechend erklärt Eduard am 22. Oktober, dass ihm die englischen Grossen solange nicht zu Gehorsam verpflichtet sind, als er die mit Adolf getroffenen Vereinbarungen nicht einhält. Rymer I₃ 139; von Böhmer und Bergengrün übersehen! S. S. rer. Brit. XVI 244 und M. G. Scr. XXVIII 609, wo für den gleichen Fall die Grossen gegenüber den Fürsten vom Gehorsam entbunden werden.

4) Ueber die Geldspenden selbst, vergl. Bergengrün S. 31.

5) verg. Anm. 3 dieser Seite. Am 6. Nov. 1294 spricht Eduard dem Hertrad von Merenberg seinen Dank für seine Bemühungen um das Zustandekommen des Bündnisses zwischen Adolf und ihm aus. Rymer I₃ 139 (Reichss. 185 zu Nov. 22). In gleicher Weise dankt Eduard am 6. November dem Decan Wicbold ebenda (Reichss. 181), den er am 7. November zu seinem familiaris et secretarius ernennt.

6) Mon. Germ. Script. XXVIII 607.

7) Siehe vorh. Seite Anm. 6.

die Idee eines Bündnisses mit England aufgegriffen hatte. Um die Zeit, da Eduard den Vertrag mit Adolf ratificirte, leistete Siegfried dem König von England den Treueid [1]) und verpflichtete sich, ihm ein halbes Jahr lang gegen Frankreich mit 1000 Reitern, unter denen 350 Ritter sein sollten, zu dienen [2]). Welch reiche Entschädigung muss für diese Hülfeleistung gewährt worden sein [3])! Denn Siegfried war nicht der Mann, der im Interesse des Reiches, zu dessen Vortheil doch auch die englisch-deutsche Allianz geschlossen wurde, auch nur einen Mann aufbrachte; auch nicht die Rücksicht auf Adolf kann ihn nach den vorausgehenden Ausführungen bestimmt haben. Einst erhoffte er von der Königswahl grossen Gewinn, jetzt sollte ihm die Verbindung mit England solchen bringen.

Im April 1295 schien Adolf den Krieg gegen den König von Frankreich eröffnen zu wollen. Er rückte mit einem Heere in das Elsass; aber in Weissenburg machte er plötzlich kehrt [4]). Es wird vermuthet [5]), „dass er gerade jetzt von den Verhandlungen König Philipps mit Herzog Albrecht Kunde erhalten hatte und unter solchen Umständen nicht wagte, sich in weitausschauende Unternehmungen einzulassen".

Jedenfalls war Erzbischof Siegfried an diesem Feldzuge des Königs nicht betheiligt [6]). Er wartete zweifellos wie die übrigen, die Sonderverträge mit Eduard hatten, bis dieser auf das Festland käme, um sich dann mit ihm zu vereinigen. Es lautete nämlich ein Artikel des Abkommens zwischen Eduard und Adolf [7]): Der englische König stösst sobald wie möglich mit Heeresmacht zu dem

---

1) Rymer I_3 138 (Reichss. 180); am 6. November schreibt hier Eduard, er habe aus Siegfrieds Brief erfahren, dass er ihm den Treueid geleistet habe.

2) Rymer I_3 140, I_2 815; am 12. November schreibt Eduard, er habe zur Entgegennahme des Eides des Erzb., dass er mit 1000 Reitern, von denen 350 Ritter sein sollten, ein halbes Jahr gegen den König von Frankreich dienen werde, den Eust. de Pamerio und den Magister Gerlacus bestimmt (Reichss. 180).

3) Der Herzog von Brabant erhielt für die doppelte Zahl von Siegfrieds Reitern 160000 Pfund schwarzer Turnosen. Reichss. 367 Nr. 190. Rymer I_3 144.

4) reg. 267; zu 1295 Ann. Colm. Font. II 32 Adolfus se preparabat ad eundum contra regem Francie ut eum de rebus propriis extirparet.

5) Bergengrün S. 43.

6) Wir hören überhaupt nicht, dass sich irgend welche Fürsten hierbei Adolf angeschlossen hatten.

7) Böhmer, Reichss. S. 306 Nr. 179 art. 6.

mischen; darauf bleiben sie beide vereinigt, bis sie ihr Ziel erreicht haben, d. h. bis die Herausgabe der ihnen vorenthaltenen Länder seitens König Philips erfolgt ist. Bevor Adolf im April 1295 nach dem Elsass aufbrach, war von ihm und Eduard der 24. Juni 1295 als Termin des Zusammentreffens bereits ins Auge gefasst worden [1]). Aber schon damals muss bei Erzbischof Siegfried die Besorgniss bestanden [2]) haben, die Vereinigung finde nicht statt; darum bemühte er sich, dass diese Vereinbarung eingehalten werde [3]). Sein Wirken in diesem Sinne war jedoch nur von ganz vorübergehendem Erfolge. Denn bald liess König Adolf durch einen Machtboten Eduard melden, dass ihm die Zusammenkunft am 24. Juni aus verschiedenen Gründen zu nahe erscheine. In einem Antwortschreiben erklärte [4]), der König Eduard, dass ihm auch Mitte oder Ende August 1295 als Zeitpunkt des Zusammenkommens recht sei und er zu weiteren diesbezüglichen Verabredungen bereit sei. Doch weder Mitte noch Ende August noch auch später trafen die beiden Könige zusammen; denn Eduard war mittlerweile anderen Willens geworden; er suchte mit Frankreich zu unterhandeln. Papst Bonifaz VIII. nämlich stellte sich gleich zu Beginn seines Pontifikates die Aufgabe, die Könige Philipp und Eduard miteinander zu versöhnen; deshalb sandte er im Februar 1295 an diese Legaten ab [5]). An König Adolf richtete der Papst erst am 23. Mai ein Schreiben [6]), in dem er ihn zur Einstellung aller Feindseeligkeiten gegenüber Frankreich ermahnte. In einem anderen Briefe von demselben Tage [7]) that er Adolf kund, dass er ihm den Erzbischof von Reggio und den Bischof von Siena mit weiteren Instruktionen in dieser Angelegenheit sende. Gleichzeitig wandte sich Bonifaz an die 3 rheinischen Erzbischöfe und ersuchte sie, dahin zu wirken, dass Adolf

---

1) Hierfür ist Eduards Schreiben an Siegfried (April 18. 1295) Quelle. Reichss. 189. Rymer I_3 S. 144 zu April 6; dagegen I_2 819 zu April 18.
2) Worauf sich diese Besorgniss gründete, wissen wir nicht.
3) Vergl. Anm. 1; in gleichem Sinne war Decan Wicbold thätig; vergl. Eduards Schreiben an diesen vom 28. April Rymer I_3 145, von Böhmer übersehen.
4) Bereits am 28. April 1295 antwortet Eduard hierauf Reichss. 191. Rymer I_3 145, I_2 821.
5) Raynald 1295 § 41 Febr. 18.
6) Raynald a. a. O. § 45 Juni 27. Das Datum korrigirt von Kopp III_1 306 Beil. 12.
7) Kopp, III_1 303 Beil. 9.

sich aller weiteren Feindseligkeiten gegen König Philipp enthalte [1]). Auf Siegfried von Köln machte, wie sein weiteres Verhalten zeigt [2]), des Papstes Aufforderung keinen Eindruck. Die Legaten, die in Frankreich nichts zu Wege gebracht hatten, erreichten es bei Eduard, dass er sich am 14. August 1295 bereit fand, zusammen mit seinem Verbündeten Adolf über einen Waffenstillstand mit Frankreich zu unterhandeln [3]). Eine Zusammenkunft, welche die Gesandten der drei Mächte zu diesem Zweck in den ersten Tagen des Oktober 1295 in Kamerik haben sollten, wurde durch Frankreichs Verhalten vereitelt; einem zweiten nach dieser Stadt verabredeten Tage wurde das gleiche Schicksal. Die Feindseligkeiten dauerten fort. Trotzdem richtete Bonifaz VIII an die Erzbischöfe von Mainz, Trier und Köln am 31. März 1296 abermals ein Schreiben [4]), in dem er den Krieg mit Frankreich untersagte; er selbst werde den Frieden mit Frankreich vermitteln. Auch im Jahre 1296 führten Eduards Bemühungen um einen Waffenstillstand zu keinem Ergebniss [5]). Da beschloss Eduard, den Krieg wieder energischer zu betreiben und mit bedeutender Macht an der Nordküste Frankreichs zu landen. Gekräftigt wurde das englisch-deutsche Bündniss zu Beginn des Jahres 1297 durch den Anschluss des Guido von Flandern [6]) und des Johann von Holland [7]). Auch neue Bundesgenossen suchte Eduard zu gewinnen; so liess er z. B. mit den Bischöfen von Lüttich und Utrecht unterhandeln [8]). Die älteren Verbündeten wurden mit neuen Geldsummen bedacht. Eine Summe, die für Siegfried von Köln bestimmt war, wurde durch die Leute Johanns von Brabant beschlagnahmt [9]). Als darum der Erzbischof bei König Eduard Klage erhob, antwortete dieser unter dem 7. Februar [10]) 1297, dass

---

1) Kopp III₁ 305, Beil. 10 u. 11; vergl. auch 306 Beil. 13 das Schreiben an Adolfs Bruder, den Dominikaner Diether.

2) Reichss. 208. Rymer I₃ 175; I₂ 859.

3) Hierüber vergl. Bergengrün S. 47 ff.

4) Raynald 1296 § 20. Kopp III₁ S. 184 u. 311.

5) Bergengrün S. 52.

6) Rymer I₃ 168 f.; I₂ 850, 852. Reichss. 206.

7) Rymer I₃ 171, I₂ 854. Wanters Table chron. VI 545.

8) Rymer I₃ 173, I₂ 857—58.

9) Reichss. 208. Rymer I₃ 175, I₂ 859, auch der Decan Wicbold erwartete Geld; ebenda.

10) Am 6. Februar accredirt Eduard bei Siegfried seinen Bevollmächtigten, Rymer I₃ 173.

er seine genannten Bevollmächtigten zur freundlichen Vermittelung zwischen ihm und dem Herzog von Brabant und dem Herrn von Kuik angewiesen habe; diese sollten dafür sorgen, dass ihm das von den Leuten des Herzogs weggenommene Geld zurückgegeben werde.

Es ist dies der letzte Brief, den Eduard an Siegfried von Köln richtete; denn letzterer starb am 7. April 1297. Dass er trotz der erhaltenen Geldspenden auf keinerlei Leistungen innerhalb der deutsch-englischen Allianz hinzuweisen hatte, lag nicht an ihm. Daran aber, dass Otto IV von Burgund ungestraft von dem Reiche abfallen konnte, daran trug Siegfried zum Theil die Schuld. Hätte er den Reichstag zu Frankfurt [1]) (1296 Juni 24), auf dem Otto von Burgund aller Güter und Leben verlustig erklärt wurde, besucht [2]), und was wichtiger war, zusammen mit Gerhard von Mainz dem Könige seine Unterstützung geliehen, so hätte sich dieser vielleicht — Adolfs Unthätigkeit bleibt in jedem Falle tadelnswerth — veranlasst gesehen, die in Frankfurt gegen Otto gefassten Beschlüsse [3]) in die That umzusetzen. Nicht das Machtwort des Papstes hielt Siegfried zurück, sondern persönliche Verstimmung gegen Adolf. Siegfried konnte es nicht vergessen, dass ihm Adolf Wahl und Krönung mit Versprechen und nur mit Versprechen gelohnt hatte.

Des Erzbischofs letzte Kämpfe am Niederrhein.

Auch in den letzten Jahren seines Lebens hielt Siegfried an dem Niederrhein keine Ruhe. Derjenige, mit dem er noch einmal in einen Krieg verwickelt wurde, war Eberhard von der Mark.

Schon im Jahre 1291 bestanden zwischen dem Erzbischof und dem Grafen wieder Feindseligkeiten [4]). Damals kam Eberhard in der Fasten seinem Neffen, dem Grafen Otto von Tecklenburg, zu Hülfe und zog acht Tage lang verwüstend in dem Lande des Bischofs von Osnabrück umher. Erzbischof Siegfried, die Bischöfe von Paderborn und Münster und der Herr von Lippe waren zur

---

1) reg. 316a u. 457.
2) Während die Anwesenheit des Erzb. von Mainz u. Trier erwiesen ist, (reg. Ad. nr. 457. Reichss. S. 423 nr. 426), deutet nichts auf die Siegfrieds hin.
3) reg. 457.
4) Hierfür ist die Quelle Lev. von Northof ed. Tross. S. 121.

Unterstützung des geschädigten Bischofs herbeigeeilt, wagten aber nicht Eberhard von der Mark anzugreifen.

Als endlich im September 1294 Graf Eberhard mit Adolf nach Thüringen zog, da glaubte Siegfried den richtigen Augenblick für gekommen, um an seinem Gegner Rache zu nehmen [1]). Der Grund aber seiner steten Feindschaft gegen den Grafen war folgender: Isenburg, Werl, Menden, Raffenberg, Volmarstein und Hallenberg, alles Festungen, die dem Erzbischof bei seinen Unternehmungen gegenüber Eberhard, z. B. bei Verfechtung seiner Ansprüche auf die Vogtei Essen, als Stützpunkte gedient hatten [2]) — diese alle waren in dem Limburger Erbfolgekrieg zerstört worden; bei der diesem folgenden Aussöhnung hatte der Erzbischof geloben müssen, weder eine während des Krieges zerstörte Festung aufzubauen noch in den Gebieten der Grafen von Berg und von der Mark neue zu errichten [3]). Wie sehr Siegfried dies Gelöbniss drückte, geht daraus hervor, dass er sich von Adolf eine mit diesem nicht zu vereinbarende Zusage geben liess [4]). Aber der Graf von der Mark wachte, dass keine neuen Bollwerke erstanden.

Nun, da Eberhard abwesend war, zog Siegfried nach Westfalen [5]), um in sein Gebiet einzufallen. Auf die Kunde von den Plänen Siegfrieds kehrte der Graf um Weihnachten in sein Land, das bis dahin der Herr von Lippe vertheidigte, zurück. Vom 15. Februar 1295 an belagerte Eberhard [6]) die erzbischöfliche Stadt Recklinghausen [7]); dabei unterstützten ihn **Johann II. von Brabant, der Graf von Berg, Gerhard von Jülich, der Herr von Falkenburg und die Stadt Köln, also im wesentlichen Siegfrieds Gegner aus dem Limburger Erbfolgekrieg**. In der achten Woche wurde Recklinghausen erobert [8]) und Wall und Gräben dem Erdboden gleich gemacht. Hierauf schlossen Eberhard und der

---

1) Ebenda S. 123.
2) Siehe S. 69 Anm. 6.
3) Lac. II 510 Z. 15 f.
4) Enn. u. Eck. III 327 Z. 10 v. u. u. 335 oben.
5) Levold a. a. O. S. 123, 1294 Dezember 12 trifft Siegfried bereits Vorkehrungen für den Fall, dass zwischen ihm u. Eberhard wieder ein Krieg ausbricht. Seibertz, Urkundenbuch I 552.
6) M. G. Scr. XVI Ann. Agr. S. 736; XXVI 364.
7) Von dieser Stadt aus hatten z. B. 1287 die Amtleute des Erzbisch. einen Einfall in das Gebiet des Grafen Eberhard gemacht. Lev. a. a. O. S. 111.
8) 1295 April 3—9.

Herzog von Brabant¹) die Burg Wassenberg, auf die dieser Ansprüche erhob²) ein; auch Wassenberg wurde erobert³): also auch das Verlangen, in dem sicheren Besitze dieser Burg erhalten zu werden, hatte Siegfried einst vergebens an Adolf von Nassau gestellt⁴).

Wenige Wochen später fällte Adolf von Berg den Schiedsspruch in Betreff der Vogtei Essen⁵), den er seit 1289 stets verschoben hatte; also auch mit seinen Ansprüchen auf die Vogtei Essen unterlag Siegfried trotz aller Gelöbnisse Adolfs.

In dem folgenden Jahre wurde Wieden ebenso wie vordem Waldenburg von Adolf von Berg dem Grafen Eberhard von der Mark angewiesen⁶). Beide Schlösser gehörten zu jenen Orten, die einst Siegfried dem Grafen von Berg als Pfandschaft hatte geben müssen⁷). Adolf von Nassau hatte dann gelobt, dahin zuwirken, dass sie der Graf von Berg ohne Entgelt dem Erzbischof zurückerstatte⁸). Jetzt konnte Siegfried sogar sehen, wie diese Orte in zweite Hand übergingen und die Rückerwerbung dadurch noch mehr erschwert wurde⁹).

Auch mit einem anderen alten Gegner, mit der Stadt Köln, gerieth Siegfried noch einmal in Streit. Mit Aerger erfüllte es ihn sicher, als nach dem Tode Johann I von Brabant dessen Sohn in das gleiche Bundesgenossenverhältniss zu Köln trat¹⁰). Eine Folge dieser erneuerten Freundschaft war es wohl, dass sich Köln an der Belagerung Recklinghausens und wohl auch Wassenbergs

---

1) Levold a. a. O. S. 124/5. Die daselbst geschilderten kleineren Kämpfe zwischen den Dienstmannen des Erzb. u. des Grafen Eberhard werden hier als unbedeutend übergangen.
2) Siehe S. 68 Anm. 3.
3) 1295 zwischen Mai 22 u. 28.
4) Enn. u. Eck. III 337 Z. 14 v. u. u. 334 unt. 1296 Oktober 16 ist Siegfried geneigt, sich mit Johann von Brabant auszusöhnen. Lac. II 570.
5) 1295 Juli 28. Lac. II 563.
6) 1296 September 13. Seibertz, Urk. I S. 575. Kremer Akad. Beitr. III 219.
7) Mai 19 1289 Lac. II 508.
8) Enn. u. Eck. III 327 Z. 13 u. 334 Mitte.
9) Auch Rothenberg kam noch an Eberhard; denn dieser erklärt 1298 Mai 19, dieses Schloss ebenso wie Waldenburg künftig als kölnisches Pfand besitzen zu wollen. Lac. II 581.
10) Ann. Colm. Mon. Germ. Scr. XVII 221. Fontes II S. 33.

betheiligte¹). Ob sich Siegfried bloss deshalb oder noch aus anderen Gründen mit Beschwerden über Köln an den König wandte²), wissen wir nicht. Er erschien am 18. August 1296 in des Königs Lager und erlangte den Rechtsspruch, dass auf erstes Anfordern des Erzbischofs die Kölner Bürger von ihm, dem Könige, mit der Acht zu belegen seien³). Wenige Wochen später, am 2. September, liess der Erzbischof, der in seiner Heimat Westerburg weilte, König Adolf durch seinen Hofmeister ersuchen, die Acht gegen die Stadt Köln auszusprechen⁴). Ob Adolf dieser Aufforderung nachkam, ist unbekannt. Wenn auch solches geschah, so hatte Siegfried davon doch keinen Nutzen. In der kurzen Zeit, die er noch zu leben hatte, änderte sich sein Verhältniss zur Stadt nicht mehr; diese verblieb im Interdikt. Auch nach dieser Seite hin hatten sich Adolfs Versprechen als werthlos erwiesen. Noch einmal hören wir von Siegfried. Er begab sich im Spätherbste 1296 nach Westfalen in die Stadt Rüden und vermählte seine Verwandte Beatrix von Rietberg mit Wilhelm, dem Erstgeborenen des Grafen Ludwig von Arnsberg⁵). Damals, am 16. Dezember 1296 — es ist, soweit ich sehe, die letzte Urkunde Siegfrieds — verlieh der Erzbischof der Stadt Belecke die Rechte der Stadt Rüden⁶).

Um Weihnachten kehrte Siegfried nach Bonn zurück. Hier starb er am 7. April 1297⁷). Der folgende Tag war Palmsonntag;

---

1) Es ist nicht anzunehmen, dass sich die von Levold genannten Bundesgenossen Eberhards schon nach der Einnahme Recklinghausens von ihm trennten.

2) Auffallend ist, dass wieder mehrere Ritter in die Dienste Kölns treten: 1294 Oktober 13 (Enn. u. Eck. III 387), Heinrich von Ossendorf, 1295 Oktober 8 wird Ruprecht v. Virneburg Edelbürger (Lac. II 565), 1295 September 7 Joh. von Rode (Enn. u. Eck. III 401), 1296 Januar 29 erneuert Gerhard von Jülich die alte Freundschaft mit Köln. Enn. u. Eck. III 406; vergl. auch Lac. II 568.

3) reg. 326 Enn. u. Eck. III 408.

4) Enn u. Eck. III 409.

5) Lev. a. a. O. S. 125, vergl. auch Seibertz, Dipl. Familiengeschichte der alten Grafen von Werl und Arnsberg S. 199.

6) Seibertz, Urkundenbuch I S. 577. Die Urkunde ist in Soest ausgestellt.

7) M. G. Script. XVI Ann. Agr. S. 736. Anno domini 1296 obiit Siffridus Archiepiscopus in die palmarum d. h. in der Nacht auf Palmsonntag, so sagt auch direkt der gut unterrichtete Levold (ed. Tross. p. 127) reversus

zweiundzwanzig Jahre vorher war er an diesem Tage zu Lyon consecrirt worden [1]).

Beurtheilung der Politik Siegfrieds.

Siegfrieds Regierung währte mehr als zwanzig Jahre, umfasste also eine Zeit, die lang genug war, um Erfolge zu erzielen. Dennoch bildet sie eine Kette von Misserfolgen. Für Siegfried wie für seinen Vorgänger Engelbert war es ein Unglück, dass vor ihm ein Konrad von Hostaden auf dem Kölner Erzstuhle sass, der thatsächlich Herr der Stadt gewesen war. Engelbert ging stets darauf aus, den gleichen Einfluss wieder auf die Stadt zu gewinnen; aber statt dies zu erreichen, unterlag er ihr und dem mit ihr verbündeten Grafen von Jülich. Nur nach einer Seite hin begünstigte ihn das Glück. Er erlebte eine Königswahl, bei der er sich eine Reihe von Vortheilen zu verschaffen wusste. Als kurze Zeit darauf Siegfried von Westerburg Erzbischof wurde, suchte er zunächst in friedlichem Einvernehmen mit Köln und dem niederrheinischen Adel sich die Zugeständnisse zu erhalten, die Rudolf von Habsburg seinem Vorgänger gemacht hatte. Er verlor jedoch alles, was einst die Neubesetzung des Königsthrones eingebracht hatte. Da gedachte Siegfried, sich in dem Limburger Erbfolgestreit, der gerade die Grossen am Niederrhein in zwei Lager theilte, für alle Verluste zu entschädigen. Der Kampf endete aber für ihn mit einer völligen Niederlage. Sein Erzstift befand sich nach seiner Freilassung in der That in einem erbarmungswürdigen Zustande [2]); die niederrheinischen adligen Gegner, die stets mit begehrlichen Blicken nach dem Erzstift schauten, hatten seine Nothlage weidlich ausgebeutet. Bald darauf wurde das Reich erledigt; nun war Siegfried völlig von dem Gedanken erfüllt, dass ihm der neue König für allen seither erlittenen Schaden Ersatz schaffen müsse. Die Wahlkapitulation, die der Erzbischof am 27. April 1292 dem Grafen von Nassau vorlegte,

---

Bunnam in nocte Palmarum diem clausit extremum et sepultus est in Bunna. In dem Nekrologium des Klosters Wedinghausen Seibertz-Arnsberg wird VIII. Jd. April. (= 6. April) als Todestag angegeben.

1) Siehe die S. 102 angeführte Grabinschrift.
2) Schon 1280 war es soweit gekommen, dass der Erzb. u. a. die Inful verpfändet hatte. Mitth. Köln. Stadtarchiv XX S. 88. Wie mussten nun bei seiner Freilassung unter solch schweren Bedingungen die Verhältnisse liegen

ist die Zusammenfassung aller Verluste, von denen Engelbert und Siegfried betroffen wurden; das künftige Oberhaupt des Reiches sollte gleichsam die Verhältnisse wieder herstellen, wie sie in dem Erzstift Köln bei dem Ableben Konrads von Hostaden bestanden hatten. Adolf erklärte sich hierzu bereit; aber im Verlaufe seiner Regierung bemühte er sich nicht, den übernommenen Verpflichtungen nachzukommen. Auch unter ihm erstand das Erzstift nicht wieder in seinem alten Glanze. Nur zu bald wird der Erzbischof eingesehen haben, dass er abermals ein falsches Mittel gewählt hatte, um zu diesem Ziele zu gelangen.

War es aber denn nothwendig, dass der Erzbischof stets dies Ziel, d. h. möglichste Machterweiterung des Erzstiftes vor Augen hatte? Er befand sich mit diesem Streben in Uebereinstimmung mit den weltlichen und geistlichen Fürsten seiner Zeit; sie alle leitete die Ansicht, die Stärke des Reiches beruhe auf der Stärke seiner mächtigsten Angehörigen. Siegfried brachte diesen Gedanken in der genannten Wahlkapitulation folgendermassen zum Ausdruck [1]: „ipsum imperium felix recipere non poterit incrementum, nisi ipsa sancta Coloniensis ecclesia, que multis affecta iacet dampnis et iacturis, ab his per adiutorium imperii primitus sublevatur." Der Umstand, dass sich diese Auffassung im Laufe der Zeiten als unrichtig erwies, berechtigt uns nicht dazu, mit Siegfried ins Gericht zu gehen.

Auch darüber, dass Siegfrieds geistlicher Charakter in seiner ganzen Regierung nicht hervortritt [2], steht uns kein Tadel zu. Warum sollte er anders sein als seine Zeit? Einem Altersgenossen, der auch sonst manche Aehnlichkeit mit ihm zeigt, dem Strassburger Bischof Konrad von Lichtenberg schrieben die Domherrn aufs Grab: „Er zeichnete sich aus in allen guten Eigenschaften, welche ein **Weltmann** haben muss, und darin kam ihm niemand gleich." Ein Beweis, dass man damals an solchen geistlichen Würdeträgern,

---

[1] Enn. u. Eck. III 326 Zeile 10 v. u.
[2] M. G. Scr. XXIV 354 heisst es von Siegfried: Hic fuit vir bellicosus et strenuus. Die Genehmigung einer Klosterneuorganisation Enn. u. Eck. III 124, die Verleihung von Ablass ebenda S. 305. 399 u. Lac. II 424 (für den Dombau), die Abhaltung eines Provinzialkonzils Hartzheim III 657 und die Erlaubniss zur Ausbildung von Theologen durch den Cystercienserorden Lac. II 478, dieselbe Erlaubniss für den Augustinerorden Stangefol in annal. circul. Westfaliae S. 376 beweisen nicht das Gegentheil; dies sind Massnahmen von denen die Person des Erzb. völlig unberührt blieb.

die sich in der Schlacht mit Schwerte statt an dem Altare mit der Inful zeigten, keinen Anstoss nahm. Auf Siegfrieds Grabstein las man[1]):
> Fulget Sigfridus de Westerburg quasi sidus,
> Lugduni festo Palmarum qui cathedratus.

Auch heute noch leuchtet Siegfried aus der Zeit eines Rudolfs von Habsburg und Adolfs von Nassau als zielbewusster, aber unglücklicher Vertreter einer Richtung hervor, die über unser deutsches Vaterland unsägliches Weh bringen sollte und darum niemals wiederkehren möge.

Exkurs.

Rudolfs Feldzug gegen Erzbischof Siegfried von Köln im Jahre 1282.

Redlich, der neue Bearbeiter der Regesten Rudolfs, ist der Ansicht (reg. S. 373 u. 375 oben), dass Rudolf im Jahr 1282 überhaupt keinen Feldzug gegen Erzbischof Siegfried unternommen habe; er setzt sich mit dieser Annahme in Widerspruch mit einer Reihe unserer Quellen, denn die Ann. Aldersbac.[2]), die Ann. Colm. mai.[3]), sowie die Ann. Suev.[4]) und endlich das Chronic. Ellenhardi[5]) berichten von einem Feldzuge Rudolfs gegen den Erzbischof von Köln, der damit endete, dass dieser das in seinem Besitz befindliche Reichsgut zurückgab. Während sich nun aus dem

---

[1]) Joannis, Script. rer. Mogunt. II 274 sind auch die 6 übrigen Zeilen der Grabschrift mitgetheilt. Begraben war Siegfried in der Kollegialkirche von St. Cassius und Florenz, welche sich unmittelbar bei dem Münster zu Bonn befand. Vergl. auch Brinckmeier, Leiningen II S. 35.

[2]) M. G. Scr. XVII 536; auf sie geht die von Böhm. reg. S. 115 nr. 692a mitgetheilte Stelle einer Contin. Mart. Polon. zurück, ebenso die Ann. Osterhov. (M. G. Scr. XVII 549).

[3]) M. G. Scr. XVII 209; Redlich reg. 1647a hätte sein Citat nach Böhmer Font. I 17 berichtigen können.

[4]) M. G. Script. XVII 284.

[5]) ibid. 125. Auch die von Waitz N. Archiv IX 636 mitgetheilte Stelle des Chr. Sampetr. gehört hier. Dass hier nicht von Kaiserswerth, sondern Starkenberg geredet wird, ist ein handgreiflicher Irrthum. Seit 1287 nämlich (reg. Rud. 2095) ist Heinrich von Spanheim Burggraf von Kaiserswerth. Der Umstand, dass sich jene Spanheimer, zu denen Heinrich gehörte, von Spanheim-Starkenberg nannten (Lehmann, die Gr. v. Spanheim II 1 ff.), gab zur Verwechselung Anlass.

Zusammenhang, in dem die letztgenannte Quelle das Unternehmen erzählt, nur soviel ergibt, dass dasselbe nach 1280 fällt, verzeichnen es die 3 Annalenwerke zu dem Jahre 1282. Vom Beginn dieses Jahres bis in den halben April weilte Rudolf allerdings an den Rhein, doch findet sich in seinem Itinerar kein Raum für einen etwaigen Zug nach dem Niederrhein[1]). Von Mitte Juni hält sich dann der König abermals an dem Rhein auf[2]). Da nun am 26. Juli Siegfried eine Sühne mit ihm eingeht[3]), so liegt die Vermuthung nahe[4]), Siegfried sei erst durch den in Frage stehenden Krieg zu diesem Friedensvertrage veranlasst worden, die Ereignisse des Juni und Juli jedoch schliessen eine derartige Annahme aus[5]). **Mithin kann sich Rudolf erst nach dem 26. Juli mit einem Heere gegen den Erzbischof gewandt haben.**

An welche Stelle nun im Jahre 1282 gehört dieser Feldzug, der nicht vor dem 26. Juli stattfand?

Böhmer, der von der am 26. Juli erfolgten Aussöhnung Siegfrieds[3]) mit Rudolf noch keine Kenntniss hatte, reihte ihn zwischen dem 9. und 17. August ein[6]), an letzterem Tage nämlich schreibt Rudolf an den König von England, sein ganzes Reich athme jetzt Ruhe und Frieden, da der Erzbischof von Köln zum grossen Vortheil für das Ansehen des Reiches seine volle Huld wiedererworben habe[7]). Die Voraussetzung, dass Rudolf ein Ereigniss der jüngsten Zeit melde, sowie der Umstand, dass wir seinen Aufenthalt zwischen dem 9. und 17. August nicht kennen[8]), bestimmten Böhmer zu dieser erwähnten Festsetzung. Darin schloss sich ihm *von der Ropp* an[9]). Da diesem jedoch die Urkunde des

---

1) reg. VI nr. 1612—1644.
2) reg. VI 1668—1682.   3) ib. 1686.
4) Denn die dem Feldzug folgende Aussöhnung findet nach Angabe der Ann. Aldersb. a. a. O. im Wesentlichen unter den Bedingungen statt, welche die Sühne des 26. Juli enthält.
5) Einem Feldzug Rudolfs gegen Siegfried im Juni oder Juli widerspricht sein Itinerar (reg. VI 1668—1686), sodann der Umstand, dass Siegfried am 20. Juni und 1. Juli Zeit fand, Bundesgenossen gegen seine niederrheinischen Feinde zu erwerben (Lac. II 451), endlich die Thatsache, dass Rudolf erst am 25. Juli ein Heer zusammenziehen liess. (Mon. Germ. XVII 209.)
6) reg. — 1313 S. 115 Nr. 692a.
7) reg. VI 1696.
8) reg. VI 1695/6.
9) v. d. Ropp, Erzb. Werner S. 137.

26. Juli vorlag¹), so gewann für ihn die in dem Schreiben des 17. August berührte Aussöhnung eine andere Bedeutung. v. d. Ropp erklärt sie für Siegfrieds zweiten Friedensvertrag. Zwischen diesem, der uns dann nur aus dem Briefe Rudolfs bekannt ist²), und der ersten Sühne vom 26. Juli liegt der Feldzug, seiner Ansicht nach findet also ebenso wie nach der Böhmers der Krieg³) Rudolfs gegen Siegfried in der Zeit vom 9.—17. August statt.

Was muss sich bei dieser Datirung nicht alles in einer Woche⁴) ereignen: Rudolf marschirt von Mainz⁵) in das Gebiet des Erzbischofs von Köln und geht mit Erfolg gegen diesen vor; darauf leitet Siegfried Unterhandlungen ein, die so schnell zu seiner Aussöhnung mit dem Könige führen, dass derselbe am 17. August bereits seinen Rückweg bis Bingen genommen und die Belagerung von Saneck begonnen hat⁶). Eine chronologische Festsetzung, die eine solch ungemein rasche Folge der Begebenheiten zur Voraussetzung hat, erscheint schon an und für sich bedenklich; aber noch gewichtigere Gründe sprechen gegen sie.

Zunächst: Das Chronic. Ellenh.⁷) erzählt, Rudolf habe ein grosses Heer gesammelt und mit diesem dem Erzbischof von Köln die Burgen Kaiserswerth und Kochem entwunden. Da diese Quelle uns so trefflich den Herrn der um dieselbe Zeit belagerten Burg Reichenstein⁸) zu nennen weiss, so dürfen wir auch ihrer Angabe in Betreff Kochems Glauben schenken, und dies um so mehr, als Rudolf thatsächlich, im September 1282 dieses Schloss berannte⁹).

Ferner: Wenn bis zum 17. August zum zweiten Male eine Aussöhnung zwischen dem Könige und dem Erzbischof stattgefunden hat — wie dies v. d. Ropp annimmt —, so musste dabei Siegfried alles Reichsgut, das Rudolf beanspruchte, rückhaltslos freigeben¹⁰); wie kommt es aber dann, dass der König eine vordem

---

1) reg. VI 1682. 2) reg. VI 1696.

3) Den Krieg soll der Erzbischof dadurch heraufbeschworen haben, dass er nicht, wie ein Artikel der ersten Sühne verlangte, bis zum 5. August Kaiserswerth auslieferte v. d. Ropp S. 137 Anm. 3.

4) In den Tagen August 9.—17.

5) Nicht vor August 9. reg. 1695. 6) reg. 1696.

7) M. G. Scr. XVII 125.

8) Rienecke ist nicht irrthümlich für Sanecke (so Redlich S. 375 reg. 1695a), sondern für Reichenstein geschrieben.

9) reg. VI 1703.

10) Zumal dieses schon die Sühne des 26. Juli verlangt hatte. reg. VI 1686.

im Besitze des Erzbischofs befindliche Reichsburg noch im September belagert¹)?

Des Weiteren: Wofern sich der König bis zum 17. August abermals zu Vereinbarungen mit dem Erzbischof herbeiliess, so musste sie dieser vor ihm doch unmittelbar nach erfolgter Verständigung beschwören²). Da konnte Rudolf einen solchen Druck auf ihn ausüben, dass er seinerseits Schiedsrichter für die Essener Streitfrage bestellte und den Landfrieden beschwor. Warum durfte Siegfried trotzdem in beiden Angelegenheiten, deren Erledigung Rudolf schon mit der Sühne des 26. Juli erstrebt hatte, noch länger als einen Monat säumen³)?

Und vollends: Am 20. September 1282 schreibt Rudolf⁴) an die Stadt und das Stift Essen: so viele und wichtige Angelegenheiten hätten bisher auf ihm gelastet, dass er nicht, wie beabsichtigt, die Besserung der Verhältnisse der Essener Kirche habe ins Auge fassen können; nun aber seien alle drückenden Sorgen von ihm genommen, verschiedene Reichsgeschäfte, die ihm schlaflose Nächte bereitet hätten, habe er erledigt, Schäden abgestellt und dem Reiche Frieden verschafft; darum sei er jetzt im Stande, sich der Essener Kirche zu widmen. Ist es nicht im höchsten Grade auffallend, dass Rudolf einzig in der Urkunde, die der endgültigen Lösung seines Streites mit dem Erzbischof von Köln dienen sollte, von den Mühen und Bekümmernissen seiner Regierung spricht? Und ist es nicht ebenso merkwürdig, dass er in dieser Zeit der Sorgen Kochem belagert, jene Burg, die er nach Ellenhard dem Erzbischof von Köln entriss, und dass er gerade, als jene Zeit der Aufregung vorüber ist, mit Siegfried in Boppard zusammentrifft⁵)?

---

1) Wäre er durch etwaigen Ungehorsam des dortigen Burggrafen dazu gezwungen worden, so hätte er denselben nach der Eroberung Kochems nicht in seinem Amte belassen; siehe oben S. 86.

2) Denn die Sühne des 26. Juli hat Siegfried am 27. Juli vor Rudolf beschworen (vergl. oben S. 37); um dann den zweiten Friedensvertrag zu beschwören, traf der Erzbischof mit dem Könige vor dem 20. September in Boppard zusammen (vergl. oben S. 40).

3) Auf Schiedsrichter einigt er sich mit Rudolf am 20. September (reg. VI 1708); den Landfrieden beschwört er am 25. desselben Monats (reg. VI 1703a).

4) reg. VI 1708.

5) Am 20. September schreibt Rudolf: tot et tantis hactenus nego-

Solch schweren Bedenken gegenüber ist die Frage berechtigt, ob denn jenes Argument, das dazu veranlasste, den Feldzug Rudolfs zwischen den 9. und 17. August zu setzen, durchaus stichhaltig ist. Für v. d. Ropp¹) standen folgende Thatsachen fest: am 26. Juli erfolgte die erste Aussöhnung zwischen Rudolf und Siegfried; am 5. August lief die Frist für die Rückgabe von Kaiserswerth ab; am 17. August schrieb Rudolf in vorbenannter Weise über seine guten Beziehungen zu dem Erzbischof von Köln. Darum — so schloss er — muss jener Feldzug, den Rudolf unternahm, um Siegfried Kaiserswerth zu entreissen, zwischen dem 5. und 17. August stattgefunden haben. **Aber lassen sich denn die angeführten Worte Rudolfs einzig auf die zweite Sühne mit dem Erzbischof beziehen?**

Dem Streben des Königs, Siegfried auf friedlichem Wege zur Anerkennung seiner Rechte zu bringen, entsprach es, dass er nach Ablauf des 5. August²) noch einige Zeit mit dem Säumigen Geduld übte und nicht schon in den nächsten Tagen an der Spitze eines grossen Heeres gegen ihn zog. Indem ich diese Konsequenz im Handeln bei Rudolf annehme, beziehe ich die angezogene Stelle des Briefes auf die **ersto** Aussöhnung des Königs mit dem Erzbischof. Dann schreibt Rudolf noch 12 Tage nach der Auslieferungsfrist für Kaiserswerth³), der Erzbischof von Köln habe seine volle Huld wiedergewonnen. Somit hat die Thatsache, dass Siegfried am bestimmten Tage sein Versprechen nicht erfüllte, für Rudolf die Sühne des 26. Juli vorerst noch nicht ungültig gemacht. Er lebt eben noch der Hoffnung, der Erzbischof werde in der nächsten Zeit seinen Verpflichtungen nachkommen. Das Nächste, was Rudolf that, als er seine abwartende Haltung gegenüber Siegfried aufgab, berichten **indirekt** die Annalen Aldersbac.⁴). Sie erzählen nämlich, Siegfried habe mit einem grossen Heere die Helfer des Königs angegriffen. Wie kam er dazu, da er doch sein Erzstift

---

tiorum oneribus fuimus fatigati etc.; in die erste Hälfte des September fällt aber auch die Belagerung Kochems. Ausgestellt ist die Urkunde in Boppard; ihr Inhalt setzt die Anwesenheit Siegfrieds voraus, wie sich denn auch der Erzbischof am 19. und 25. Sept. (reg. VI 1707 u. VI 1713a) in dieser Stadt nachweisen lässt.

1) a. a. O. S. 137 Anm. 3.
2) Enn. u. Eck. III 192 Z. 12 v. u. ff. und reg. VI 1686.
3) Vergl. Anm. 2. Datum des Briefes (reg. VI 1696) ist August 17.
4) M. G. Scr. XVII 536.

nicht verliess? Ich weiss dafür nur folgende Erklärung: Als sich die Uebergabe von Kaiserswerth zu sehr hinauszog, schickte Rudolf einen Theil seiner Leute nach dem Niederrhein [1]), damit ihnen die Burg ausgehändigt werde [2]); gegen diese ging Siegfried feindlich vor. Der König — so fährt unsere Quelle fort — beeilte sich, solches Unrecht abzuwehren, d. h. er eröffnete den Krieg [3]) gegen den Erzbischof und belagerte die Reichsburg Kochem [4]), die sich Siegfried angeeignet hatte. Demnach fällt der Feldzug, der sich am Niederrhein und vor Kochem abspielt, zwischen den 28. August und 19. September 1282.

Mit dieser Datirung finden alle oben angeführten Bedenken ihre Lösung.

Eins bestand darin, dass Rudolf angeblich vor dem 17. August Siegfried zum zweiten Mal in Gnaden aufnahm und dennoch die Burg Kochem, die er nach Ellenhard dem Erzbischof von Köln abnahm, erst im September belagerte. Da nach meinen Ausführungen die zweite Sühne in Boppard und zwar in jenen Tagen erfolgt, die dem 19. September unmittelbar vorhergehen, so fällt die Belagerung Kochems vor dieselbe, und eine Schwierigkeit nach dieser Seite besteht nicht mehr.

Bei der Annahme, dass sich Siegfried mit Rudolf vor dem 17. August zum zweiten Male aussöhnte, blieb die Frage unbeantwortet, warum seitdem noch mehr als ein Monat verfloss, bis der Erzbischof seinerseits Schiedsrichter für die Essener Streitfrage ernannte und den Landfrieden beschwor. Jetzt erledigt sich diese Frage selbst. Da Siegfried erst um den 20. September die Huld Rudolfs zum zweiten Male wiedererlangte, so konnte auch da erst die Essener Streitfrage wieder aufgenommen werden und die Beschwörung des Landfriedens durch Siegfried stattfinden.

---

1) Der Tag, da Rudolf seine Leute abschickte, und jener, an dem sie mit dem Erzbischof zusammenstiessen, liegen jedenfalls nicht weit auseinander. Letzteres Ereigniss führte den König bereits am 2. September vor die im Besitze des Erzbischofs befindliche Burg Kochem; darum muss spätestens von Boppard aus Rudolf seine Leute nach dem Niederrhein gesandt haben. Allgemeiner gesagt: dieselben werden alsbald nach der Eroberung von Saneck und Reichenstein aufgebrochen sein.

2) Die allenfallsige Auslieferung der Burg an seine Bevollmächtigte hatte sich schon Rudolf am 26. Juli ausbedungen. Enn. u. Eck. III 192.

3) Zwischen August 28. u. September 2. reg. VI 1702/3.

4) reg. 1703.

Endlich war auf ein merkwürdiges Zusammentreffen von Thatsachen hingewiesen worden: Zwischen Rudolf und Siegfried bestand die oft erwähnte Streitfrage, wem die Vogtei und das Gericht von Essen zustehe; einzig in einem Schreiben, das Rudolf in dieser Angelegenheit an die Stadt und das Stift Essen richtet, spricht er von Regierungssorgen, die ihn seither gequält hätten, und führt auf sie die Verzögerung der Essener Sache zurück. Die Zeit, in der Rudolf von diesen Regierungssorgen geplagt wird, ist auch die der Belagerung von Burg Kochem, die er nach Ellenhard dem Erzbischof entwindet. Am 20. September ist Rudolf der Sorgen ledig; an diesem Tage befindet sich aber auch Siegfried in seiner Umgebung und einigt sich mit ihm auf Schiedsrichter in der Essener Streitfrage. Bei der Annahme, dass der König in der ersten Hälfte des September gegen den Erzbischof zu Felde zog und dieser sich mit ihm in den Tagen aussöhnte, die dem 20. September unmittelbar vorangingen, ist der Zusammenhang der Begebenheiten leicht zu ergründen. Indem Siegfried auch nach dem 17. August die Herausgabe von Kaiserswerth verweigerte und die Leute des Königs die zur Uebernahme dieser Burg am Niederrhein erschienen, angriff, zwang er diesen, seinen Rechten mit dem Schwerte Anerkennung zu verschaffen. Der Feldzug gegen den Erzbischof erfüllte Rudolf mit Sorgen und nahm ihn so vollauf in Anspruch, dass er an eine Erledigung der Essener Streitfrage nicht denken konnte zumal er dazu der Mitwirkung Siegfrieds bedurfte. Erst als dieser Verhandlungen mit ihm einleitete und dieselben mit ihm in Boppard zum Abschluss brachte, wurden Rudolfs Sorgen gehoben; im Verein mit dem Erzbischof bereitete er sodann die Entscheidung in der Essener Angelegenheit vor.

Die Verlegung des Kollegiat-Kapitels von Stommeln nach Nideggen und von Nideggen nach Jülich.

Von
Dr. Arnold Steffens.

Im Visitationsprotokolle der Kollegiatkirche zu Jülich vom 20. Juni 1664[1]) wird im Inventar der Kirche nach Aufzählung der Altäre ein im untern Theile an der Evangelienseite befindliches Grabmal aufgeführt, „in welchem der Leib Christinens ruht, die zum Theil das Stift gegründet hat"[2]). Diese Christine, welcher die theilweise Stiftung des Jülicher Kollegiat-Kapitels zugeschrieben wird, ist keine andere, als die auch anderweitig bekannte Christina von Stommeln. So heisst es auch in dem bei Binterim-Mooren[3]) abgedruckten Verzeichniss aller Kirchen des Herzogthums Jülich-Berg, das Jülicher Stift sei vordem gegründet worden bei den Gebeinen der seligen Christina von Stommeln, dann aber von dem nachmaligen Herzog Wilhelm von Jülich mit Genehmigung seines Bruders, des Kölner Erzbischofs Walram, i. J. 1342 nach Nideggen verlegt worden.

Christina wurde geboren zu Stommeln i. J. 1242 als Tochter des dortigen reichen Gutsherrn Heinr. Bruso und dessen Frau Hilla. Sie starb siebenzig Jahre alt am 6. Nvbr. 1312, dem Festtage des h. Leonhard, einem Montage, beim ersten Hahnenschrei und wurde auf dem Kirchhofe zu Stommeln neben dem noch jetzt stehenden Kirchthurme begraben.

Petrus de Dacia, Lektor und später Prior des Dominikaner-

---

1) Archiv des Erzb. General-Vikariats zu Köln.
2) Monumentum inferius ad latus Evangelii, in quo corpus Christinae, quae ex parte fundavit collegium.
3) Erzd. Köln II. 175. ffg.

klosters zu Wisby auf der schwedischen Insel Gotland, welcher Studien halber sich von 1266 bis 1269 zu Köln aufhielt und bei dieser Gelegenheit Christina kennen lernte, hat eine Zeit lang ihre Seelenleitung geführt. Seinen Aufzeichnungen verdanken wir die genaue Kenntniss der Lebensumstände Christinens. Dieselben sind im Codex Juliacensis, der noch zu Lebzeiten Christinens zusammengestellt wurde, in zwei Büchern enthalten. Das erste enthält eine Abhandlung über die Tugenden, welche an Christina in hohem Grade hervorleuchteten, das zweite die Jugendgeschichte Christinas nach Mittheilungen des Pfarrers Johannes von Stommeln, 15 Protokolle über Besuche des Petrus bei Christina und dreiundsechszig Briefe, unter denen sich vierzehn befinden, welche von Christina diktirt sind. Auf Kosten der schwedischen Regierung hat der Universitätsprofessor Johannes Paulson in Göteborg das zweite Buch i. J. 1896 herausgegeben [1]). Die Ausgabe des ersten wird demnächst erfolgen. Der Jülicher Codex enthält noch ein drittes Buch, welches von Magister Johannes, der zunächst Schullehrer, dann Priester in Stommeln war und als Caplan Christinas im Jülicher Codex bezeichnet wird, herrührt. Da dasselbe für Schweden keine Bedeutung hat, so ist seine Ausgabe nicht beabsichtigt.

Nach einer im Jülicher Codex als Anhang zum ersten Buche gegen das Jahr 1400 in Nideggen geschriebenen Aufzeichnung sollen gleich nach dem Tode Christinas viele auffällige Heilungen an ihrem Grabe geschehen sein [2]).

Eine derselben soll Veranlassung zur Errichtung des Kollegiat-Kapitels gegeben haben, nämlich die Heilung des Grafen Dietrich IX. von Cleve. Dieser litt derartig an der Gicht, dass er weder gehen noch stehen, noch Speise zum Munde führen konnte. An seiner Schlosskapelle in Monterberg bei Calcar fungirte i. J. 1328 als Kaplan ein Johannes von Stumbel, vielleicht der oben erwähnte Johannes, der mit Christina verwandt gewesen zu sein scheint. Durch diesen wohl erhielt Graf Dietrich Kunde von den Heilungen, welche sich an Christinas Grabe zu Stommeln ereignet haben sollen und

---

1) Scriptores latini medii aevi suecani. — Petri de Dacia vita Christinae Stumbelensis. — Edidit Johannes Paulson. Gotoburgi 1896.

2) Inbjudning till den offentliga Föreläsning med huilken Professorn i Nordiska Sprak vid Göteborgs Högskola Fil. Dr. Johan Gustaf Christofer Cederschiöld kommer att sitt ämbete Tillträda. Af Högskolans Rektor. Bifogad skrift: Jülicher-handskriften till Petrus de Dacia. Göteborg 1894. SS. 12—16.

auch er beschloss, sich dorthin fahren zu lassen. Am 2. August 1339 kam er nach Stommeln und liess sich in einer Sänfte hinauf zum Kirchhofe tragen. Das Grab wurde geöffnet und die Gebeine herausgenommen, um in die Kirche übertragen zu werden. Dietrich verrichtete am Grabe Christinas ein Gebet, man gab ihm eines der Gebeine in die Hand, und alsbald habe es „geknistert" in den Gliedern Dietrichs, wie wenn man dürres Reis zerbricht. Der Graf habe sich urplötzlich geheilt gefühlt, habe sich ohne Beihülfe der Dienerschaft erhoben, sei zu Pferde gestiegen und von dannen geritten, voller Freude und Dank gegen Gott und gegen Christina.

Die Heilung des Grafen Dietrich war, wie die Nachschrift im Jülicher Codex besagt, die Veranlassung zur Stiftung zweier Kollegiat-Kapitel, nämlich jenes von Kleve und jenes von Stommeln.

Graf Dietrich verlegte nämlich das von ihm am 15.Februar 1334 zu Monterberg errichtete Stift[1]) mit Genehmigung seines Vetters, des Kölner Erzbischofs Walram von Jülich, i. J. 1341 nach Kleve[2]). Am 18. März des genannten Jahres legte er selbst den Grundstein zum neuen Chore der nunmehrigen Stiftskirche in Kleve. Eines der Chöre der Kirche wird i. J. 1425 bezeichnet als geweiht „der seligsten Jungfrau und der seligen Christina" (in choro beate virginis et beate Christine[3]).

Ueber die Errichtung des Kollegiat-Kapitels in Stommeln herrschte bisher Unklarheit. Die gewöhnliche auch von Wollersheim[4], Aschenbroich[5] und zuletzt noch von Kuhl[6] vertretene Ansicht geht dahin, die Errichtung des Kollegiat-Kapitels in Stommeln sei zwar geplant gewesen, aber nicht in Stommeln, sondern erst i. J. 1342 in Nideggen zur Ausführung gekommen. Diese Ansicht ist jedoch irrig. Die Stiftungsurkunde des Kollegiat-Kapitels von Stommeln ist zwar nirgendwo aufzutreiben, allein aus der vom

---

1) Lacomblet, Urkundenbuch, Bd. 3, No. 276.
2) Lacomblet, a. a. O. No. 360.
3) Die Stadt Kleve. Beiträge zur Geschichte derselben von Dr. Robert Scholten. Kleve 1879. S. 417.
4) Das Leben der ekstatischen und stigmatischen Jungfrau Christina von Stommeln von Theodor Wollersheim. Köln 1859. S. 471.
5) Geschichte der alten Jülich'schen Residenz Nideggen von Martin Aschenbroich. Bochum 1867. S. 132.
6) Geschichte des früheren Gymnasiums zu Jülich. I. Die Partikularschule von Prof. Dr. Kuhl. Jülich 1891. S. 293.

Kölner Erzbischof Walram von Jülich am 4. Mai 1342 ausgestellten Uebertragungs-Urkunde [1]), welche im Staats-Archiv zu Düsseldorf beruht und bisher noch nicht gedruckt worden ist, geht klar hervor, dass das Stift bereits vollständig in Stommeln bestand, jedoch nicht hinlängliche Einkünfte hatte.

Stiftungsmässig bestand das Stommeler Kapitel aus einem Dechanten und zwölf Stiftsherren. Der damalige Dechant hiess Gottfried, und als Stommeler Stiftsherren werden aufgeführt: 1. Petrus von Unkelbach, 2. Herpernus von Kentzwilre, 3. Johannes Knode, 4. Johannes von Stommeln, 5. Jakob von St. Andreas, 6. Johannes von Caster, 7. Wilhelm von Zülpich, 8. Ludwig von Randeroide, 9. Philipp von St. Andreas, 10. Reynard von Nideckin, 11. Johannes von Arsgoit, 12. Konrad von Sankt Cäcilien.

Als Grund zur Verlegung nach Nideggen, der Residenz des Markgrafen von Jülich, wird angegeben, dass Stommeln ein nicht sonderlich passender Ort für ein Stiftskapitel sei; auch sei die dortige Dotation eine dürftige. Anderweitig [2]) wissen wir aber auch, dass das Bestreben des Markgrafen Wilhelm schon lange danach ging, seiner Residenz durch ein Kollegiat-Kapitel grössere Bedeutung und höheren Glanz zu verleihen. Um jedoch mit weniger Unkosten zum Ziele zu gelangen, hatte er anfänglich beabsichtigt, die Pfarrkirche zu Nideggen zur Stiftskirche zu erheben. So wären nur die Stellen der Stiftsherren zu dotiren gewesen. Den Johannitern, welche im Besitze der Pfarrkirche waren, hatte er deshalb das Pratronat über dieselbe streitig gemacht. Auf sein Ersuchen hatte Papst Johannes XXII. die Aebte von Kornelimünster und M.-Gladbach sowie den Dechanten zum hl. Servatius in Maastricht unter dem 24. Januar 1329 mit der Untersuchung der Streitfrage beauftragt und dieselben ermächtigt, nach Befund der Sache den Johannitern die Pfarrkirche zu Nideggen zu nehmen und dieselbe, nachdem der Markgraf eine angemessene Dotation ausgeworfen, zur Kollegiat-Kirche zu erheben. Allein der Markgraf drang nicht durch. Aus dem Schreiben Johannes XXII. an die Aebte von Kornelimünster, M.-Gladbach und Siegburg vom 2. Nvbr. 1332 ersehen wir nämlich, dass die Johanniter im Besitze der Pfarrkirche verblieben. Das Patronat über dieselbe hatte

---
1) Siehe unten Seite 118.
2) Vatikanische Akten z. Deutschen Geschichte in d. Z. Kaiser Ludwigs d. B. hrsg. durch die H. Komm. b. d. Kgl. (bayer.) Akad. d. Wissenschaften. Innsbruck: 1891. S. 412, n. 1135 u. S. 541, n. 1576.

zwar ursprünglich den Markgrafen von Jülich zugestanden, war aber durch Wilhelms Urgrossmutter oder seine Vorgänger an die Johanniter abgetreten worden. Trotzdem wünschte Wilhelm die Erhebung der Pfarrkirche zur Stiftskirche. Allein auch dieser Antrag scheiterte an dem Widerstande der Johanniter. So sah sich denn Markgraf Wilhelm in die Nothwendigkeit versetzt, für das zu errichtende Kollegiat-Kapitel eine neue Kirche in Nideggen zu erbauen. Er erbaute sie vor dem Brandenberger Thore, und wie die Pfarrkirche dem h. Johannes dem Täufer geweiht war, so sollte die Stiftskirche dem h. Apostel u. Evangelisten Johannes geweiht sein. Im Frühjahr des Jahres 1342 scheint der Bau erst fertig geworden zu sein. Denn in seinem Antrage vom 15. April 1342 ersucht Markgraf Wilhelm seinen Bruder, den Erzbischof Walram, um die Vornahme der Weihe der neuen Kirche. Da der Markgraf für die Erbauung der Kirche erhebliche Auslagen hatte machen müssen, so kam ihm die Geneigtheit der erst seit Kurzem in Stommeln angesiedelten und dort wohl noch nicht vollständig eingerichteten Stiftsherren, ihr stilles Dorf mit der prächtigen Residenz Nideggen zu vertauschen, sehr gelegen. Für die vollständige Dotation der Stiftspfründen brauchte der Markgraf nun nicht mehr aufzukommen. Es genügte, die für das Stommeler Kollegiat-Kapitel vorhandene Dotation zu ergänzen.

So schenkte der Markgraf das ihm gehörige, Carthus genannte Grundstück nebst dem nur durch einen Weg von diesem getrennten Grundstücke Brandinberg als Bauplätze für die Wohnungen der Stiftsherren. Auch vermachte er dem nach Nideggen zu verlegenden Stiftskapitel den bei Nideggen an der Rur gelegenen Wald „dat Junkholz" genannt, mit all seinem Zubehör, sodann Holz- und Schweid-Gerechtsame am Walde zwischen Call und der Rur, ausserdem ein Gehöfte in Boich und eine Reihe von Besitzungen in Heimbach.

Sollten die Einkünfte des Stiftes sich heben, so war die Vermehrung der Pfründen bis auf sechsundzwanzig vorgesehen. Das Präsentationsrecht zu sämmtlichen Stellen war dem Markgrafen von Jülich eingeräumt; der Erzbischof von Köln bestätigte den Dechanten.

Das Cäcilienstift in Köln trat wieder in dasselbe Verhältniss zur Pfarrkirche in Stommeln wie ehedem, geradeso, als ob dort niemals eine Stiftskirche errichtet gewesen [1]).

Wenn auch der h. Apostel und Evangelist Johannes Patron

---
1) Siehe unten Seite 126.

der noch zu konsekrirenden Kirche zu Nideggen sei, so sei es doch, bemerkt der Markgraf, keineswegs seine Absicht, dass die Patrone der Kirche von Stommeln — diese war dem h. Bischof Martinus geweiht — und sonstige Heilige, die dort entweder kraft der Statuten oder nach Brauch verehrt worden seien, künftighin in Nideggen nicht mehr in der früheren Weise sollten verehrt werden. Diese vorsichtig gefasste Stelle kann sich nach Lage der Sache nur auf die Verehrung Christinas beziehen. Diese wurde zwar damals schon als Volksheilige verehrt, allein weil ihre Heiligsprechung zwar beim Papste beantragt worden, aber noch nicht erfolgt war, so schien es nicht angebracht, ihre Verehrung namentlich zu erwähnen, oder förmlich gutzuheissen. Weil jedoch das Kollegiat-Kapitel mit Christina innig zusammenhing, und dasselbe bei den Gebeinen Christinas errichtet worden war, so mussten naturgemäss bei der Verlegung des Kapitels nach Nideggen auch Christinas Gebeine dorthin übertragen werden. In der That wurden dieselben an erster Stelle, vier Tage sogar vor Ausfertigung der Verlegungs-Urkunde, von Stommeln in die neuerbaute Stiftskirche nach Nideggen gebracht. Die Uebertragung geschah nämlich am 1. Mai 1342, dem Feste der hh. Apostel Philippus und Jakobus „bei prachtvollem Wetter". Da die Bewohner Stommelns, die bis heute die Grabstätte Christinas neben dem Glockenthurme in hohen Ehren halten, die Uebertragung ihrer Gebeine nur ungern sehen konnten, und Unruhe und Widerstand zu befürchten war, deshalb wohl hat man die förmliche Verlegung des Kapitels nicht abgewartet, sondern vorher, in unvermutheter Weise, die Uebertragung der Gebeine vorgenommen.

Sie wurden in der neuen Stiftskirche zu Nideggen anfänglich in einem Tiefgrabe beigesetzt; später aber gegen das Jahr 1500 wurde daselbst ein recht geschmackvolles, aus Schmiedeeisen gearbeitetes, erhabenes Grabmonument errichtet, welches auf vier Stangen den Reliquienschrein trug. An der Vorder- und Rückseite war das Bild Christinas mit dem Drachen unter den Füssen und einem Buche in der Hand in flacher Schnitzerei aus Eichenholz angebracht; an dem rechten Seitengiebel befand sich das Bild des h. Apostels und Evangelisten Johannes, des Patrons der Stiftskirche zu Nideggen, an der anderen Seite das Bild des h. Martinus, des Patrons der Kirche zu Stommeln. Eines der beiden Bilder Christinas ist noch in Jülich vorhanden und gegenwärtig über ihrem Grabmale angebracht. Das eiserne Grabmonument

Christinas wurde später nach Jülich geschafft, dort vom Jesuiten Petrus Steinfünder für die Bollandisten abgezeichnet und mittels Schreiben, datirt Rurmond 9. August 1692[1]), an Daniel van Paepebroek nach Antwerpen geschickt. Die Abbildung desselben befindet sich in den Acta Sanctorum der Bollandisten unter dem 22. Juni.

Wie sehr Christinas Grab in der Stiftskirche zu Nideggen verehrt wurde, geht daraus hervor, dass die Stiftskirche nicht nach ihrem Patron, dem h. Apostel und Evangelisten Johannes, benannt wurde, sondern gemeinhin Sankt-Christinen-Kirche hiess. So bestimmt die Gräfin zu Virneburg Maria van Croy in ihrem am 6. Februar 1496 von dem Kölner Official beglaubigten Testament: „Zom irsten begeren wy na uuserm dode uus begreffenyss zo haven ind liegen zo Nydecken in der understhen[2]) Kirchen zo sent Cristynnen by unseren jonckeren van Blanckenheym seliger." Dann stiftet sie noch verschiedene Wochenmessen, die „in derselver kirchen Nydecken zo sent Christinen" von den dort persönlich residirenden Stiftsherren sollten gelesen werden[3]).

Die Stiftskirche zu Nideggen war ein aus rothem Sandstein aufgeführtes, ansehnliches, dreischiffiges Gebäude gothischen Stiles von ziemlich bedeutenden Verhältnissen. Sie hatte 130 Fuss Länge und 60 Fuss Breite. Sie lag vor dem Brandenberger Thore, rechts an dem stark abwärts gehenden Wege nach Brück, auf der Stelle, wo später das Minoritenkloster erbaut wurde[4]).

Als vornehmste Kirche des Jülicher Landes wurde sie auch der Sitz des Sankt-Hubertus-Ordens, der von Herzog Gerhard von Jülich zum Andenken an den von ihm am Hubertustage d. J. 1444 bei Linnich über Arnold von Egmont, Herzog von Geldern und Prätendenten von Jülich, errungenen grossen Sieg auf dem Schlachtfelde selbst gestiftet wurde, und welchem die edelsten Herren und ersten Fürsten Deutschlands angehörten. Am 29. September 1708 wurde er vom Kurfürsten Johann von der Pfalz neu errichtet und am 30. März 1800 als Orden des Hauses Bayern bestätigt.

In der Verlegungs-Urkunde des Stommeler Kollegiat-Kapitels

---

1) Aufbewahrt im Archiv der Bollandisten zu Brüssel.
2) Unterste Kirche heisst die Stiftskirche im Gegensatz zu der bedeutend höher gelegenen Pfarrkirche von Nideggen.
3) Siehe unten S. 127.
4) Aschenbroich, a. a. O. S. 133.

vom 4. Mai 1342 war auch die Errichtung einer Propstei als Würde (Dignität), sowie einer Scholasterei, einer Schatzmeisterei und einer Kantorei als einfacher Aemter (Offizien) vorgesehen. Die Propstei wurde jedoch, weil ihre Bezüge zu gering waren, von Erzbischof Walram durch Urkunde vom 22. September 1343 [1] auf ein einfaches Amt beschränkt.

In der Jülicher Fehde, auch Geldrischer Erbfolgekrieg genannt, wurde Schloss und Stadt Nideggen von den Truppen Kaiser Karls V. i. J. 1542 fast gänzlich zerstört. Auch die Stiftskirche wurde stark beschädigt. Die Residenz des Herzogs wurde nach Jülich verlegt und in dessen Nähe das Waldschloss Hambach prächtig wieder aufgebaut. Nideggen verfiel, und die Stiftskirche verödete. Da Herzog Wilhelm nicht gewillt war, die Burg in Nideggen wieder aufzubauen, so sollte das Stift dem Hofe nach Jülich folgen, weil es ja auch zu Nutz und Frommen des Hofes ehedem in Nideggen errichtet worden sei; und der Herzog beantragte deshalb durch seinen Rath Andreas Masius beim päpstlichen Nuntius Sebastian Pighino die Verlegung desselben in die Pfarrkirche nach Jülich. Durch Urkunde, gegeben zu Augsburg 17. Kal. Dez. 1550 (15. November 1550) genehmigte Pighino die Verlegung des Stiftes nach Jülich, und durch Urkunde, gegeben zu Augsburg Idibus Februarii 1551 (13. Februar 1551), wurde die Zahl der Stiftsherren-Pfründen von sechsundzwanzig auf fünfzehn, wegen unzureichender Einkünfte, verringert.

Die Stadt Nideggen sträubte sich indes gegen die Verlegung des Kapitels. Auch lag in Jülich in Folge des grossen Brandes v. J. 1547 nach Alles im Argen, und der Bau des Schlosses, welcher erst i. J. 1549 begonnen hatte, war noch nicht soweit gefördert, dass der herzogliche Hof in die Stadt Jülich hätte übersiedeln können [2].

So blieb das Kapitel noch achtzehn Jahre lang in Nideggen. Erst am 1. Oktober 1569 siedelte es hinüber nach Jülich in die dortige der seligsten Jungfrau Maria geweihte Pfarrkirche und führte von nun an den Titel Liebfrauenstift. Christinas Gebeine wurden aber von den Stiftsherren nicht nach Jülich mitgenommen. Sie blieben vielmehr, wie der Notar Christian Hammechers von Nideggen in einer vom 6. März 1578 datirten Nachschrift zum 1. Buch des Jülicher Codex mit Dank gegen Gott be-

---

[1] Lacomblet, a. a. O. No. 399.
[2] Kuhl, a. a. O. SS. 256, 257.

merkt, noch eine Reihe von Jahren in der Stiftskirche zu Nideggen. In dieser musste auch noch an allen Sonn- und Feiertagen von Seiten des Kollegiat-Kapitels eine Messe gehalten werden. Jedoch verfiel die Kirche immer mehr. Durch List wussten die Jülicher Stiftsherren schliesslich die Gebeine Christinas von Nideggen nach Jülich zu schaffen.

Es war am 22. Juni — das Jahr lässt sich mit Genauigkeit nicht angeben, wahrscheinlich war es jedoch i. J. 1586 — als an einem Nachmittage nach der Vesper ein Mann, der auf alle an ihn gestellten Fragen keine Antwort gab, mit einem Wagen vor der Jülicher Pfarrkirche anlangte, dort den Schrein mit den Gebeinen Christina's absetzte und dann spurlos verschwand. Der Mann wird von den Jülicher Stiftsherren gedungen gewesen sein, zur Nachtzeit den Reliquienschrein Christinas in Nideggen aufgeladen haben und konnte so um die Zeit, als die Stiftsherren aus der Vesper nach Hause gingen, in Jülich ankommen. Natürlich musste er spurlos verschwinden, um Weiterungen von Seiten Nideggens zu verhüten.

Von der Anwesenheit der Gebeine Christinas in Nideggen geben noch heute zwei Ortsbenennungen Kunde, das Christinen-Thälchen am oberen Abhange des Jungholzes und das ebendaselbst befindliche Christinen-Pützchen. Hier sollen nach Aschenbroich Christinas Gebeine in Kriegszeiten versteckt gewesen sein, um sie vor Verunglimpfungen seitens der Krieger zu schützen.

Das Kollegiat-Kapitel bestand zu Jülich bis zur Säkularisation im Anfang unseres Jahrhunderts.

Die Stiftskirche in Nideggen wurde im dreissigjährigen Kriege gänzlich zur Ruine. Im Jahre 1652 erhielten die Minoriten die Ruinen von den Jülicher Stiftsherren, kauften dann i. J. 1653 von Werner Freiherr von Binsfeld ein dieselbe umschliessendes Areal von drei Morgen, bezogen 1657 das Kloster und bauten bald nachher an der Stelle des Chores der ehemaligen Stiftskirche ein kleines, dem h. Apostel und Evangelisten Johannes geweihtes Kirchlein. Bei der französischen Invasion ist Kloster und Kirchlein eingegangen und verkauft worden. Der Erwerber liess das Kirchlein sowie den grössten Theil der Klostergebäude niederreissen. Das Wappen des Minoriten-Ordens jedoch befindet sich noch immer über dem noch erhaltenen Eingangsthor des ehemaligen Klosters. Im Hofraum des Privatgebäudes, welches an die Stelle des Klosters getreten ist, sind die Grundmauern des Langhauses der ehemaligen Stiftskirche noch zu erkennen. Auch sind im Garten noch erhebliche Mauerreste aus Hauwerk von rothem Sandstein von der Evangelienseite des Chores vorhanden.

Möge ein frommes Erinnerungszeichen, wie die Kirchenversammlung von Trient es bestimmt[1]) und die Synodal-Statuten des Kölner Erzbischofs Maximilian Heinrich von Bayern[2]) es eingeschärft haben, oder doch wenigstens eine Inschrift das Andenken an die ehemalige Stiftskirche, welche zwei Jahrhunderte hindurch die erste und vornehmste Kirche des Jülicher Landes gewesen ist, lebendig erhalten und der Nachwelt überliefern!

I.

Walram, Erzbischof von Köln, verlegt mit Zustimmung des Domkapitels auf Antrag seines Bruders, des Markgrafen Wilhelm von Jülich, durch Urkunde vom 4. Mai 1342 das Kollegiat-Kapitel von Stommeln nach Nideggen.

Pergamenturkunde mit anhängenden Siegeln des Erzbischofs Walram und des Kölner Domkapitels im Staatsarchiv zu Düsseldorf, Stift Jülich.

Die als Fussnoten gedruckten, im Original an den Rand geschriebenen Inhalts-Angaben sind von späterer Hand.

In nomine domini. Amen. Universis presentes litteras visuris et audituris Walramus dei gracia sancte Coloniensis Ecclesie Archiepiscopus, Sacri Imperii per Italiam Archicancellarius, Salutem cum noticia veritatis. Noveritis, quod litteras quasdam Illustris Principis Wilhelmi, Marchionis Juliacensis, Germani nostri carissimi, suo necnon Illustris domine Johanne uxoris legitime et Gerardi filii primogeniti suorum ac dilectorum in Christo Decani et Capituli in Stumbele nostre diocesis sigillis sigillatas, nobis et dilectis nobis Decano et Capitulo nostro Coloniensi directas vidimus sub hac forma: Reverendo in Christo patri et domino domino Walramo dei gracia sancte Coloniensis ecclesie Archiepiscopo, sacri Imperii per Italiam Archicancellario, Germano suo carissimo, ac viris venerabilibus dominis Decano et Capitulo ecclesie eiusdem, Wilhelmus dei gracia marchio Juliacensis Reverentiam debitam et devotam. Cunctis mortalibus viatoribus huius mundi eterne beatitudinis felicitatem in fide sperantibus ad ipsam in patria comprehendendam nulla testante Apostolo prodesse poterunt benefacta, si non fuerint caritatis operibus insignita, cuius solum amplitudine acquiritur

---

1) Conc. Trid. sess. XXI. de reform. cap. 7.
2) Decreta et statuta Dioecesanae synodi Coloniensi 1662, pag. 114.

regnum dei, hinc nos vite nostre peregrinacionis terminum huius supreme virtutis, quantum nobis datum est desuper, cupientes operibus prevenire presertim ad Progenitorum nostrorum nostreque et carissime Conthoralis nostre animarum salutem et ad dei et intemerate virginis Marie matris sue et beatissimi Johannis Apostoli et Evangeliste gloriam et honorem, ut Collegium Canonicorum secularium . . Decani et Capituli ecclesie Stumbelensis Coloniensis diocesis sub numero personarum tredecim instauratum in loco non usquequaque apto situm et ad talem reddituum tenuitatem, in qua commode transire non poterant, coartatum, ad locum magis commodum et utilem atque aptum, in quo etiam personarum ipsius Collegii in divinorum obsequiorum conversacionibus cogniciones et noticiam amplius quam habuerimus continuam habeamus scilicet apud Castrum et Opidum nostrum Nideckin eiusdem diocesis, ubi nos et nostri Progenitores a longissimis retroactis temporibus cum domo nostra frequencius tamquam in habitacione ab ipsis Progenitoribus et a nobis specialius preelecta consuevimus residere et ubi eorundem . . Decani et Collegii personarum conversacionis in deo ut speravimus devote familiaritas laudabiliter nos nostramque Conthoralem et heredes nostros in perpetuum ad ampliora eis impellere possit beneficia impendenda, immo et largicionum, quas impresentiarum eis facere intendimus, contemplacione, vestra auctoritate et consensu hoc tempore transferatur et, postquam translatum fuerit, nomine ipsius loci in Nideckin huiusmodi Collegium ibidem dante domino permansurum perpetuo sorciatur et eodem nomine de cetero intituletur et ab omnibus nominetur, in voto gerimus et a longo tempore gerebamus. Ut itaque hec nostra intencio laudabiliter inchoetur et laudabiliter compleatur, Ecclesiam in honore sancti Johannis Apostoli et Evangeliste vestra auctoritate ut speramus consecrandam erigi fecimus hiis diebus, quam processu temporis divina suffragante gracia intendimus efficere structuris sollempnioribus fabricari in fundo nostri dominii dicto Carthus [1]), quem fundum una cum fundo dicto Braudinberg sito prope dictum fundum Carthus via tamen intermedia cum omnibus suis pertinenciis, sicut iacent et ad nos pertinent, sufficientis existentis capacitatis pro ipsa ecclesia, eius immunitate et habitacionibus imposterum pro personis ipsius Collegii construendis, eciam ad quemcumque maiorem numerum aliquando hoc Collegium augeatur. Item nemus situm prope Nideckin super Ruram, quod vulgariter dicitur dat Juncholz [2]), in quo quedam vinee sunt plantate, exempte et libere a decimis de eis solvendis, prout iacent cum suis pertinenciis universis. Item communitatem [3]) in nostris nemoribus inter ripam dictam Kalle et fluvium dictum Rure sitis, sic quod ipsi Decanus et Canonici utantur, fruantur et gaudeant hiis nemoribus pro edificiis, combustionibus et suorum animalium nutrimentis, prout hiis nemoribus Opidani nostri in Nideckin uti, frui et gaudere hactenus consueverunt. Item curtem

---

1) No. de fundo Carthuys et Brandenberg.
2) No. dat iunchboltz cum suis pertinentiis universis.
3) No. communitatem in nemore inter Kellam et Ruram.

unam sitam in parochia drove in villa Buche[1]), que curtis fuit Godefridi dicti van der leyen, Armigeri, et post hec Johannis, nostri Barbitonsoris, cum omnibus suis pertinenciis honorabili viro domino Godefrido, Decano ecclesie predicte nunc in Stumbele et futuro predicte ecclesie in Nideckin Decano, sic quod hec curtis perpetuo pertineat ad Decanatum ecclesie eiusdem in Nideckin, dum et postquam predicta translacio fuerit consummata. Item omnia bona immobilia, que fuerunt quondam bone memorie Winandi[2]) de Heincbach, olim famuli nostri, sita in Heincbach et extra, consistencia in vineis, agris, pascuis, censibus ac pensionibus ac in quibuscumque rebus aliis ad Thesaurariam huius ecclesie in Nideckin creandam, hiis redditibus, qui de eisdem bonis quondam Winandi ad Altare beate Marie in Heincbach pertinent, exceptis et deductis, donandas et dandas, donanda et danda ipsis . . Decano et Capitulo nunc Stumbelensi, dum et postquam in Nideckin translatum fuerit eorum collegium, in effectum irrevocabiliter deputamus et promittimus nos daturos et ex nunc, quantum in nobis est et valere poterit, donamus et damus irrevocabiliter, dum tamen ipsum Collegium in Stumbele cum omnibus suis bonis, rebus, possessionibus immobilibus, et mobilibus, in quibuscumque locis iacentibus, ecclesiasticis et mundanis, sicut nunc est, in ecclesiam de Nideckin vestre auctoritatis gracia irrevocabiliter transferatur. Immo volumus et nobis placet, ut statim hac translacione perfecta eo ipso eam pro suo habeant et sua auctoritate eorum possessionem apprehendant et plene possideant bona huiusmodi sic deputata, donata atque data et eis tamquam suis ex tunc in perpetuum et irrevocabiliter utantur, gaudeant pacifice et fruantur. Desideramus eciam, ut postquam Decanatus[3]) et eorum canonicatus et prebende, qui iam sunt canonici prebendati in ecclesia Stumbelensi, scilicet Petri de Unkelbach, Herperni de Kentzwilre, Johannis Knode, Johannes de Stumbele, Jacobi de sancto Andrea, Johannis de Caster, Wilhelmi de Tulpeto, Ludovici de Randeroide, Philippi de sancto Andrea, Reynardi de Nideckin, Johannis de Arsgoit et Conradi de sancta Cecilia, translati sic fuerint, dum et quotiens simul et successive vacaverint, tribus ex hiis prebendis ultimo vacaturis dumtaxat exceptis, ex tunc in perpetuum nullus ad ipsum Decanatum et ad Canonicatus et prebendas eosdem presentetur aut admittatur, nisi fuerit in presbiteratus ordine constitutus aut talis, qui infra annum a sue receptionis et admissionis ad Decanatum aut prebendam tempore numerandum se facere valeat de iure et faciat ad presbiteratus ordinem promoveri. Item quia quod, postquam predicta translacio fuerit effectum mancipata, hoc Collegium bonorum et personarum suscipiat incrementum, mentem habemus ferfentissime inclinatam et ex hoc credamus firmiter tam per nostrorum quam per Christi fidelium elemosinarum largiciones processu temporis ipsi Collegio adventuras incrementum huiusmodi divino adiutorio pro-

1) No. Curtis Boiche.
2) No. de bonis in hencbach.
3) No. qualiter Decanus et Canonici prebendales sunt admittendi et recipiendi.

venturum (cupimus), ut hoc Collegium rerum facultatibus sibi supercrescentibus usque ad viginti sex personarum numerum extendatur [1]), qui sint dum creati fuerint sicut ceteri de collegio canonici prebendati, et ad horum canonicatuum et prebendarum, que sic ex supercrescentibus redditibus, si sic contigerit, fuerint ordinate, octo nisi Dyaconi et ad alias octo nisi Subdyaconi nullatenus presententur, aut ipse eis conferantur seu ad eas recipiantur, aut tales existant, qui infra annum a sue receptionis et admissionis ad has prebendas tempore numerandum ad annexos ipsis prebendis ordines de iure valeant et se faciant promoveri. Item si quis ex hiis Decano et canonicis, postquam sic creati fuerint, ut est dictum, et ad Decanatum et prebendas admissi et recepti ad sacrum ordinem Decanatui ut sue prebende annexum cessante impedimento canonico infra dictum tempus se neclexerit facere promoveri, eo ipso huiusmodi Decanatu et prebenda, prout hoc quem quam contigerit, sit privatus, aliis ad ipsos Decanatum et prebendas sine dilacione et difficultate qualibuscunque presentandis. Item, postquam ut dictum est predictum Collegium fuerit sic translatum, pro se et pro sua familia in personis et rebus habeant Communitatis, exemptionis et libertatis privilegia[2]) ab omni iurisdictione nostra temporali et heredum nostrorum nec per nos aut heredes nostros aut nostra aut sua auctoritate seu mandato ad angarias aut perangarias seu exactiones quascunque, quocunque nomine censeantur, teneantur aut aliqualiter compellantur, fundos eciam Carthus et Brandinberg appellatos predictos auctoritate vestra in Communitatem ecclesiasticam, infra quam mansiones suas ipsi Decanus et Canonici habebunt, sub iure et privilegio libertatis ecclesiastice dedicentur, ut ex tunc perpetuo tam ipsi quam quicumque alii Ecclesiastici et laici ibidem existentes et illuc venientes, quamdiu ibidem fuerint, preter personas a iure exceptas beneficio huius gaudeant. Communitatis et secundum iuris concessionem debitam participent libertatem, sicut cetere ecclesie Collegiate Canonicorum secularium civitatis et diocesis Coloniensis in personis, rebus et locis pro se et suis familiis iure Communitatis et exemptionis ac libertatis gaudere hactenus[3]) consueverunt. Item cum, ut supra pluries enarravimus, ad augmentum huius Collegii, postquam translatum fuerit, in personis et rebus maxime de bonis nostris processu temporis effectualiter intendamus, cupimus, ut ad Decanatum, Canonicatus et prebendas singulas huius ecclesie future in Nideckin, postquam ipsium Collegium fuerit sic translatum, ius presentandi ad nos et ad nostros heredes, scilicet eos dumtaxat, quos marchionatus nostri iure, nomine et titulo tamquam hereditario successionis iure contigerit insigniri, perpetuo pertinere, sic scilicet, quod vacante Decanatu[4]) nos aut Heredes nostri vobis aut successoribus vestris personam idoneam presentabimus ad eundem Decanatum per vos aut

1) No. de augmentacione canonicorum usque ad numerum XXVI personarum.
2) No. privilegia libertatis Ecclesie nostre tam personarum quam rerum.
3) Ius presentandi ad singula.
4) No. de Decanatu.

vestrum successorem absqua difficultate aliqua confirmandum. Ad canonicatus vero et prebendas, dum eas simul aut successive vacare contigerit, personas presentabimus idoneas Decano et Capitulo in Nideckin seu hiis, qui ex hiis pro tempore presentes fuerint, qui absque omni difficultate et contradictione ab eis nomine Decani et Capituli ad presentacionem huiusmodi admittentur in canonicos et in fratres ad prebendas huiusmodi tunc vacantes. Decanus eciam nunc in Stumbele, postquam in Nideckin translatus fuerit, et sui ibidem successores in simili perceptione quoad fructus Decanatus et prebende suorum, quos pro nunc habet et possidet, quod scilicet habebunt prebendam duplicem, salva sibi nichilominus donacione Curtis in Buche predicte, integraliter remanebunt. Item medietas fructuum et reddituum universorum, quos iam habent ipsi Decanus et Capitulum in Stumbele et sub nomine ecclesie in Nideckin imposterum acquirent, erit sub nomine grossorum fructuum ac corporis prebende, alia medietate pro cottidianis distribucionibus[1]) inter canonicos residentes et presentes in horis divinis, missis et animarum memoriis distribuenda. Item Decanus et Canonici futuri in Nideckin omnes et singuli tenebuntur ad residenciam personalem[2]). Nisi si quis ex Canonicis abesse voluerit ex causa racionabili, ex hoc petat a . . Decano et Capitulo sibi super huiusmodi absencia licenciam[3]) impertiri, quam, nisi racionabilis sit et iusta, impertiri minime teneantur, quam tamen si quis et quando obtinuerit, corporalis prebende porcionem pro rata temporis absencie per licenciam sic obtente habeat et nil magis. Si quidem aliquis de eisdem canonicis sine petita huiusmodi licencia et obtenta absens fuerit, aut post terminum licencie sic obtente non redierit, eo ipso absque omni facto alio a percepcione corporalis prebende sue pro rata ipse absencie sue computando eciam de hora ad horam penitus sit suspensus et eorum, que temporibus suspensionum huiusmodi derivabuntur, pars media erit inter fratres Capituli dividenda, parte residua pro libris et ornamentis ecclesie exponenda. Absens nichilominus petita licencia et obtenta per alium in ordine, in quo absens deservire tenetur, constitutum, non tamen ibidem suum concanonicum, in Choro procurabit in divinis officiis deserviri. Alioquin ipsi . . Decanus et Capitulum de sic absentis prebende corpore tali sic servituro satisfacient pro labore, eidem absenti illo, quod sic dabitur, defalcando, similiter de fructibus corporalis prebende sine licencia absentis cuiuscumque canonici alicui non ibidem canonico in absentis ordine constituto, licet ipsis . . Decano et capitulo fructus sic absentis cedant in toto, qui pro hoc absente serviat in divinis, similiter satisfaciant pro laboribus ipsorum absencium, contradictione qualicunque non obstante, ne ipsa ecclesia in divinis obsequiis debitis defraudetur. Vacantibus[4]) eciam Canonicatu et prebenda ex morte cuiusvis Canonici prebendati eiusdem ecclesie fructus et redditus corporis prebende sue anni primi

1) No. de distribucione prebendarum et quomodo.
2) No. quod Canonici et Decanus tenebuntur ad residenciam personalem.
3) No. de licencia petenda et obtinenda et pene absencium sine licencia.
4) No. de Annis gracie post mortem.

defuncto et secundi anni ecclesie ad usus fabrice librorum et ornamentorum partim et partim in usus ipsorum fratrum presencium expendentur, sicut de suspensorum redditibus et fructibus superius est expressum. In hiis eciam expectacionum annis is, qui in Canonicatu et prebenda successerit, poterit cottidianas recipere distribuciones, si personaliter resederit et deservierit sicut alius Canonicus in divinis, nichil de corpore aut grossis fructibus recepturus. In omnibus tamen hiis fructibus et redditibus corporum prebendarum sic vacaturarum expense dande servituris in divinis obsequiis pro decedentibus aut pro Capitulo ante omnia deducentur. Decanus eciam pro tempore existens in Maioribus festis[1]) scilicet Nativitatis Christi, Epiphanie eiusdem, Palmarum, Pasche, Ascensionis, Pentecostes, item omnibus festivitatibus beate Marie Virginis, item beatorum Petri et Pauli Apostolorum, item beati Johannis Apostoli et Evangeliste, item Nativitatis sancti Johannis baptiste, item Omnium Sanctorum, item beati Martini Episcopi, qui nunc est patronus in ecclesia Stumbelensi predicta, ac eciam in dedicacione ecclesie in Nideckin future cessante impedimento legitimo Missam personaliter celebrabit. Si vero legitime impeditus fuerit, alii suo concanonico presbitero hanc missam cui maluerit celebrandam delegabit, nec talis, cui delegaverit, reniti poterit, quin obediat in efficiendo, dum tamen satis tempestive sibi ipse Decanus faciat intimari nec sit legitime impeditus. In ceteris vero diebus ad missas celebrandas . . Decanus aliqualiter non artabitur. In hiis eciam diebus in quibus . . Decanus celebrare tenetur, tercia pars oblacionum[2]) ipsi cedet, residuo inter fratres presentes canonicos dividendo, nisi sine causa rationabili renuerit personaliter celebrare; tunc enim hanc partem tertiam non habebit. Tenebunt eciam ipsi Canonici septimanas suas pro officiis diurnis et missis necnon memoriis defunctorum, sicut in ecclesia Coloniensi hactenus est consuetum. Et oblaciones in missis celebrandis per hos, quorum septimana fuerit, ipsis celebraturis presbitero, Dyacono et Subdyacono cedent, nisi aliquis ex eis non esset canonicus. Is enim nil habebit, et pars oblatorum tercia habebitur in commuui presentibus reservanda. Item[3]) si aliquis, quem ordo septimane contigerit, quidquam de eo quod sibi circa divina incumbit officia neclexerit, in suspensione fructuum prebende tam corporis quam cottidianarum distribucionum et aliter, prout . . Decano et Capitulo expedire videbitur et necligencia eius exegerit, corrigatur et de suis fructibus pro ipso servituro satisfaciat, prout superius est expressum. Canonicos eciam delinquentes in aliis excessibus corrigant eodem modo . . Decanus et Capitulum, dum viderint expedire, qui eciam Decanus per se seu per alios Canonicos aut vicarios sacerdotes omnium et singulorum suorum Concanonicorum, Capellanorum, Vicariorum et sociorum Chori, qui processu temporis ibidem ipsi Collegio aut ecclesie in divinis servituri

---

1) No. de festis Decani.
2) No. de oblacionibus item de tenendis septimanis sicut in Ecclesia Coloniensi consuetum est.
3) De correctione negligenciarum et cura animarum.

officiis advenerint, necnon familiarum eis serviencium infra Emunitatem
eorum cum eis commorancium et continue eorum commensalium Curam
geret et amministrabit ecclesiastica sacramenta. Ceterum si et dum
ipsius ecclesie adeo supercreverint facultates, quod successive pro uno
aut pro pluribus de huiusmodi succrescenciis poterit sufficere pro fructibus et redditibus amministrandis pro singulo aut singulis sicut aliis
singulis Canonicis tunc existentibus prebendatis, nos et predicti heredes
nostri ad has supercrescencias per ipsum Decanum et Capitulum in
prebendam seu prebendas deputandas personas ydoneas secundum nar-
racionem supradictam valeamus in Canonicos huius ecclesie existenti
tunc numero addendos . . Decano et Capitulo presentare, quos ipsi
Decanus et Capitulum admittere et recipere in canonicos tenebuntur.
Hiis presentatis et admissis ex tunc perpetuo in eisdem iuribus Cano-
nicalibus et prebendalibus cum ceteris permansuris, hac augendi numerum licencia vestra non nisi ad viginti sex [1]) Canonicorum numerum
duratura. Et quamquam ecclesiam ipsam in Nideckin in honore sancti
Johannis Apostoli et Evangeliste desideramus specialius consecrari,
intencionis tamen nostre nequaquam est, quare hii sancti, qui ecclesie
in Stumbele existunt patroni, seu ex statuto seu consuetudine specialius
in ecclesia de Stumbele ceteris sanctis fuerant hactenus in divinis
officiis sub maioribus sollempnitatibus honorati, in ecclesia de Nideckin,
dum consecrata fuerit, sicut antea specialiter et sollempniter secundum
consuetudinem pristinam honorentur. Item ut Decanus et capitulum
predicti, postquam fuerint sic translati, Prepositurum [2]) sub perpetue
dignitatis, Scolastriam, Thesaurariam, Cantoriam et cetera officia
ecclesie sue utilia et honesta sub perpetuorum officiorum aut temporalium titulis, prout hoc sibi expedire noverint, vestra auctoritate
creandi habeant plenam et liberam potestatem. Nosque et heredes
nostri predicti, postquam et quociens sic prepositura, officium aut
officia fuerint creata in eadem ecclesia, ius ad eadem officia habeamus in
perpetuum presentandi eo modo, quo de Canonicatibus et prebendis
superius est expressum. Ad prepositurum tamen presentandi vobis
aut vestro successori per nos aut per nostros heredes, per vos aut
successores vestros confirmandum, apud nos et heredes nostros potestate
perpetuo permansura. Item ut quilibet Canonicus, postquam et quam
cito de novo Canonicus effectus fuerit, unum pannum de serico [3]) ad
ornamentorum ecclesie augmentum ipsi ecclesie offerre teneatur. Item
ut in ceteris, de quibus hic mencio non habetur, se regant iidem Decanus [4]) et Capitulum secundum consuetudinem ipsius ecclesie maioris
Coloniensis, et si in ea circa hoc certam in ipsa maiori ecclesia consuetudinem non invenerint observari, ad aliarum collegiatarum ecclesiarum
Coloniensis civitatis et diocesis aut unius eorum consuetudinem recur-
rant aut ius commune teneant et observent. Ut eciam ipsi Decanus

---

1) No. de numero XXVI canonicorum perpetue duraturo.
2) No. de prepositura, que mutata est in officium ex dignitate.
3) No. de panno serico.
4) Item quomodo decanus et canonici se regere debent.

et Canonici, dum et postquam huiusmodi Collegium fuerit translatum, ad suprascriptam ordinacionem et omnium et singulorum contentorum in ea se noscant artius obligatos, affectamus[1]), ut ipse Decanus et quilibet canonicus et quicumque, qui in futurum erunt de hoc collegio, in suo primo ingressu, postquam recepti fuerint, se omnia et singula pro posse et nosse ferventer observaturos cum ceteris articulis in aliis ecclesiis secularibus Coloniensis Civitatis et diocesis iurari consuetis, prestent tactis sacrosanctis dei evangeliis corporaliter in ipso Capitulo iuramentum. Paternitati igitur vestre vobisque dominis . . Decano et Capitulo Coloniensis ecclesie predictis humiliter supplicamus, quatenus ad honorem dei et gloriose virginis Marie Matris sue ac sancti Johannis Apostoli et Evangeliste translacionem predicti Collegii in Stumbele et omnia et singula suprascripta, prout in presenti carta continentur, sicut de iure facienda sunt, perficere, et eis omnibus et singulis vestram auctoritatem et consensum, prout ad vos et quemlibet vestrum pertinet, dignemini impertiri. Verum quod in fundacione olim ecclesie et collegii in Stumbele Abatissa et Capitulum ecclesie sancte Cecilie Coloniensis, quorum tunc interfuit, eoque ecclesia in Stumbele parochialis, cuius ius patronatus ad ipsas pertinebat, fuit tunc ipsi ecclesie Collegiate annexum et unitum, consensum adhibuerant et quodam modo, sicut experiencia docuit, ex hoc sibi et ecclesie sue gravamen aliquod se ferant accessisse, ex nunc in huius ecclesie et Collegii translacionem antedictam, ut suum habeat effectum, ut superius est expressum, suum consensum parate sunt efficaciter adbibere, sicut in literis suis super hoc confectis plenius continetur, sic tamen, quod in statum suum, in quo fuerunt ante fundacionem predicti Collegii in Stumbele, quoad omnia et singula, ac si ipsum Collegium ibidem fundatum non fuisset, redintegrentur auctoritate vestra et omni modo reponantur, placet nobis, et rogamus, quatenus sic redintegrentur et omnimodo reponantur. Et in premissorum omnium et singulorum testimonium sigillum nostrum maius duximus presentibus apponendum. Rogantes carissimam nobis dominam Johannam, coniugem nostram, et dilectissimum nobis Gerardum, nostrum primogenitum, ut in premissorum robur sigilla sua presentibus ducent apponenda. Et nos Johanna de Hanonia, Marchionissa Juliacensis, uxor precordialissimi domini nostri domini Wilhelmi Marchionis Juliacensis, et Gerardus, filius dilectissimi Genitoris nostri eiusdem domini Wilhelmi Marchionis Juliacensis, recognoscimus premissa omnia et singula, prout superius sunt expressa, rata habere et firma. Et in horum testimonium sigilla nostra ad ipsius domini nostri mandatum presentibus sunt appensa. Nos eciam . . Decanus et Capitulum Stumbelense predictum, qui, habitis super premissis diligenti consilio et deliberacione, invenimus predictam translacionem, si effectum habuerit, nobis utilitatem evidentem dante domino allaturam, in ipsam duximus libenti animo consentire, supplicantes humiliter et devote, quatenus ipsam dignemini effectui mancipare. Et in huius testimonium sigillum nostre ecclesie hiis literis duximus

---

1) Item de iuramento canonicorum.

appendendum. Datum Anno domini MCCCXLII feria secunda post Dominicam Misericordia domini, que fuit XIIII[1]) dies mensis Aprilis. Hiis itaque literis nobis et nostro Capitulo presentatis eas per viros literatos tam nos quam ipsum nostrum Capitulum fecimus examinari et nichilominus per nos et ipsum nostrum Capitulum vidimus et intelleximus et habito super hiis inter nos et ipsum Capitulum nostrum deliberato consilio, quia invenimus, ipsius Germani nostri intencionem in hiis literis expressam bonam, piam et deo devotam et ad id tendere, in quo non solum ipsum expectare supplicantem, verum ad eius cooperacionem teneremur hilariter nos offerre, de ipsius nostri Capituli consilio et consensu circa omnia et singula in hiis suis literis contenta eidem Marchioni duximus condescendendum ipsum Collegium in Stumbele cum omnibus suis personis, rebus, bonis, possessionibus, libertatibus, in quibuscumque et ubicumque consistant, ecclesiasticis et mundanis, sicut impresenciarum ad ipsos Decanum et Capitulum, ecclesiam et Collegium in Stumbele pertinent, exnunc in locum Nideckin, prout in predictis literis descriptus est, transferimus ibidem perpetuo permansurum et ab eodem loco sub eius titulo denominandum perpetuo et vocandum, omnes eciam modos, condiciones et clausulas in ipsis literis positas quantum ad hanc translacionem admittimus firmasque, prout in eis continentur, in omni sua forma debere perpetuo volumus et decernimus permanere. Ipsumque Collegium in Nideckin in eodem loco secundum contenta in prefatis literis perpetuo permansurum auctoritate ordinaria confirmamus. In cuius rei testimonium presentes literas nostro maiori sigillo fecimus communiri. Nos eciam . . Decanus et Capitulum Coloniense premissa per Reverendum Patrem et dominum nostrum dominum Walramum Coloniensem Archiepiscopum nostrum superius narrata vera esse, et de nostro hec processisse consensu et consilio confitemur. Et ob hoc hiis literis nostre Ecclesie sigillum maius appendi fecimus. In perpetuum testimonium premissorum. Datum Anno domini Millesimo Trecentesimo Quadragesimo secundo Sabbato post dominicam Cantate, que fuit Mensis Maii dies quarta.

II.

Dechant Gottfried und das Kapitel von Stommeln bekunden am 23. April 1342, dass nach Verlegung des Kapitels von Stommeln die Kirche zu Stommeln nebst dem um dieselbe liegenden, ihnen für ihre Wohnungen überwiesenen Areal in das frühere Verhältniss zum Cäcilienstift in Köln zurückkehren sollten, wie wenn in Stommeln niemals ein Kapitel errichtet gewesen.

Pergamenturkunde mit anhängendem Siegel der Kirche von Stommeln unter den Akten des Cäcilienstiftes im Staatsarchive zu Düsseldorf.

---

1) Soll heissen 15. April.

Universis presentes litteras inspecturis nos Godefridus decanus et . . capitulum ecclesie in Stumbele Coloniensis dioecesis cupimus fore notum, quod, dum et postquam nostre translacionis negotium terminatum fuerit et completum, dictam ecclesiam nostram cum terra sive fundo, qui circum circa ipsam ecclesiam pro emunitate et loco habitacionum nostrarum nostro fuerat collegio specialiter deputatus, ad venerabiles dominas . . abbatissam et . . capitulum ecclesie secularis sancte Cecilie Coloniensis ipsa ecclesia libere revertetur sic, quod de eisdem ecclesia et terra sive fundo, tamquam si nunquam collegium fuisset ibidem initiatum et conceptum, suam ex tunc et deinceps facere possunt liberam voluntatem absque nostra vel nostrorum successorum contradictione aliqua vel offensa. Dolo et fraude in hiis omnibus demptis penitus et exclusis.

Datum anno domini MCCCXL secundo feria tertia post dominicam iubilate.

III.

Auszug aus dem undatirten Testamente der Maria von Croy, Gräfin zu Virneburg, Wittwe, beglaubigt am 6. Februar 1496 vor dem Kölner Official durch den Notar Hermannus Birrick de Orsoy.

Pergamenturkunde mit Notariatssignet und anhängendem Siegelrest im Staatsarchiv zu Düsseldorf, Stift Jülich No. 92.

Notariatsinstrument vom 6. Februar 1496.

In goitz namen amen. Wir Maria van Croy, graeffynne zo Vernenburch, wedewe etc. haen angesien deser werlt niet siechers dan der doit ind niet unsichers dan die stunde des doitz, und hain als dan umb Gade dem almechtigen, Marien syner gebenedider moder und allen lieven Gotz hilgen zo love [„und" bis „love" sind wiederholt] ind eren, ind umb heill ind troist willen unser armer zielen, vader, moder, huysheren und alle unse frunde sielen, dis nabeschreven begriffen ind vur unsen testament gemacht und hain dis gedain by gesonden lieve . . . . . Item zom irsten begeren wy nach unserm dode uns begreffenyss zo haven ind liegen zo Nydecken in der understhen Kirchen zu sent Cristynnen by unseren jonckeren van Blanckenheym seliger . . . . . . Item auch begeren ind willen wy zo geschien in derselver kirchen Nydecken zo sent Cristinen uff unseren grave uff eyn altair alle ind yecklichs daichs erfflich zo den ewigen dagen eyn misse zo lesen, die geschien sall van den canonichen, die persoenlich da residiren, nemlich alle dienstachs van der hilgen sent Annen und eyn misse de annunciacione beate Marie alle wechen, eyn uff den dach, dae unser liver vrouwen dach kompt, ind eyn misse in yder wechen van sent Johan ewangelist, vort die ander missen dana, das der priester die innicheit hait, davan die vurscreven heren haven sullen alle ind yecklichs jairs erfflich veirtzich malder roggen ader die werde dair vur.

IV.

Der päpstliche Nuntius Sebastian Pighino verlegt auf Antrag des Herzogs Wilhelm von Jülich durch Urkunde, gegeben Augsburg den 15. November 1550, das Kollegiat-Kapitel von Nideggen nach Jülich in die Pfarrkirche.

Pergamenturkunde mit anhängendem Siegel des Nuntius Pighino im Staatsarchiv zu Düsseldorf, Stift Jülich.

Sebastianus Piphinus, Dei et apostolice Sedis gratia Archiepus Sipontinus ac sacri palatii aplici Rote Locumtenens, ad invictissimum Principem Carolum, Romanorum Imperatorem semper augustum, ac universam Germaniam sanctissimi dni nri Julii divina providentia pp. tertii et aplice sedis Nuntius cum potestate legati de latere. Ad futuram rei memoriam. Legationis sollicitudo nobis, meritis licet imparibus, a sede aplica commissa nos excitat et inducit, ut ad ea, per que in singulis Ecclesiis divinus cultus conservetur, et continuum suscipiat ad laudem et gloriam Omnipotentis Dei incrementum, quantum cum Deo possumus, favorabiliter intendamus. Cum itaque, sicut Illustrissimus Princeps Guillielmus dux Juliacensis sua nobis petitione exponi fecit, collegiata Ecclesia sancti Johannis Evangeliste, olim et primitus in pago vulgariter Stommel nuncupato in ipso Ducatu Juliaci Coloniensis diocesis sito, per duces, seu tunc forsan dumtaxat Comites vel Marchiones Juliacenses predecessores suos erecta, fundata, et dotata, ad instantiam eorundem ducum vel Comitum aut Marchionum tunc pro tempore existentium, certis rationabilibus de causis quas presentibus haberi volumus pro expressis, ex dicto pago Stommel ad et prope muros oppiduli Neideckhen, ubi et pro tempore existentes duces Juliacenses in arce principali sedem suam habere consueverunt, auctoritate ordinaria, translata et transmutata, posteaque successu temporis, et presertim bello in dicto ducatu Juliaci novissime seviente, nedum arx et oppidulum Neideckhen predicta, verum etiam et ipsa collegiata Ecclesia sancti Johannis Evangeliste eo ut premittitur translata, in omnibus suis edificiis, bonis ac rebus multum damni et detrimenti passa fuerint. Et idcirco dictus Guillielmus dux, qui arcem predictam amplius reparari et restaurari facere non intendens exinde ad Juliacum predicte diocesis ac eiusdem Ducatus et Provincie Juliacensis primum et capitale oppidum, in quo aliam insignem et munitissimam arcem extrui et edificari fecit, sedem suam predictam transtulit, et eam ibidem habere proposuit, consideransque predictam collegiatam Ecclesiam sancti Johannis Evangeliste, pro ducum pro tempore existentium eorumque curialium et curiam sequentium commodidate, per eosdem erectam et fundatam fore, eamque de presenti in loco predicto quasi rurali propter predicte sedis mutationem sitam esse, ac propterea perpauci hominum ad celebrationem divinorum officiorum eo convenire, sibique nec suis successoribus eorumque curialibus pro audiendis sacris inservire posse, nisi Collegium predictum cum pertinentiis suis universis ad dictum oppidum Juliacense in et ad parrochialem ecclesiam in eodem oppido tanquam nobiliori frequentiorique loco existentem transferatur. Ad quam non tantum dominicis aliisque festivis, sed etiam profestis diebus populus christianus frequenter convenire solitus est, ac, quod certo sperandum sit, dum in eadem maior divinorum officiorum usus extiterit, multo plures ad ea audiendum frequentius eodem conventuros esse, cultumque divinum in eadem continuum suscepturum ad laudem et gloriam Omnipotentis Dei incrementum, supplicari fecerit nobis humiliter, quatenus collegiate Ecclesie sancti Johannis sepenominate Collegium et Capitulum, unacum eiusdem invocatione, ac Dignitatibus et prebendis, aliisque beneficiis et officiis ecclesiasticis, necnon iuribus et pertinentiis suis quibuscumque ex dicto loco rurali, in et ad parrochialem Ecclesiam in prefato oppido Juliaco supranominatam transferre et transmutare, dictumque oppidum Juliacum huiusmodi collegio et capitulo decorare, commoditalibusque ipsius Gullielmi ducis, successorum, suorumque curialium pro tempore existentium consulere atque in premissis opportune providere dignaremur. Nos igitur, qui Ecclesiarum omnium decorem et venustatem ac in illis divini cultus augmentum et omnium Christifidelium animarum salutem sinceris desideramus affectibus, ex huiusmodi et premissis multisque aliis rationabilibus causis inclinati Auctoritate aplica nobis ratione Legationis nostre concessa et commissa, qua fungimur in hac parte, tenore presentium Collegium et Capitulum ac Dignitates et prebendas omniaque alia beneficia et officia ecclesiastica predicte collegiate Ecclesie Sancti Johannis Evangeliste cum eiusdem invocatione, omnibusque iuribus et pertinentiis suis universis ab Oppidulo Neideckhen predicto in et ad ecclesiam parrochialem in oppido Juliaco supranominatam transferendas duximus, atque nostra auctoritate predicta per presentes transferimus. Ita ut persone, dignitates, officia vel prebendas aut capellanias vel beneficia ecclesiastica huiusmodi in Ecclesia predicta possidentes aut possessuri ex nunc in antea horas canonicas ceteraque divina officia in eadem parrochiali ecclesia devote legendo, psallendo et cantando peragere debeant et teneantur modo et forma, quibus melius et decentius et pro parrochianorum devotione fieri poterit. Interim tamen, ne predicta Ecclesia sancti Johannis Evangeliste prope et extra muros sepedicti oppiduli Neideckhen divino cultu in totum privetur, volumus et eadem auctoritate ordinamus, quod singulis dominicis et aliis festivis diebus saltem una in eadem celebretur missa. Et insuper ne eidem Guillielmo duci aut successoribus suis necnon prebendarum, dignitatum et aliorum quorumcunque beneficiorum predictorum collatoribus pro tempore existentibus per huiusmodi translationem ullum iuris sui contingat detrimentum, sed unicuique ius suum remaneat illesum, propterea ipsi Guillielmo duci et suis successoribus omnem, que sibi in et ad sepenominatam collegiatam ecclesiam sancti Johannis Evangeliste, ac dignitates vel prebendas et alia quecumque eiusdem beneficia, vel officia ecclesiastica quomodocunque competere dinoscitur, actionem et iurisdictionem, necnon supradictis collatoribus, dignitates, prebendas et beneficia ac officia eadem ius conferendi, personasque ad illa legitime nominatas et presentatas de eisdem investiendi, quotiescumque illa aut eorum aliquod pro tempore vacare contigerit, eodem modo et iure, quo iuxta fundationem ac dotationem supradicte Ecclesie tempore vacationis hactenus observatum extitit, expresse reservamus ac perpetuo reservari debere decernimus. Volumus etiam et statuimus parrochiali Ecclesie ac illius Rectori et Capellanis necnon preposito, decano, capitulo et prebendariis seu aliis quibuscumque beneficiatis vel officiatis predictis respective pro tempore existentibus hucusmodi translationem in nullis preiudicare, sed omnes suas res et bona mobilia et immobilia, privilegia quoque, libertates et immunitates, quibus huiusque usi, potiti et gavisi fuere, et quibus adhuc utuntur, potiuntur et gaudent respective, perpetuis futuris temporibus illesa remanere, Quodque dicta parrochialis Ecclesia debitis propterea non fraudetur obsequiis, et animarum cura in ea nullatenus regligatur, sed eius congrue supportentur onera consueta, decernentes ex nunc irritum et inane quicquid secus super his a quoquam quavis auctoritate scienter vel ignoranter contigerit attemptari. Datum Auguste Vindelicorum anno a nativitate dni Millesimo quingentesimo quinquagesimo decimo septimo Kal. Decembris Pontificatus eiusdem Sanctissimi domini nostri Julii divina providentia pp. tertii anno primo. Presentibus ibidem discretis viris Sebastiano de ferrariis presbytero et Lucio Mentono clerico Astensis et Regiensis respective dioecesis, familiaribus nostris, ad premissa vocatis specialiter atque rogatis.

S. Archiepiscopus Sipotinus nuncius apostolicus.

Nicolaus driel clericus Coloniensis diocesis, publicus aplica auctoritate ac prefati domini nuncii aplici de premissis quoque rogatus notarius m. pr.

V.

Der päpstliche Nuntius Sebastian Pighino verringert auf Antrag des Herzogs Wilhelm von Jülich und des von Nideggen nach Jülich [blos urkundlich] verlegten Kollegiat-Kapitels durch Urkunde, gegeben Augsburg den 13. Februar 1551, die Zahl der sechsundzwanzig Stiftsherren-Pfründen auf fünfzehn.

Pergamenturkunde mit anhängendem Siegel des Nuntius Pighino im Staatsarchiv zu Düsseldorf, Stift Jülich.

Sebastianus Pighinus .... Cum itaque nuper ad instantiam et intuitu Illustrissimi Principis Guillielmi, Ducis Juliacensis, collegiatam Ecclesiam sancti Johannis Evangeliste prope et extra muros oppiduli Neideckhen.... ad parrochialem Ecclesiam in famosiore frequentiorique loco oppidi videlicet Juliaci, primi et capitalis dicti Ducatus.... transmutaverimus, dictusque Guillielmus Dux et Dilecti nobis in Christo Prepositus, Decanus, Canonici et Capitulum predicte Ecclesie sua nobis supplicatione significarint, qualiter in eadem Ecclesia primitus a sua fundatione tredecim dumtaxat preter dignitates et alia beneficia vel officia ecclesiastica institute[1]), postmodum vero successu temporis ad munerum viginti sex aucte fuerint prout adhuc existunt prebende, quodque illarum fructus redditus et proventus adeo tenues sint et exigui, ut exinde earundem possessores pro tempore existentes non satis decenter et commode sustentari valeant, nec persone qualificate, que in dicta Ecclesia presideant, reperiri possint; verum sicut eadem subiungebat expositio, si ex huiusmodi canonicatibus et prebendis aliquot perpetuo supprimerentur et extinguerentur, ac illorum fructus, redditus et proventus mense capitulari eiusdem Ecclesie ad usum et pro commodiori sustentatione reliquorum in dignitatibus ac officiis ecclesiasticis constitutorum et canonicorum ibidem pro tempore persistentium applicarentur et appropriarentur, ex hoc profecto dicta Ecclesia maximum susciperet divini cultus augmentum et decus necnon personis ecclesiasticis literarum scientia et aliis virtutibus preditis non parum illustraretur decorique et publice utilitati necnon predictarum personarum commoditatibus plurimum consuleretur: quare pro parte Guillielmi Ducis ac Prepositi, Decani et Capituli predictorum, asserentium fructus, redditus et proventus omnium et singulorum canonicatuum et prebendarum premissorum quinque marcharum argenti puri secundum communem ex[is]timationem valorem annuum non excedere, nobis fuit humiliter supplicatum, ut aliquot ex dictis viginti sex canonicatibus et prebendis perpetuo supprimere et extinguere ac illorum fructus, redditus et proventus mense capitulari huiusmodi ut prefertur applicare et appropriare, aliasque in premissis opportune providere de benignitate apostolica dignaremur. Nos igitur ad infrascripta per dicte sedis literas, ad quarum insertionem non tenemur, sufficienti facultate muniti, prefatos Guillelmum Ducem ac Prepositum, Decanum et Capitulum a quibusvis excommunicationis, suspensionis et interdicti aliisque ecclesiasticis sententiis, censuris et penis a iure vel ab homine quavis occasione vel causa latis, si quibus quomodolibet innodati existant, ad effectum presentium dumtaxat consequendum, harum serie absolventes et absolutum fore censentes, necnon fructuum, reddituum et proventuum dicte mense verum annuum valorem presentibus pro expressis habentes, huiusmodi supplicationibus inclinati, undecim dumtaxat ex predictis canonicatibus et prebendis, quamprimum illos ex alicuius eorum possessorum canonicorum et prebendariorum persona per cessum vel decessum, seu quamvis aliam dimissionem vel omissionem, aut liberam dictorum possessorum vel quorumvis aliorum de illis in Romana Curia, vel extra eam, etiam coram notario publico et testibus sponte factam resignationem aut assecutionem aliorum beneficiorum ecclesiasticorum quavis auctoritate collatorum vacare contigerit, etiam iidem dispositioni apostolice specialiter, vel alias et quavis causa generaliter reservati fuerint, et super eis inter aliquos lis, cuius statum etiam presentibus haberi volumus pro expresso, pendeat indecisa, Auctoritate Apostolica nobis concessa et commissa, qua ratione legationis

---

1) Die Ausdrucksweise ist nicht genau. Ursprünglich bestand das Kapitel aus 13 Personen, dem Dechanten und zwölf Stiftsherren.

nostre fungimur in hac parte, tenore presentium, absque tamen alicuius preiudicio, perpetuo supprimimus et extinguimus ac illorum fructus, redditus et proventus huiusmodi eidem mense capitulari, ita quod liceat Preposito, Decano et Capitolo predictis, per se vel alium seu alios, corporalem possessionem bonorum canonicatuum et prebendarum suppressorum predictorum illorumque iurium et pertinentiarum universorum, propria auctoritate libere apprehendere et perpetuo retinere, eosdemque fructus, redditus et proventus in predictos et non alios usus nempe pro Prepositi, Decani et Capituli in dicta Ecclesia institutorum vel instituendorum prebendatorum, inter quos quidem prebendatos sex sacerdotes et quinque diaconos ac quatuor subdiaconos de cetero esse volumus et ordinamus, decenti et commodiori sustentatione convertere, distribuere et dividere, diocesani loci et cuiusvis alterius licentia super hoc minime requisita, etiam perpetuo applicamus et appropriamus. Non obstantibus premissis ac illa felicis recordationis Pauli pp. tertii de unionibus committendis et exprimendis valorem, aliisque constitutionibus et ordinationibus aplicis necnon dicte Ecclesie sancti Johannis Evangeliste, et iuramento, confirmatione apostolica vel quavis firmitate alia roboratis, Statutis et consuetudinibus ceterisque contrariis quibuscumque. Proviso tamen quod propter suppressionem, extinctionem, applicationem et appropriationem predictas predicta Ecclesia debitis non fraudetur obsequiis, sed illius congrue supportentur onera consueta, nos autem quoad omnia et singula premissa ex nunc irritum decernimus et inane, quicquid secus super his a quoquam quavis aucthoritate scienter vel ignoranter contigerit attentari. Datum Auguste Vindelicorum anno a Nativitate domini Millesimo quinquentesimo quinquagesimo primo Idibus Februaris Pontificatus eiusdem Sanctissimi domini nostri Julii pp. tertii anno primo. Presentibus ibidem discretis viris Sebastiano de Ferrariis presbytero et Lucio Mentono clerico Regiensis et Astensis respective diocesis, familiaribus nostris, testibus ad premissa vocatis specialiter atque rogatis.

    S. Archiepiscopus Sipotinus nuncius apostolicus.

        Nicolaus driel clericus Coloniensis dioecesis, publicus aplica auctoritate ac prefati Rmi dni nuncii aplici de premissis quoque rogatus notarius m. pr.

Rheinländische Studenten im 16. und 17. Jahrhundert auf der Universität Padua.

Von
Gustav C. Knod in Strassburg i. E.

Als im Jahre 1887 auf Veranstalten der k. Preussischen Akademie der Wissenschaften die im Familienarchiv der Grafen Malvezzi aufbehaltenen Reste des alten Archivs der ‚deutschen Nation' zu Bologna im Druck erschienen[1]), wurde die von einem deutschen und einem italienischen Gelehrten gemeinsam besorgte Publikation als ein Quellenwerk ersten Ranges mit ungetheiltem Beifall begrüsst. In der That geben uns die Acta nationis Germanicae universitatis Bononiensis nicht nur über Wesen und Werden, Personalbestand und Schicksale der bis dahin kaum dem Namen nach gekannten deutschen Scholarenverbindung in Bologna zuverlässigen urkundlichen Aufschluss, sie bilden auch eine schier unerschöpfliche Fundgrube für die genealogische und biographische Forschung und stellen uns zugleich in eindringlicher Anschaulichkeit die mannigfachen culturellen Beziehungen vor Augen, in welchen die Bononia docta seit den Tagen Rudolfs von Habsburg mit allen Landschaften des Deutschen Reiches gestanden[2]).

---

1) Acta nationis Germanicae universitatis Bononiensis ex archetypis tabularii Malvezziani iussu Instituti Germanici Savignyani ediderunt Ernestus Friedlaender et Carolus Malagola. Berolini MDCCCLXXXVII.

2) Deutsche Studenten in Bologna. Biographischer Index zu den Acta nationis Germanicae universitatis Bononiensis. Im Auftrage der K. Preussischen Akademie der Wissenschaften bearbeitet von Gustav C. Knod. Berlin 1899.

Es wäre gewiss im Interesse der vaterländischen Geschichtsforschung sehr zu wünschen, dass wir auch über das Leben und Treiben der deutschen Studenten auf den übrigen, von ihnen mit Vorliebe aufgesuchten ausländischen[1]), speciell italienischen, Universitäten in gleich ausgiebiger Weise unterrichtet wären. Einzelne von den deutschen Scholaren gern besuchte Universitäten wie Ferrara, Pavia, Perugia werden voraussichtlich für immer ausser Acht bleiben müssen, da uns kein authentisches Aktenstück Auskunft darüber gibt, ob an den genannten Hochschulen überhaupt jemals eine „deutsche Nation" bestanden habe. Für Pisa ist wenigstens die Existenz einer deutschen Nation im 16. Jahrhundert festgestellt, wenngleich keine Hoffnung vorhanden zu sein scheint, dass wir jemals etwas Näheres über diese Verhältnisse erfahren werden. Um so erfreulicher ist es, dass, wie die Nachforschungen von Malagola und Luschin von Ebengreuth ergeben haben, in Siena und Padua noch stattliche Reste der alten Nationsarchive erhalten sind, die uns über die Geschichte des deutschen Studententhums an diesen wichtigen mittelalterlichen Universitäten reichliche Belehrung in Aussicht stellen[2]).

Es ist das Verdienst des letztgenannten Forschers, diese Quellen eingehend geprüft und gewürdigt zu haben[3]). Aus seinen Untersuchungen ergibt sich, dass Bologna, nachdem es gegen Ende des 15. Jahrhunderts von Padua auf kurze Zeit überflügelt war, bis in die vier ersten Jahrzehnte des 16. Jahrhunderts seinen alten Vorrang behauptete. Nun aber übernimmt Padua die Führung; das päpstliche Bologna geräth mehr und mehr ins Hintertreffen, so dass es sogar (zwischen 1570 und 1629) hinter Siena um ein

---

1) Wir denken hier vor allem an Orléans, dessen „deutsche Nation" bis ins 14., ja vielleicht bis ins 13. Jahrhundert zurückreicht, vgl. Fournier, La nation allemande à l'université d'Orléans au XIV siècle (in Nouvelle Revue historique t. XII (1888) p. 386 ff.)

2) Malagola, Monographie storiche (p. 311: I libri della natione tedesca presso lo studio Bolognese, gegen Ende) und vor allem Luschin v. Ebengreuth, Vorläufige Mittheilungen über die Geschichte deutscher Rechtshörer in Italien (in Sitzungsbericht. der Wiener Akad. der Wiss. CXXVII (1892) S. 1—144.)

3) Vgl. a. desselben Verf. „Quellen zur Geschichte deutscher Rechtshörer in Italien" (in Sitzungsbericht. der Wiener Akad. der Wiss. t. CXIII (1886) S. 754 ff.

Beträchtliches zurücksteht. Perugia und Pisa werden vornehmlich als Promotionsorte aufgesucht[1]).

Weitaus die meisten deutschen Studentennamen sind uns in den Nationsmatrikeln von Padua überliefert; denn Padua hat den Vorzug, neben dem Nationsarchiv der deutschen Juristen auch das der deutschen Artisten (Mediciner, Philosophen, Mathematiker) in unsere Zeit gerettet zu haben. Die Matricula nationis Germanicae Iuristarum enthält von 1553—1630 nicht weniger als 8672 Einträge; hierzu kommen für denselben Zeitraum noch 1864 Artisten, so dass die Gesammtzahl der in den deutschen Nationsmatrikeln zu Padua enthaltenen Einträge in den angegebenen Jahren sich auf 10536 Namen beläuft[2]).

Es ist hier nicht der Ort auf die Paduaner Universitätsverfassung wie auf die Geschichte und Organisation der deutschen Nation in Padua näher einzugehen. Es sei von diesen Dingen hier nur berührt, was zum Verständniss der nachstehend gegebenen Namenreihen nothwendig ist.

Die hohe Schule zu Padua umschloss im ausgehenden Mittelalter zwei selbständige „Universitäten", eine Juristen-Universität und eine Artisten-Universität, eine jede unter einem eigenen, von den Studenten aus den Reihen der Studenten gewählten Rektor und einem eigenen akademischen Senate, bestehend aus dem Syndicus und den Vertretern (Consiliarien) der Nationen, unter dem Vorsitz des Rektors. Eine jede dieser Universitäten zerfiel wieder in zwei selbständige Körperschaften, in die universitas Ultramontanorum und die universitas Citramontanorum (die Italiener), die sich wiederum in „Nationen" gliederten. In den Beschlüssen der Nationen findet der Gesammtwille der Universität seinen Ausdruck; aber auch das sociale studentische Leben spielt sich im wesentlichen im Rahmen der Nationen ab, wenngleich viele ungesellige Naturen aus Geiz, Mangel an Gemeinsinn oder Hang zur Ungebundenheit es vorzogen, ihre eigenen Wege zu gehen und

---

[1] v. Luschin a. a. O. (t. CXXVII). Ueber den zunehmenden Einfluss von Padua vgl. a. Denifle, Gesch. d. Univ. I 288. Auf die um die Mitte des 16. Jahrhunderts mehr und mehr „verschwindende Bedeutung" von Bologna hatte schon Stölzel, D. Entwicklung des gelehrten Richterthums I 71 hingewiesen.

[2] v. Luschin a. a. O. (t. CXXVII. S. 20 f.).

geflissentlich die Berührung mit den in der Landsmannschaft geeinigten Volksgenossen mieden.

Auch in Padua galt, wie in Bologna, zu allen Zeiten die deutsche Nation als die vornehmste. Ihr Alter mochte bis in die Zeiten der Entstehung der Universität Padua (1322) zurückreichen, wenn ihrer auch erst in den Universitäts-Statuten von 1331 zum erstenmal gedacht wird. Schon damals erscheint die deutsche Nation (sei es in Anbetracht ihrer die andern Nationen weit übertreffenden numerischen Stärke, sei es wegen ihrer Verdienste um die Begründung des studium Patavinum) als eine privilegirte, da ihr im akademischen Senate zwei Stimmen zustanden[1]). Ueber ihre Entstehung und Entwickelung ist aus den ältern Universitätsurkunden nichts zu entnehmen. Das Dunkel beginnt sich erst um die Mitte des 16. Jahrhunderts zu lichten, und zwar mit der Anlegung einer eigenen Nationsmatrikel und der Gründung eines Nationsarchivs. Die mit dem Jahre 1546 anhebende Matrikel zeigt die deutschen Studenten beider Universitäten, Juristen und Artisten, zu Einer Körperschaft (Nation) geeinigt. Doch schon wenige Jahre später erfolgte ein gewaltsamer Bruch: die Artisten, gereizt durch die hochmüthige Behandlung seitens ihr Landsleute von der andern Fakultät, zerrissen das alte Band und constituirten sich als selbständige Verbindung. So umschloss seit dem Jahre 1553 die deutsche Nation fortan 2 selbständige Verbindungen: die Natio Germanica Iuristarum und die Natio Germanica Artistarum.

Ueber Ursache und Veranlassung der später wohl von beiden Seiten bedauerten Secession[2]) gibt ein vom 20. Juni 1591 datirter Brief des bei diesen Vorgängen als Mithandelnder betheiligten ersten Seniors der Artistenverbindung, des spätern Kölner Arztes Dr. Adam Mascherel gen. Knauf aus Mörs (vgl. u. Artistae No. 1), an seinen 1591 als Consiliar der Nation fungirenden Sohn Wilhelm Knauf aus Köln (vgl. u. Artistae No. 22), auf eine amtliche Au-

---

1) So heisst es in den Statuten von 1331 (L. I § 13), wo zum ersten Mal die Nationen auftreten: Statuimus quod quilibet scolaris iuris canonici vel civilis sub una de decem nacionibus infrascriptis, de qua oriundus existit, esse debet: Theotonicarum (duas habens voces), Boemorum etc. etc. (bei Denifle i. Arch. f. Litt. u. Kirch.-Gesch. VI.)

2) So gibt der Juristen-Consiliar Frh. Joh. Chph. Teufel von Gundersdorf 1586 diesem Bedauern gelegentlich Ausdruck.

frage dieses letztern, erwünschten Aufschluss: „Was zunächst die Ursache unserer Trennung von unsern Landsleuten, den Legisten, angeht, die im Jahre 1553 zur Constituirung einer selbständigen Natio Medicorum Germanorum führte, so liegt sie vornehmlich darin, dass die Legisten, uns dazumal an Zahl überlegen, auch, wie sie sich einbildeten, aus besserer Familie stammend, vornehmer und reicher, uns nur ungern zu ihrer Matrikel zuliessen. Da sie überdies unsere Medicin ihrer Jurisprudenz gegenüber als minderwerthig betrachteten, wir aber nicht gewillt waren, unsere theuere Wissenschaft verunglimpfen zu lassen, so kam es nicht selten bei unsern Versammlungen, Gastmählern und Gelagen, ja selbst bei öffentlichen Feierlichkeiten zu Zank und Streit, wodurch mehr und mehr die Gemüther einander entfremdet wurden. Ich erinnere mich auch, dass wir zuweilen Wettkämpfe im Ballspiel veranstalteten, um so zu entscheiden, wem der Vorrang gebühre. Hier blieben in der Regel die Legisten, Italiener wie Deutsche, Sieger. Als Besiegte nur um so mehr von unsern hochmüthigen Landsleuten, den Legisten, die allerdings den Italienern besser gefielen, da sie grössern Aufwand machten und mehr Geld springen liessen, mit offenkundiger Geringschätzung behandelt, ja gehänselt und verspottet, beschlossen wir Artisten endlich nach reiflicher Ueberlegung, uns von der alten Gemeinschaft loszusagen, damit der leidige Streit um den Vorrang der Fakultät und unsere Gleichberechtigung in socialer Hinsicht endlich aufhöre, Friede und Eintracht in die deutsche Nation zurückkehre und aller Anlass zu derartigen ärgerlichen Zänkereien für die Zukunft beseitigt werde, und uns als selbständige Abtheilung der deutschen Nation zu constituiren. So haben wir uns, damals den Legisten nur um ein Geringes an Zahl nachstehend, freiwillig getrennt, selbständig organisirt und eigene Statuten gegeben"[1]). Fortan standen die beiden deutschen Scholarenverbindungen kühl beobachtend einander gegenüber, fanden sich aber doch gelegentlich, wenn das gemeinsame nationale Interesse in Frage kam, zu gemeinschaftlichem Handeln

---

1) Eine Abschrift dieses Briefes, angefertigt vom Cousiliar Henr. a Palandt aus Geldern, ist dem Texte der Acta Nationis Germanicae Artistarum vorangestellt; den lateinischen Text des Briefes hat Luschin v. Ebengreuth bereits in seinen ‚Quellen' (t. CXIII S. 767) mitgetheilt.

zusammen[1]). Beide zeigten übrigens nach Organisation und Statuten, wie leicht begreiflich, grosse Aehnlichkeit, ohne dass man damit berechtigt wäre, die jüngere Verbindung als eine Copie der ältern zu betrachten.

Nach den Statuten[2]) der Juristen werden als zur Nation gehörig nicht nur die eigentlichen Deutschen, die das Deutsche als ihre Muttersprache reden, sondern auch die Angehörigen der benachbarten, im weitern Sinne zu Deutschland zu rechnenden Gebiete, wie Dänen, Schweden, Livländer, Preussen, Böhmen, Mährer, Ungarn, Siebenbürger, Schweizer und Graubündtner betrachtet; nur die Südtiroler (Tridentiner) und die angrenzenden Norditaliener werden ausdrücklich ausgeschlossen. Auch die Artisten[3]) nehmen die Angehörigen der genannten Grenzgebiete ohne Weiteres auf, falls sie deutschen Stammes sind und deutsch reden; falls sie fremder Zunge sind, bedarf es einer besonderen Abstimmung. Jeder Ankömmling hat sich (bei den Juristen wie bei den Artisten)[4])

---

1) So erlassen sie gelegentlich eine gemeinsame Verrufserklärung gegen missliebige Wohnungsvermiether (vgl. v. Luschin in Blätter des Ver. f. Landesk. v. N.-Oesterreich NF. XV (1881) S. 383 f.).

2) Ich berichte hier nach den Statuten von 1635 (Perg. ms. 4⁰ no. 2068 der Universitätsbibliothek zu Padua). Dass uns hier nicht die älteste Fassung der Statuten der Juristennation vorliegt, lehren die Annalen. Ohne Zweifel haben sich die Juristen schon 1553 Statuten gegeben. Am 20. April 1557 wird von der Nation die revidirte Fassung dieser ältern Statuten angenommen (Annal. f. 53).

3) Nach den Statuten von 1685 (Perg. ms. 4⁰ no. 2197 der Universitätsbibliothek zu Padua — fehlt in der Aufzählung bei v. Luschin ‚Quellen'). Dass auch hier ältere Statuten (seit 1553) vorhanden waren, lehrt der oben mitgetheilte Brief des 1. Consiliars Adam Knauf. Mir liegt eine aus dem J. 1661 herrührende Abschrift der Artisten-Statuten vor, über welche ich an anderm Orte berichten werde.

4) In den ältern Statuten der Artisten; die Statuten von 1685 gewähren nur eine 14tägige Frist. Die Juristen bestimmten am 26. Juli 1555: uti recens huc venientes ter moniti a Consiliario vel Procuratoribus intra duos menses a die monitionis factae nomen suum Nationi dent, post vero sine legitima causa non audiantur (Annal. f. 41a). Die Einschreibung in die Matrikel des Rektors gab dem Ankömmling lediglich den Charakter eines scholaris; erst die Aufnahme in die Nationsmatrikel gewährte dem deutschen Studenten die Privilegien der Nation. Unrichtig ist es, wenn Andrich, De natione Anglica p. 8 schreibt: Adde, quod Alemanni, qui peculiari matriculae proditi essent, in Matriculam Universitatis Legistarum non conscribebantur.

innerhalb eines Monats bei der Nation anzumelden, seinen Namen in das Album einzuschreiben und die statutenmässige Aufnahmegebühr an Nation und Pedell zu entrichten. Er schwört bei seiner Aufnahme, Ehre und Rechte der Nation zu wahren, den Statuten zu gehorchen, den Würdenträgern der Nation die schuldige Ehrerbietung entgegen zu bringen und, gegebenen Falls, zunächst bei der Nation, dann erst bei der Universität oder bei der Stadtobrigkeit sein Recht zu suchen. Der Aufzunehmende muss durchaus makellos sein, hat sich Jedermann gegenüber stets eines anständigen Auftretens zu befleissigen und namentlich in religiöser bzw. confessioneller Hinsicht jedes Aergerniss nach aussen wie nach innen zu meiden[1]. Infam ist, wer den Frieden der Nation durch confessionelle Zänkereien stört.

An der Spitze der Nation steht (bei den Juristen wie bei den Artisten) der Consiliarius. Zur Kräftigung seines Ansehens sind ihm im Nationsconvent zwei Stimmen bewilligt. Ihm zur Seite finden wir den Syndicus, die zwei Procuratoren (procuratores aerarii) und mehrere Assessoren. Auch der Bibliothekar (die Juristen haben zwei) gehört zu den Respectspersonen. Das Rechnungswesen liegt in den Händen der Procuratoren. Ein Viertel des Nationsvermögens bleibt in Reserve, von dem Rest werden die laufenden Ausgaben bestritten, auch Darlehen gegen Bürgschaft an bedürftige Nationsmitglieder gegeben.

Wie die Organisation der deutschen Studentenschaft in den

Die Matricula Legistarum enthält von 1591—98 über 900 Namen deutscher Studenten, die Mitglieder der Natio Germanica waren.

1) In dieser Hinsicht grösste Vorsicht zu üben lag im Interesse des einzelnen wie in dem der Gesammtheit. Daher die strengen Bestimmungen, zumal die Mehrheit der Nation im ausgehenden 16. Jahrh. protestantisch war. Wenn auch in Padua im allgemeinen grössere Bewegungsfreiheit in religiöser Hinsicht als in dem päpstlichen Bologna herrschte (wo zwischen 1567—87 mehrere italienische und französische Studenten als luterani ostinatissimi, noch 1618 Nov. 5 ein aus Westfalen stammender Student, Joseph Bispinch dioc. Coloniensis, verbrannt wurden), so zeigen doch die Annalen, dass auch in Padua die Inquisition, trotz den der Nation vom Stadtpräfekten wie vom Dogen von Venedig wiederholt gegebenen Schutzeszusicherungen, nicht müssig blieb. (Vgl. hierüber auch v. Luschin in Ztschr. f. allgem. Geschichte 1886. S. 805 ff. und B. Brugi, Gli studenti tedeschi e la S. Inquisitione a Padova nella seconda metà del secolo XVI. Venezia 1894.)

Statuten, so tritt uns in den Annalen[1]) beider Nationsabtheilungen das innere Leben in der Nation mit unmittelbarer Anschaulichkeit entgegen. Sie lassen uns die überaus wichtige Stellung der deutschen Nation im Gesammtorganismus der Universitäten erkennen, ihre ausschlaggebende Bedeutung bei der Rektorwahl, ihr Verhältniss zur städtischen Obrigkeit wie zur Regierungsbehörde in Venedig, zum Erzbischof und zur Inquisition; sie berichten uns von wilden Fehden mit den Erbfeinden, den Vincentinern und Polen, von studentischen Gelagen und leidigen Raufhändeln der Mitglieder unter einander, aber auch von religiösen Verfolgungen, von Leiden und Dulden und selbstverleugnendem Opfermuthe — im ganzen ein erhebendes Bild stolzen Selbstbewusstseins, nationalen Sinnes, gemüthvoller Menschenfreundlichkeit und christlich-patriotischer Opferwilligkeit, das der deutschen Landsmannschaft zu Padua zu unvergänglicher Ehre gereicht.

Im Herbst 1894 war es mir durch das überaus freundliche Entgegenkommen des damaligen Rektors Prof. Dr. C. F. Ferraris vergönnt, mir diese noch so wenig gekannten Quellen zur Geschichte der deutschen Nation zu Padua einmal näher anzusehen. Andere Zwecke hatten mich in das Universitätsarchiv geführt, doch nahm nach Erledigung der nächsten Geschäfte der reiche Nachlass der Nation meine Aufmerksamkeit noch einige weitere Tage vollauf in Anspruch. Nachdem ich die Annalen und Statuten flüchtig durchmustert, fesselten die Matrikeln[2]), die ich vordem schon nach ehemaligen Bologneser Studenten durchsucht hatte, bald von neuem mein Interesse. Wies die Mehrzahl der Nation auf Oesterreich und Oberdeutschland hin, so waren doch alle deutschen Landschaften, und namentlich auch meine heimathlichen Gegenden, die Rheinlande und das Elsass, in den Nationsmatrikeln reichlich vertreten, so dass ich noch einige weitere

---

1) Erhalten sind von den Annalen der Juristen der 1. Bd. (1545—1600) und der 3. Bd. (1650—1709) im Universitäts-Archiv, von den Annalen der Artisten nicht weniger als 6 Bände (1553—1769), gleichfalls im Universitäts-Archiv.

2) Matricula Germanorum Iuridicae Facultatis Patavii. 4 Bände in Schmalfolio (Bd. I: 1546—1605. Bd. II: 1605—1729. Bd. III: 1676—1750. Bd. IV: 1751—1801). — Matricula Artistarum. 4 Bände in Schmalfolio (Bd. I: 1553—1649. Bd. II: 1649—1721. Bd. III: 1611—1643, Promotionen. Bd. IV: 1558—1648, d. Gegenbuch des Cassirers).

Tage dran zu wenden beschloss, um die dem heutigen deutschen Rheingebiet entstammenden Namen zu späterer Verwerthung zu excerpiren. Meine Zusammenstellungen sind leider bei der knapp bemessenen Zeit recht lückenhaft ausgefallen, was sich schon daraus ergiebt, dass mir in dem Promotionsregister manche Namen begegnet sind, die mir in der Matrikel nicht aufgefallen waren. Immerhin werden meine Excerpte manches von Interesse für die rheinische Lokalgeschichte, namentlich für die Personalgeschichte des Niederrheins bieten. Sie besitzen aber auch noch eine allgemeinere Bedeutung: sie zeigen, wie bis in das 18. Jahrhundert hinein viele junge den besser situirten Gesellschaftskreisen angehörende Rheinländer die italienischen Hochschulen zu ihrer fachwissenschaftlichen Ausbildung aufsuchten. Das letztere gilt namentlich von Medicinern und Pharmaceuten [1]), da unter den der juristischen

---

1) Pharmaceuten wurden nur ausnahmsweise zugelassen. Die Statuten der Artisten bestimmen in dieser Hinsicht (§ 2): „Qui societatis nostrae commodis gaudere volunt, Theologiae, Medicinae vel Philosophiae operam danto. Mechanicarum artium cultores, Pharmacopoei, Barbitonsores et litterarum ignari ne recipiuntor. Si qui vero propter sua in Nationem merita aliave gravi de causa recipiuntur, ad suffragia Nationis ne admittuntor'. Die artistischen Annalen tragen demgemäss die Ueberschrift: Acta Nationis Germanicae Artistarum, hoc est Theologorum, Medicorum, Philosophorum. Weitaus die Mehrzahl der Artisten gehören zur medicinischen Fakultät; es war üblich, gleichzeitig mit dem medicinischen auch den philosophischen Doctorgrad zu erwerben. Theologen finden sich nur ganz vereinzelt. Der vornehme katholische Cleriker liess sich in die Juristen-Nation aufnehmen, da er nicht nach Padua gekommen war, um daselbst theologische Studien zu machen. Es findet sich bei den Juristen sogar ein Ordensbruder eingezeichnet: 1706. R. P. Maurus Jüz Veldkirchensis sed S. Benedicti professus Cellae Mariae in Austria inferiori p. t. monachus. Zusatz von späterer Hand: ast quid Saul inter Prophetas! Antwort von anderer Hand: ut eos seducat. Bei einem P. Johannes Schlosser Ord. Praedic. ist von späterer Hand bemerkt: ‚exclusus'. Als Theologen werden u. a. ausdrücklich bezeichnet: 1583 Jun. 4: Mich. Hager Ueberlingensis SS. Theol. Doctor (al. m.: Prof. Theol. in Acad. Friburgensi). 1585 Mai 10: Leonard. Eggs SS. Theol. D. 1694 Oct. 29: Job. Mart. Reislein Baarensis Sunthusanus Theologus, vgl. a. u. Artistae No. 53 (S. 175), ein späterer Cisterzienser-Prior: Iuristae No. 144 (S. 160), ein späterer Jesuit: Iuristae No. 59 (S. 152). Als Pharmaceuten seien erwähnt: 1586 Aug. 4. Carol. Ringlerus Argentinensis rei aromatariae studiosus (später Apotheker in Strassburg); 1619 Jun. 13: Carol. Macop Pharmacopoeus etc.

Matrikel entnommenen Namen sich doch recht viele befinden, deren Träger nicht nach Padua gezogen, um das römische Recht an der Quelle zu schöpfen. Die dort genannten Herren vom hohen und niedern Adel, auch viele Studenten patrizischer wie einfachbürgerlicher Herkunft haben, auf der peregrinatio academica, der üblichen Cavalierreise, begriffen, Padua nur flüchtig berührt, um alsbald, nachdem sie die Landsmannschaft begrüsst, Stammbuchblätter getauscht und ihre Namen in die Matrikel eingeschrieben, ihren Stab wieder weiter zu setzen [1]). Die in der Matricula Artistarum dagegen auftretenden deutschen Studenten haben fast ohne Ausnahme ihre in Padua erlernte Wissenschaft und ärztliche Kunst später in der Heimath zu Nutz und Frommen der leidenden Menschheit praktisch geübt und im Hörsaal der heimischen Universitäten, in Spitälern wie in der Privatpraxis, an Fürstenhöfen wie in der Hütte des Armen fruchtbar gemacht. So darf die hier zusammengestellte Reihe in Padua gebildeter rheinischer Mediziner als ein Beitrag zur Geschichte des medizinischen Studiums in Deutschland gelten; namentlich auf dem Gebiete der Anatomie und Botanik war Padua in jener Zeit den deutschen Universitäten noch weit überlegen [2]).

---

1) Bei einzelnen Namen ist dies ausdrücklich bemerkt, z. B. Iuristae No. 118 (S. 157). So auch 1622 Mai 11: ‚Georg. Rittershusius ICt. scripsit Patavii in transitu'. 1592 Oct. 22: ‚Martin. Mülwolff Altheimensis ex silva Ottonica dioc. Mogunt. in itinere Romam versus aliquamdiu hic moram faciens'. 1589 Febr. 3: ‚Mich. Heberer Brettanus Palatinus ex Pathmo rediens' u. s. w. So hat sich eigenhändig mit kräftigen Zügen eingetragen: 1576. Non. Iun. ‚Salentinus Electus Archiepiscopus Coloniensis Sacri Romani Imperii per Italiam Archicancellarius Princeps Elector, Westphalie et Angarie Dux: necnon Administrator Paderbornensis, Comes in Isenburgh'. 1659 Mai 28 findet sich sogar der interessante Eintrag: ‚Wilhelm Berser iunior von Bern, Hauptmann über 200 Eydtgenossen hochloblichen Weissischen Regiments wider den Erbfeindt'.

2) Der ungeheure Einfluss, den Padua bis ins 18. Jahrhundert hinein auf die Entwicklung der medizinischen Wissenschaft in Deutschland geübt, ist m. E. in der Geschichte der Medizin viel zu wenig betont. Ich habe mir von 1553—1673 nicht weniger als 77 deutsche Namen angemerkt, deren Träger (nach den von späterer Hand hinzugesetzten Bemerkungen) später als Professoren der Medizin oder Physik an deutschen oder auswärtigen Universitäten gewirkt haben. Hierbei sind folgende Universitäten vertreten: Freiburg, Heidelberg, Köln, Strassburg, Frankfurt a. O., Ingolstadt, Basel,

Die zu einzelnen der nachstehend abgedruckten Namen beigebrachten biographischen Nachweise erheben auf Vollständigkeit keinen Anspruch, um so weniger, als mir einzelnes aus der in Betracht kommenden familiengeschichtlichen Litteratur hier nicht zugänglich war (z. B. Adolf Bachoven von Echt, Beiträge zur Geschichte der Familie B. v. E. Wien 1888, und die Geschichte der Familie v. d. Bongardt). Viele Namen sind in der gedruckten Litteratur überhaupt nicht zu finden; hier könnten allenfalls specielle archivalische Nachforschungen Nachricht geben[1]). Wer in der Lage ist, die Provinzialarchive zu Coblenz und Düsseldorf und die in Betracht kommenden städtischen Archive, namentlich das Kölner, befragen zu können, wird leicht Besseres und Vollständigeres liefern. Die von mir beigebrachten Notizen sollen weniger

---

Leyden, Tübingen, Wittenberg, Dôle, Kopenhagen, Wien, Breslau, Cassel (Professor Physices Collegii Casellani), Königsberg, Marburg, Giessen, Altdorf, Jena, Helmstedt, Löwen, Leipzig, Würzburg, Utrecht, Padua).

1) Von archivalischem Material konnte ich benutzen den in Betracht kommenden noch ungedruckten Theil der Kölner Matrikel, sowie die Matrikel von Ingolstadt, Teschemachers Elogia (Arch. zu Düsseldorf) und einige Nachrichten aus italienischen Universitätsarchiven und Strassburger Archiven. Aus den Promotionsakten von Pisa (Erzbisch. Archiv) sei noch nachgetragen: ‚Gregorius Faber Coloniensis Ioannis Fabri qu. Coloniensis filius fuit Dc. 1 Anno 1549 stilo Pisano 1548 sexta mensis Februarii doctoratus: I. U. D.' (Ist wohl ein Bruder des im Nachtrag (S. 181) als No. 2 genannten Hupert. Faber). Erwähnt sei noch, weil zu Köln in naher Beziehung stehend, aus der Paduaner Juristenmatrikel: 1583 Jan. 5: Daniel Paggaeus natione Styrus Germanus (nunc Serenissimi Principis Ernesti Coloniensis ab arcanis consiliis et Frisingensis Cancellarius. I. U. D.). Ueber zwei Dutzend rheinländischer Namen sind auch dem von Stölzel (Entwicklung des gelehrt. Richterthums II 9—21) mitgetheilten Verzeichniss der in Perugia von 1511—1656 immatrikulirten Deutschen zu entnehmen, unter denen wir ein volles halbes Dutzend unserer Paduaner Rheinländer wiederfinden. Auf Gebhardus S. R. Imp. Dapifer haereditarius Baro in Waldburg 1568 prid. Cal. Mart. (Stölzel II 10) sei noch besonders hingewiesen. Endlich erlaube ich mir noch aus der von mir in Modena auf der Biblioteca Estense aufgefundenen Bologneser Juristenmatrikel ergänzend hinzuzufügen: 1553 Dez. 22: D. Guilelm. Stoeck Clivensis dioc. Trai., 1572 Jul. 1: Henricus a Vlatten Iuliacensis dioc. Colon.; 1572 Jul. 1: Bartholom. Panovinius Sumo Clivensis. Dort auch Arnold. a Wachtendonk (s. u. Iuristae No. 83. S. 154) und der in den Acta Nat. Germ. (335, 23) erwähnte Conr. a Schoeler dioc. Colon.

der familiengeschichtlichen Forschung zu Gute kommen, als zur allgemeinen Beurtheilung des Werthes der in den Nationsmatrikeln zu Padua zur Personalgeschichte der deutschen Landschaften enthaltenen Materials dienen[1]).

I.
Matricula Nationis Germanicae Iuristarum.

1. 1550 SS. Laurentius Sifanus ex ducatu Iuliacensi Sleidanus (I. U. D. et Ingolstadii Graecae Linguae Professor, impari coniugio celebris).

Ein nicht unbedeutender, doch bei Jöcher und in der A. D. B. nicht genannter Mann. Nach Hartzheim (Bibl. Colon. f. 218) hat Laur. Sifanus Prunsfeldius seit 1556 im Gymnasium Coronarum in Köln gelehrt und ist 1564 vom Rath der Stadt zum Professor der Geschichte ernannt worden; auch werden daselbst 2 von Sifanus in Köln gehaltene und gedruckte Reden citirt (von 1558 und 1564). Ich bemerke, dass sich der Name des Gelehrten erst 1566 Oct. 8 in der Kölner Matrikel findet („Laur. Sifanus J. U. D. iur. et solv.'). Wichtig ist eine Notiz, die ich den Promotionsakten zu Ferrara entnehme: 1552 Oct. 31: „Hubertus Laurentius Sifanus, patria Sleidanus in ducatu Iuliacensi, filius qu. Huberti Sifani' wird zum J. U. D. promovirt. (Notar. Arch. zu Ferrara). Bemerkt ist dabei: „studuit Senis et Patavii'. Vom October 1568 ab finden wir ihn in Strassburgischen Schuldiensten; er soll Aristotelica und Oedipum Sophoclis lesen. Sein Vetter, der berühmte Strassburger Rektor Joh. Sturm, hatte ihm die Stelle verschafft. Doch schon im October des folgenden Jahres wird er als „Papist' beurlaubt (Protokoll der Schulherren). Wenige Monate später erscheint sein Name in der Ingolstadter Matrikel: 1570 Febr. 5 („Laurentius Sifanus I. U. D. Graecae Linguae Professor vocatus']. Merkwürdiger Weise wurde er auch in Ingolstadt bald in religiöser Hinsicht verdächtig, da er den Eid auf das Tridentinum nur mit dem Zusatz ‚in licitis et honestis' leisten wollte (Prantl, Gesch. d. Ludw. Maximilians-Universität I 274). „Er überstand diese Anfeindungen und las mit grossem Eifer zuerst über Thukydides, Herodot und Pausanias, dann auch über Xenophon und die Grammatik des Gaza, und drung darauf, dass getreu der Verordnung v. 1571 das Griechische als obligate Vorlesung festzuhalten sei; der auch litterarisch nicht unthätige und gewiss förderlich wirkende Mann starb im J. 1579." (Prantl I 334, vgl. II 496 No. 89).

---

1) Es wäre dringend zu wünschen, dass sich irgend eine der vaterländischen Geschichte dienende Gelehrte Gesellschaft entschlösse, den gesammten archivalischen Nachlass der deutschen Nation beider Fakultäten herauszugeben, ev. sollte die Reichsregierung zur Durchführung dieses patriotischen Unternehmens die Mittel gewähren. Auch wäre es endlich an der Zeit, in gleicher Weise die Matrikeln und Annalen der deutschen Nation zu Orléans der deutschen Geschichtsforschung zugänglich zu machen.

2. **1551. Servatius Eick Coloniensis (Cancellarius Osnaburgensis — I. U. D. Ill^mi Electoris Coloniensis a consiliis).**

Servatius van Eick. Wurde 1553 zum Consiliar. Nationis Germ. gewählt, musste aber abtreten, da er nicht in die Rektoratsmatrikel eingetragen war. Sohn des Joh. v. d. Eick und der Johanna van Honseler. Vermählt mit Gudula van Halferen (Fahne I). Erscheint schon 1554 Febr. 1 in Diensten des Bischofs von Osnabrück (Lib. Confr. B. M. Theuton. de anima p. 143), seit 1570 als I. U. D. und Osnabrückischer Kanzler (Buch Weinsberg II 204). 1585 Dr. Servatius Eck (!), Dechant und Vicekanzler (Ennen, Neuere Gesch. d. St. Köln II 203). Kurkölnischer Rath (Lossen, Köln. Krieg 2, 60 f. 108).

3. **1551 WS. Ioannes von der Leyen Treverensis.**

Kurtrierischer Rath 1579 (Lossen, a. a O. 2, 32).

4. **1552. Ioannes Gerardus Comes a Manderscheid.**

Joh. Gerhard Graf von Manderscheid-Blankenheim, Herr in Gerolstein und Bettingen, ältester Sohn des Gerh. v. Manderscheid († 1548) und der Franziska, T. des Joh. Baron v. Montfort, geb. 16. Juni 1536. „In seiner Jugend hielt er sich viel an fremden Fürstenhöfen auf und erwarb sich allgemeine Liebe und Wohlwollen. Kaiser Maximilian II. schätzte ihn sehr, ernannte ihn zum Obermarschall und übertrug ihm im J. 1570 das ehrenvolle Geschäft, seine Schwester Elisabeth, Braut Karls IX. von Frankreich, bis zur französischen Grenze zu begleiten'. † 1611 Oct. 5 auf Schloss Gerolstein. War vermählt mit Margarete, T. des Phil. Franz, Wild- und Rheingrafen zu Dhaun und Kirburg (Schannat-Bärsch, Eiflia illustr. I$_2$ 537 f.).

5. **1552 WS. Ioannes Jeremias ab Oberstein.**

Sohn des Joh. Sifrid. v. Oberstein († 1556) und der Marg. Wilchin von Altzen († 1563). Domherr zu Mainz 1541, resignirt 1553 (Ioannis, Rer. Mogunt. script. II 378) † 1554 (Humbracht tab. 60). — Das genauere Todesdatum ist der 26. Mai 1553, wie aus den Annalen der deutschen Nation hervorgeht, wo es heisst: „Ioh. Ierem. ab Oberstein obiit 1553 Mai 26, cuius funus a tota natione ac Veronensibus et Brixiensibus plerisque conductum ad Eremitanorum coenobium, ubi in monumento communi cadaver religiosissime conditum fuit' (Annal. Nation. Germ. Iurist.).

6. **1552 WS. Andreas ab Oberstein can. eccl. Spirensis.**

Bruder des Vorigen. Domdechant zu Speyer, Propst zu Odenheim. † 1603 Sept., 70 Jahre alt (l. c.).

7. **1553 Aug. 22. Philippus a Nassaw Trevirensis.**

Sohn des kurtrierischen Amtmanns und Rathes zu Oberwesel und Boppard Quirin von Nassau zu Welmich. Er nannte sich Herr zu Spurkenberg, war kaiserl. Rath und kurtrierischer Amtmann zu Welmich, Niederlahnstein, Berncastel, Hunoldstein und Baldenau (Kneschke VI 446). † 1582.

8. **1554 Juni. Albertus Horstanus natione et patria Geldrensis.**

9. **1554. Ioannes Nervius I. U. D. Heresbachius dioc. Coloniensis (postea factus Assessor Spirae, modo amplissimus Rei publicae Argentinensis Advocatus. † Argentinae CIƆ IƆ XC).**

1558 Apr. 1 als Supernumerarius (für den Niederrhein) am Reichskammergericht in Speyer vereidigt, seit 1566 daselbst Ordinarius adiectus; verblieb bis zum 8. Mai 1568 in dieser Stellung. Sein Nachfolger wurde Nic. Gail, (der unter No. 20 genannte) (Ludolf, De iure camerali append. X p. 70. 79. 81). In demselben Jahre (1568) als Stadtadvokat im Dienste der Stadt Strassburg. Erscheint in dieser Stellung von 1569—1580 (in diesem Jahre redet Joh. Sturm den Rath an: ‚tres habetis Iureconsultos advocatos: Lud. Grempium ... doctorem Ioh. Nervium, apud exteros populos legibus eruditum, decem annorum assessorem in Iudicio Camerario et prope totidem annorum advocatum vestrum': Tho. Arch. Strassburg). — Auch sein in Speyer ihm geborner Sohn Johannes war später (1586 Sept. 12) Mitglied der deutschen Juristennation in Padua.

10. 1554 Aug. Ioannes Henricus ab Eltz.

Humbracht und Roth kennen keinen Johann Heinrich, der hier in Betracht kommen könnte.

11. 1555 WS. Heinricus Woelfflin Sarepontanus.

1556 Nov. 30: I. U. D. Bononiensis (‚Enricus Wolffelin Sarbruckensis Germanus': Promot.-Akten im Staats-Arch. zu Bologna).

12. 1557 WS. M. Arnoldus Engelbertus Aquisgranensis (L. D. et Consiliarius).

Studirte in Löwen 1547 (Zeitschrift d. Aach. Gesch.-Ver. VII 143); 1552 Sept. 12 in Köln (‚Arnoldus Engelbrecht Aquensis ad iura'). 1553 in Marburg (‚Arnold. Engelbrecht Aquensis'). 1554 in Leipzig. — Ein Arnold Engelbrecht wird 1559 von den Aachener Protestanten mit Goswin Zevell an den Augsburger Reichstag gesandt, um Fürsten und Stände zur Hülfe zu rufen (Haagen, Gesch. Aachens II 147. 155).

13. 1557 WS. Iohannes Tonner iun. de Sigen (I. U. D. et Assessor in Consilio appellationum).

Wurde 1560—61 zur Vertretung der schottischen Nation von seinen Landsleuten deputirt (‚D. Ioh. Tonner alemannus elector et consiliarius Scottae nationis supplendae 1. Augusti electus, sed cum hic eligebatur et more solito non aderat conventui, Vicentini, qui inimici Germanorum erant, ne eius electio fieret, tumultum inchoarunt, lapidibus adversarios petierunt, quibus D. Tonnerus tactus fuit et tunc statim ceteri scolares Praetori et Praefecto urbis duos Vicentinorum deduxerunt, quorum alter lapides, alter sicam habebat (Andrich, De natione anglica et scota iuristar. univ. Patavinae p. 90). Von Padua ging Tonner nach Bologna, wo er 1562 Apr. 22 in die Rektoratsmatrikel eingeschrieben wurde (Knod i. Zeitschrift f. Kirch. Gesch. XVIII 136); doch wird er bald darauf weiter gezogen sein, da die Mitglieder der deutschen Nation in demselben Jahre wegen Verletzung ihrer Nationsprivilegien durch die Stadtobrigkeit aus Bologna nach Siena und Padua auswanderten.

14. 1558. Balthasar Breyl ex ducatu Iuliacensi.

15. 1558 Juni. Cono ab Homburgk Treuerensis.

Verliess noch in demselben Jahre Padua, um nach Bologna überzusiedeln. Dort wurde er 1559 zum stellvertretenden Vorsitzenden der ‚Deutschen Nation' ernannt. 1560 Mai 22: I. U. D. Bononiensis. Erscheint 1567 Jun. 17 und 1571 Dez. 21 als kurtrierischer Rath und Official zu Coblenz. 1567 Febr. 19 als decan. e. S. Florini Confluent. bestätigt; 1569 auch als Pfarrer in Leiwen (Trier. Diöz.) und in Lütz (Trier. Diöz.) genannt. † 1581 Nov. 25. (Knod, Index biogr. z. d. Acta nat. Germ. univ. Bononiensis S. 213.)

16. 1558 WS. Philippus Christophorus a Soettern (Metropolitanae eccl. Trevir. archidiaconus, cathedr. eccl. Spiren. cantor, Wormat. custos).

Sohn des kurtrierischen Amtmanns Ludw. v. S. († 1517) und der Anna v. Neipperg († 1551). Studirte 1546—50 in Heidelberg. Erscheint seit 1547 als Domherr zu Trier und Chorherr zu Sinzheim: seit 1550 auch als Domherr zu Worms, 1569 Domdechant daselbst; seit 1569 Domherr zu Speyer, 1587 Domsänger daselbst; seit 1572 Dechant zn Sinsheim; 1580 Oct. 19: Archidiac. eccl. Trevir. tit. S. Mauricii in Tholeya. † 1592 Jun. 14. Mit dem gleichzeitigen Trierer Erzbischof dieses Namens nicht zu verwechseln. (Knod a. a. O. S. 537.)

17. 1559 WS. Berteramus Quadt Iuliacensis.

Wird von den Genealogen des Geschlechts v. Quadt (Humbracht, Gudenus, v. Steinen, Schannat-Bärsch, Fahne und in der Stammtafel des mediatisirten Hauses Quadt-Wykradt-Isny tab. VI. 1886) nicht genannt. — 1560 Nov. 15 in Ingolstadt immatr. („Bertram. Quad Montensis sub duce Clivensi nobilis').

18. 1559. Guilelmus Haes Coloniensis († 1569 in patria).

Studierte 1560 Nov. 15 in Ingolstadt („Wilhelmus Has dioc. Coloniensis nobilis'). Aeltester Sohn des kurkölnischen Marschalls und Amtmanns zu Lechenich und Zülpich Wilh. Has zu Conradsheim. Vermählt 15. Nov. 1568 mit Anna, T. des Herm. Winkelhausen zu Calcum und der Maria v. d. Dunck. † vor 28. Febr. 1569. (Strange, Nachrichten über adel. Famil. u. Güter. Cobl. 1879. I. Heft S. 20.)

19. 1559. Gerardus Pastor Coloniensis.

1551 Jun. 7 in Köln eingeschrieben („Gerhard. Pastor Coloniensis ad art. iur. et solv.'). Kurpfälzischer Rath und Kanzler. (Höhlbaum i. Buch Weinsberg II 261 a. 2; Kluckbohn, Briefe Friedrichs d. Frommen, i. Register; Lossen, Köln. Krieg 2, 24. 85. 208).

20. 1559. Nicolaus Geil Coloniensis (J. U. D. clarissimus Camerae Imperialis Assessor).

1568 Mai 8: Assessor am k. Kammergericht zu Speyer (zunächst Ordinar. adiectus, und zwar als Nachfolger des unter No. 9 genannten Joh. Nervius); verblieb bis 1590 in dieser Stellung (Ludolf, De iure camerali append. X p. 81. 91). Neffe und Lobredner des berühmten Andr. Gail. Letzterer hatte ihm das Manuscript seiner „Practicae observationes' vor der Veröffentlichung vorgelegt. (Burckhard, Andreas Gaill Wzb. 1887. S. 21). Fehlt bei Fahne.

21. 1559. Simon Ostermannus Ellerus Mosellanus (I. U. D. Rector scholae Lauingensis).

Studirte c. 1558 in Strassburg, Schüler des Franc. Hottomannus daselbst. 1560 in Bologna. 1571 Jan. 12: Leg. Doctor Basiliensis. Seit 1563 auf Joh. Sturms Empfehlung Rektor des 1561 nach Einführung der Reformation vom Pfalzgrafen Wolfgang von Neuburg zu Lauingen errichteten Gymnasiums. Empfängt 1582 Oct. 15 vom Pfalzgrafen einen Wappenbrief (Knod, Index biogr. S. 391. 92).

22. 1559. Heinricus de Meckenheim Bonnensis.

Stammhaus Meckenheim a. d. Swist im Kr. Rheinbach. 1556 Jun. 29 in Wittenberg („Henr. a Meckenheim Coloniensis'), 1569 Jun. 6 (derselbe?) in **Heidelberg** („Heinr. Meckenheim Coloniensis'). 1574 empfängt Heinrich, Sohn des Gerhard von Meckenheim, vom Abt des Klosters Prüm die Lehen seines Vaters. (Knod a. a. O. S. 340.)

23. 1559. Hermannus Comes in Manderscheydt et Blankenheim.

Aus der Linie Manderscheid-Blankenheim zu Blankenheim. Aeltester Sohn des Arnold Gf. v. Manderscheid und der Marg. von Wied-Runkel-Isenburg. 1588 Oct. 12 in **Ingolstadt** („Herm. Comes a Manderscheidt-Virnenburg et Blankenheim 2 fl.' — ‚Ioh. Cronenburgk dioc. Colon. famulus Comitis a Manderscheyd' [I. U. D. Syndicus Civit. Coloniensis]). 1560 Jul. 12 in **Rom** („Herm. comes a Manderscheydt et Blankenheim, can. metrop. ecclesiar. Trever. et Coloniensis et archid. et can. in eccl. Leod.'; Lib. Confr. B. M. Theuton. de anima p. 151); resignirt seine geistlichen Würden und vermählt sich (1567) mit Juliana, T. des Gf. Philipp von Hanau-Münzenberg, Wittwe des Wild- und Rheingrafen Thomas. **Rath des Kf. Friedrich von der Pfalz, des Hz. Wilhelm v. Jülich-Cleve-Berg und K. Rudolfs II.** Zog sich 1585 nach Blankenheim zurück. ‚Hier lebte er den Musen und machte sich ausgezeichnet verdient um die Denkmale des römischen Alterthums, von welchen er eine Sammlung veranstalte'. † 1604 Jan. 4, ohne Kinder (Schanat-Baersch l. c. I₂ S. 547 ff.).

24. 1560 Sept. Petrus a Halfaren Coloniensis.

Vielleicht Peter von Halveren, der Neffe des Herm. von Weinsberg, der 1577 Mz. 10 als ‚angesehener Bürger und Rathmann' zu Köln starb (Buch Weinsberg II 344. vgl. 290).

25. 1560 Dez. 16. Adamus a Gaelen dioc. Coloniensis (Satrapa Ducis Bipontini).

Sohn des c. 1574 verstorbenen Adam v. Galen aus der Linie zu Muckhausen und der Cathasina v. Anxtel. **Pfälzischer Hofmeister** (Fahne a. a. O. I 108). Wird 1582 mit andern pfalzgräflichen Räthen an das Kölner Domkapitel gesandt (Lossen, Köln. Krieg II).

26. 1561 — Iohannes Cautelius iun. Sigensis.

27. 1561 — Theodoricus Wierius Clivensis (Archisatrapa nobilis Electoris Palatini rei militaris peritissimus L. D.).

Aeltester Sohn des berühmten Kleveschen Hofmedicus Dr. Joh. Wierius, des ersten Bekämpfers des Hexenwahns, Bruder von Nr. 6 und von Nr. 10 (S. 169 der Matr. artist.). 1556 Mai 18 in Köln immatriculirt: Theodorus Wierus I. U. Doctor Bononiae promotus iur. ad iura et nob. ‚Theodoricus ICtus Friderici III Electoris Palatini cognomento Pii Consiliarius et Burggravius arcis Starckenburgicae, multis iisque praeclaris legationibus ad reges Galliae, Angliae, Daniae aliosque principes et respublicas nomine principis sui egregie defunctus' (Wern. Teschenmacher, Elogia p. 213). Vgl. a. Kluckhohn i. Hist. Zts. Bd. IX (1863) Beilage S. 65; Derselbe in Briefe Friedrichs III. v. d. Pfalz, Register; Derselbe in Abhdl. der k. bayr. Akad. d. Wiss. III Kl. XI 189 ff.; Binz in Zts. des Berg. Gesch.-Ver. NF. XI 167; Derselbe NF. XXIV 127; Eschbach in Jahrb. d. Düsseldorf. Gesch.-Ver. I 170. Lossen, Köln. Krieg 1, 273 ff. 303. 314.

28. 1561 Aug. 1. Ioannes ab Harttenstein Mucrsensis.

29. 1561 Sept. 25. Philippus Cerfontanus Montensis.

30. 1563 Oct. 28. **Martinus a Craufft cogn. Creudener Coloniensis.**
    1572 Mz. 18 Dr. Martin v. Kruft gen. Krudener zum Hirtz auf der Bach Kirchmeister zu St. Jacob (Buch Weinsberg II 227), 1581 Schöffe zu Köln (a. a. O. III 90), seit 1582 Jun. 23 im Rath (III 133). Ueber die Familie vgl. Fahne a. a. O. S. 223.

31. 1564 Mai 3. **Gabriel Selius Confluentinus.**

32. 1564 Mai 3. **Ioannes Adamus a Merula Confluentinus.**
    Sohn des 1566 in Ingolstadt immatriculirten (Matrikel) Gabriel Merula (von Merl) Confluentinus und der Johanna v. Echt. † in Köln. (Fahne a a. O. II 93.)

33. 1564 Mai 8. **Ioannes Heresbachius Sicamber (I. U. D. Advocatus Spirensis et Consiliarius Lotharingiae).**
    Ist der im Buch Weinsberg (II 319) erwähnte Dr. Conr. Heresbach, der „sammt seiner Braut" nach Speyer ziehen wollte (1576).

34. 1565 Nov. 24. **Bernhardus Schoell Wesaliensis.**

35. 1565 Nov. 24. **Ioannes a Grain Wesaliensis.**
    Stammt wohl aus der von Robens (der ritterbürtige landständische Adel des Grossherzogt. Niederrhein S. 253) erwähnten Familie Grein. Dort genannt: Joh. Grein und Marg. Ruer, Eheleute (ohne Datum, doch c. 16. Jahrh.). Eine (andere?) Familie Grein v. Rotbenbusch (Hof b. Bettenfeld, Kr. Wittlich) in Eiflia illustr. II$_2$; auch hier erscheint (1572) ein Joh. Greyn v. R. mit s. Frau Barbara, T. des Daem v. Hetzingen.

36. 1567 Nov. 18. **Iohannes Ropertus Coloniensis.**
    Dr. Johann Roperti erscheint 1583 als kurkölnischer Rath. (Lossen, Köln. Krieg 2, 430.)

37. 1568 Nov. 17. **Iohannes Colb Confluentinus.**

38. 1569 Aug. 6. **Antonius Hillessemius Andernacensis.**
    Sohn oder Enkel des Ausgangs des 16. Jahrh. blühenden Lud Hilleshemius Andernacus, der 1561 eine Schrift „De vita sancte instituenda Liber unus" (gedruckt Coloniae 1580) seinen Söhnen Antonius und Petrus widmete (Hartzheim f. 226).

39. 1569 Oct. 4. **Ioannes Gailkircher Iuliacensis (I. U. D. Nunc advocatus inclytae Reipubl. Augustensis. — Advocatus Ducis Bavariae).**
    Trat zu Innsbruck in Erzherzog Ferdinands Dienste. Von dort Oct. 1575 als Extraordinarius Institutionum an die Universität Ingolstadt. 1576 SS. Ingolstadt: Ioannes Gailkircher I. U. D. rector academiae Ingolst. (Matrikel). Schon 1578 wandte er der Universität, einem glänzenden Antrag der Fugger folgend, den Rücken (Prantl, Gesch. d. Ludwig-Maximilians-Universität I 314). 1607 Mitglied der von Herzog Maximilian zur Visitation der Universität Ingolstadt abgeordneten Commission (a. a. O. S. 384).

40. 1569 Nov. 22. **Adolphus Speiess Coloniensis (Iur. Lic. et Advocatus Camerae Imperialis).**
    Aus dem Jülich'schen Geschlecht „Spiess"? Ein Adolf Spies, S. des Amtmanns zu Schönstein Adam Sp. und der Sophia v. Nesselrode, erscheint 1572—75. (Fahne S. 407.)

41. 1569 Nov. 22. **Wilhelmus Hochstetden Iuliacensis.**
   Sohn des Amtmanns und Hofmeisters Werner v. H. zu Grevenbroich und Gladbach und der Kath. v. Hatzfeld. Heiratbete 1581 Lucia v. Hanxler zu Rubrkempen: 7 Kinder (Strange, Beiträge. H. VI S. 68).

42. 1569 Nov. 22. **Goswinus Hydagenius Montanus.**

43. 1569. **Guilelmus ab Eluerfeldt ex dioc. Coloniensis.**
   Gehört mit seinem Bruder Christoph (No. 44) eigentlich nach Westfalen. — S. des Schotte v. Elverfeld zu Gerbede, Langendreer, Hervene und Oberkemer. 1571 Domherr zu Münster und Vitzdom, Propst zu Berkum. (Fahne, Westfäl. Geschl. p. 154.) † 1611 Aug. 9. (v. Steinen, Westfäl. Gesch. III 1513.)

44. 1569. **Christophorus de Elnerueldt, ambo fratres.**
   1591 Domherr zu Münster. † 1605 Apr. 3 als Domcantor (a. a. O.).

45. 1570. **Ioannis Philippus Staudt Treverensis.**
   Sohn des kurtrierischen Geh. Raths Michael Staudt († 1561). Kurtrierischer Rath zu Coblenz; vermählt mit Josina, T. des kurtrierischen Kanzlers Joh. v. Wimpfeling. † 1598 Jan. 27 zu Coblenz. (Fahne, Köln., Jülichsche u. s. w, II 145.)

46. 1570 Nov. 12. **Petrus Quentelius Coloniensis (Assessor Spirae).**
   Studirt 1574 Jan. 4 in Köln („Petrus Quentelius Coloniensis ad iura iur. et solv.'). Sohn des Kölnischen Senators Joh. Quentel und der Sophia Birckmann. I. U. Lic., Assessor am Kais. Kammergericht zu Speyer von 1578 Jun. 2 bis 1592, für Kur-Köln (Ludolf, de iure camerali append. X p. 87. 91) und kurtrierischer Rath. Vermählt mit Kathar. v. Maes: 5 Kinder. (Fahne.)

47. 1572 Febr. 28. **Paulus Gartzwilerus Iuliacensis.**
   Ein älterer Träger dieses Namens erscheint 1533 in Aachen (v. Fürth, Aachen. Geschl. II₂ 118). Ein ‚Georg Gartweillerus Iuliacensis', später Rath K. Rudolfs II, ist 1576 Nov. 3 in Ingolstadt immatrikulirt, ein Petr. Gaertzweiler Monast. Eifliae 1579 Oct. 17 in Köln.

48. 1573 Jan. 1. **Hermannus ab Haess Iuliacensis.**
   1569 Mai 27 Ingolstadt („Hermannus Haess Iuliacensis nobilis ½ fl.').
   † 1578. (Fahne, Köln., Jülichsche Geschl. I 129.)

49. 1573 Jan. 1. **Arnoldus ab Haes, fratres germani.**
   Herr zu Turnich, Vrechen und Bell. Vermählt mit Agnes Ketteler von Nesselrode. † 1591. (Fahne, I 129.)

50. 1573 Jan. 10. **Ioannes Fridericus Reichwein Treverensis.**

51. 1573 Apr. 26. **Arnoldus Comes in Manderscheit et Blanckenheim Dominus in Junkeroedt.**
   Jüngster Bruder von No. 4, geb. am 12. Juli 1546. Domherr zu Köln, Trier und Strassburg, 1575 Coadjutor des Abts Christoph zu Prüm. Machte sich in den Truchsessischen Wirren um das Erzstift Köln besonders verdient (1583). Da sein Bruder Hermann ohne Nachkommenschaft blieb, resignirte Arnold 1603 seine geistlichen Würden und vermählte sich (1604) mit Maria Ursula, T. des Gf. Emicho von Leiningen, Türkheim und Dagsburg: 2 Kinder. † 1604. (Schannat-Baersch I₂ 549)

52. 1573 Oct. 21. Wilhelm Ross Coloniensis.
Stiefsohn des Herm. Weinsberg. 1566 Nov. 1 in Köln immatrikuliert („Guilhelm. Robss Coloniensis ad gradus iur. ad art. et solv., quamvis tempus suum ante intitulationem non compleverat, sed quia ignorantiam nostri mandati et alias honestas causas allegaret non potui illi inscriptionem denegare': der Rektor). 1567 Mz. 12: bacc. art. (Buch Weinsberg II 162); 1571 Jun. 21: bacc. iur. (II 218); 1572 Nov.: lic. in iure (II 252). ‚1573 d. 11 September ist mein son Wilhelm Ross mit noch 3 Colnischer Kinder, Haickstein [s. d.], Pastoir [s. d.] verreist zu pferde alle feir, eirst uff Frankfort und von da in Italien... sin meinung war uff Paduam bei Venedich zu reiten' (II 262). Er schreibt 1574 November aus Padua, dass er beabsichtige, nach Bologna und Rom zu reisen. 1575 Neujahr weilt Wilh. Ross Leg. Lic. in Rom (II 290), im Mai desselben Jahres ist er wieder in der Heimath. 1581 Jun. 10 wird der Lic. Ross ‚generalis Commissarius des churfursten van Coln, das er das gericht im Haif Coln in der Drankgassen duck besass und commissiones hatte' zum Rathsherrn des Schwarzenhauses gewählt (III 93).

53. 1573 Oct. 21. Iohannes Pastorius Coloniensis.
1568 Mai 29 in Köln immatrikulirt („Johannes Pastoir'). War Pfarrer zu St. Cunibert in Köln. (Ennen, Neuere Gesch. d. St. Köln II 252).

54. 1573 Oct. 21. Antonius Volquini Coloniensis.
1567 Aug. 7 in Köln („Antonius Volcquin Coloniensis iur. ad art. et s.'). 1573 mit Ross [s. d.] nach Italien.

55. 1573 Oct. 21. Wilhelmus Haickstein Agrippinas (Coloniae Doctor iuris promotus et nunc eiusdem Reipublicae Syndicus).
1571 Jun. 21: bacc. iur. in Köln (Buch Weinsberg II 218), zugleich mit Wilh. Ross [s. d.], den er 1573 nach Italien begleitet. 1578: I. U. D. Coloniensis (Weinsberg III 2). 1582 Dez. 31: venerabilis et consultiss. D. Wilhelm. Haickstein Coloniensis, I. U. D., rector academiae Coloniensis (continuatus in rectoratu 1583 Mz. 23 u. Jun. 24: Matrikel). 1585 Sept. 30: Doctor Wilh. Haickstein zum Bock in der Neuwergassen zum Syndicus der Stadt Köln gewählt (Buch Weinsberg III 2; Ennen erwähnt schon 1583, dann 1599 und 1611 einen Dr. Wilh. Hackstein als Syndicus der Stadt Köln: II 199. 304. 523). Bei Lossen (Köln. Krieg 2, 132) erscheint ein Dr. Wilh. Hatstein, Rechtsgelehrter zu Köln, ‚wohl identisch mit dem spätern Syndicus des Kölner Raths Dr. Wilh. Hackstein'. — Fahne (S. 29): Wilh. Hackstein I. U. D., Bürgermeister zu Köln 1608—20. † 1623 Jun. 20. Er hinterliess einen Sohn gleichen Namens I. U. Lic., von Fahne als ‚Syndicus des Senats und Stimmmeister' bezeichnet, der 1640 Aug. 25 das Zeitliche segnete.

56. 1574 Mz. 6. Petrus Kannengiesser Agrippinas.
Fahne erwähnt 3 Träger dieses Namens um die genannte Zeit: 1. Peter, S. des Peter (c. 1566), 2. dessen Sohn Peter can. S. Severini, 3. Peter, S. des Johann, Neffe des vorigen. Der Letztgenannte ist wohl der Gesuchte, ‚Junker Peter Kannengiesser, ein jonger gesel, der lange in Italia zu Padue, Bononien und Rom studeirt und sich versoicht'. † 1578 Jul. 27 in Köln an der Pest (Buch Weinsberg III 14).

57. 1574 Dez. 2. Cyprianus Lyresius Embricensis Clivensis.

58. 1575 Apr. 29. Theodorus et Melchior Widichii Colonienses, fratres germani.
Dietrich (!) Wedigh, älterer S. des Kölnischen Senators Herm. Wedigh und der Sophie Horners. Sass gleichfalls im Senat der St. Köln, trat dann

in den geistlichen Stand und erlangte ein Kanonikat an St. Gereon (Fahne S. 445).

59. 1575 Apr. 29. Melchior Widichius (v. Nr. 58).
Jüngerer Bruder des vorigen. 1570 Oct. 19 in Köln immatrikulirt („Melchior Widdich Coloniensis ad art. iur. et sov.'). Später Jesuit (Fahne).

60. 1575 Mai 4. Otto Kemperus Popardiensis.

61. 1576 Jun. 8. Eberhardus Im hoff condictus Coloniensis (obiit a° 1579).
1560 Mai 2 in Köln immatr. („Euerhardus ym Hoeff ad art. iur. et solv.').

62. 1578 Apr. 19. Antonius Gogreve Germanus[1]).

63. 1578 Nov. Cono Baro in Winnenburgh et Beyhelstein.
War kurz vorher in Bologna, wo er 1577 Mai 11 in die Rektoratsmatrikel eingeschrieben wurde: „Cuno Baro in Winnenburgh Alemanus' (Zs. f. Kirch. Gesch. XVIII S. 138 Nr. 85). — Sohn Philipps (I) von Beilstein-Winneburg und der Gfn. Barbara von Ritberg. Kurköln. Rath und Amtmann zu Medebach. 1583 Dez. 16 Präsident des Reichskammergerichts. (Ludolf l. c. append. X 88). Vermählt: 1. mit Anna v. Virmund, Erbin von Nordenbeck, Witwe des Gf. Heinr. v. Waldeck (kinderlos), 2. mit Gfn. Philippa Sidonia v. Manderscheid-Gerolstein (kinderlos) (Schannat-Bärsch II₂ 438). Wohl identisch mit dem 1579 als Münsterischer Domherr genannten Kuno v. Winneburg (Lossen, Köln. Krieg 1. 681. 684).

64. 1578 Dez. 10. Nicolaus ab Harff Iuliacensis (obiit in duello).
1578 April 18 Ingolstadt („Nicolaus Harff Iuliacensis dioc. Leod. iuris studiosus nobilis'). Nic. v. Harff, Herr zu Niederaussem, Mitherr zu Landscron, Domherr zu Lüttich. † 1608 (Fahne 1 139; Strange, Beiträge H. II 29).

65. 1879 Febr. 23. Leonardus Gailkircher Iuliacensis.
1566 Oct. in Köln („Leonard. Gelenkirchen Aquensis ad art. iur. et solv.'). 1576 Nov. 3 unter dem Rektorate des Joh. Gailkircher (vgl. Nr. 39) in Ingolstadt immatrikulirt („Leonard. Gailkircher iur. stud.'). 1584 Mz. 16 in Perugia („Lonard. Gailkircher Iuliacensis': Stölzel, Gelehrt. Richtertum II 12).

66. 1579 Mz. 8. Lotharius a Metternich Trevirensis (electus in Episcopum Trevirensem 10. Juni 1599).
S. des Hans v. Metternich, Herrn zu Vettelhofen. 1567 Mai 19 in Köln immatr. („Lotharius a Metternich iur. ad art. et solv.'). 1577 Oct. 30 i. Perugia („Lothar. a Metternich Trevirensis': Stölzel, Gelehrt. Richterthum II 11). Domherr zu Trier und Münster. 1599: Erzbischof von Trier (Humbracht tab. 257).

67. 1579 Mz. 8. Hermannus a Nickendich Trevirensis.
1577 Oct. 30 mit Lothar v. Metternich in Perugia („Herm. a Nickendich Trevirensis').

---

1) No. 62 fällt weg, da er in der Heidelberger Matrikel, wie ich soeben sehe, 1577 Jun. 29 als Anth. Gogreve Schauenbergensis erscheint.

68. 1579 Mz. 26. Heinricus Mirbach Iuliacensis I. U. D.

Es giebt verschiedene Geschlechter dieses Namens (Fahne). 1566 Apr. 27 ist ein Henr. Mirbach Sitthardiensis (ad art. iur. et solv.) in Köln immatr., wohl derselbe, den wir 1577 Jun. 10 (Henricus a Mirbach Iuliacensis) in Ingolstadt als Präceptor der jungen Barone von Madrutsch wiederfinden.

69. 1579. Dez. 16. Gotfridus Fabricius Iuliacensis (nunc I. U. Doctor publice creatus Paduae die 13. Sept. 1580).

70. 1580 Apr. 29. Iohan Mausgen Agrippinas.

Vielleicht der von Herm. Weinsberg als sein „neif" erwähnte D. Joh. Muisgin 1586 Jul. 29 (Buch Weinsberg III 343).

71. 1580 Nov. 25. Conradt Hagk Iuliacensis (Licentiatus Coloniae promotus).

72. 1581 Jul. 29. Sigfridus Dolz Wetzflariensis (I. U. D. Superioris Hassiae Cancellarius).

73. 1581 Nov. 26. Petrus a Monheim Coloniensis.

1570 Nov. 3 und 1579 Oct. 6 ist in Köln ein Petr. Monhemius Coloniensis in der artistischen Fakultät immatrikulirt. Fahne (I 290) erwähnt einen Peter v. Monheim, S. des 1567 verstorbenen Peter v. M. und der Anna v. Nell († 1576). Bärsch (Eiffl. illustr. II₂ 67) hat ausser diesem älteren Peter v. M. keinen weiteren Vertreter des Geschlechts gefunden.

74. 1581 Dez. 2. Iohannes Eberhardus Roeth de Wanscheidt Rhenanus.

75. 1582. Asverus Ströyff ex Ducatu Cliviae Embricensis I. U. Lic.

1569 Oct. 2 Köln („Assverus Streuff Embricensis iur. ad art. et solv.').

76. 1582 Oct. Iohannes a Bronckhorst et Batoborch Liber Baro in Gronsuelt et Rymborch, Dominus in Alpen.

Ist wohl Johannes II Graf zu Bronchhorst und zu Gronsfeld, Grossvater des Otto Wilhelm (Nr. 234). War vermählt mit Sibylla, T. d. Gf. zu Eberstein. † 1617 (Hübner tab. 44).

77. 1582 Nov. 5. Henricus Andreae Sittardt Germanus patria Coloniensis.

78. 1583 Apr. 3. Wernherus Brewer I. U. Lic. Düsseldorpius sua se manu inscripsit.

Besuchte unter Joh. Monheim und Franc. Fabricius das Gymnasium zu Düsseldorf. ‚Quia a prima aetate ad bonas litteras perdiscendas ferebatur, earundem fundamentis avido haustis, quia res angusta domi obstabat nobilissimorum iuuenum factus est Ephorus eaque occasione Galliam et Italiam cum iis adiit et artibus studium iuris et aequi scientiae coniungendo tantos in eo progressus fecit, ut sacrarum legum Licentiatus renunciatus domum redierit. Postmodum in iuris praxi se aliquamdiu in dicasterio Imperiali Spirae exercens hinc ab Arnoldo Benthemico Tecklerburgico Steinfurtensi Comite ad Cancellarii dignitatem vocatus est, in quo munere magno cum Comitis et Domini sui fructu sua vero laude eximia ad finem usque vitae versatus est'. (Teschenmacher, Elogia p. 178).

79. **1583 Oct. 6. Iohannes Pastorius Aquensis.**

1580 August 27 in Köln („Iohannes Pastorius Aquensis ad art.') 1586 als Kanonikus in das Münsterstift zu Aachen aufgenommen; resignirt 1590 (v. Fürth, Beitr. u. Material. z. Gesch. d. Aach. Patrizierfamil. II$_2$ 135).

80. **1583 Oct. 8. Franciscus Iacobus de Flade in Schoenenberg ex Electoratu Trevirensi scripsi a° 83 ex Gallia veniens mense Octobri.**

81. **1583 Nov. 2. Amandus Rudenscheidt Clivensis.**

82. **1585 Nov. 14. Iohannes Guilelmus a Wachtendunk.**

Herr zu Hulhausen, fürstl. Cleve'scher Rath und Amtmann zu Cranenburg 1605 Nov. 7 (Scholten, Stadt Cleve S. 377).

83. **1585 Nov. 14. Arnoldus a Wachtendunk.**

1579 Oct. 7 in Köln immatr. mit Wessel. a. Loë. („Arnold Wachtendunck et Wenceslaus(!) a Loë natione Clivenses fratrueles nobiles et quia minorennes non iuraverunt sed pedagogus spopondit pro eis'). 1588 Apr. 6 in Bologna („Rd. D. Arnoldus a Wachtendonck Aleman. Clivensis can. eccl. cathedr. Leodiensis'). 1600 Nov. 20 in Rom („Arnold. a Wachtendunck Praepositus Xanctensis et cathedr. apud Leod. eccl. can. tertio in Italiam, secundo vero Romam veniens Serenissimae suae Celsitudinis Ernesti Bavar. Principis Electoris Coloniensis apud s. Sanctitatem Legatus ...': Lib. Confr. B. M. Teuton. de anima p. 197). — Arnold. Baro de Wachendouck ex Germensel decan. Leodien. praepos. Wissel. can. Hildeshem. et archidiaconus 1615 (Scholten a. a. O. S. 377. 78).

84. **1585 Nov. 21. Wesselus a Loë et Balthasar a Loë germani fratres ex Ducatu Clivensi zu Wissen.**

Mit Arn. v. Wachtendunk 1579 in Köln. „Secundus Wesselus Francisci filius, a puero bonis litteris enutritus in Galliam et Italiam missus est, redux vero Camerae Rationum Ducatus Cliviae et Comitatus Marcani a Iohanne Wilhelmo Cliviae Iuliae Montium Duce praefectus antiquitates diligenter indagavit et excoluit patrias. Uxor Sophia Haesia Degenhardi Domini in Conratsheim filia et haeres, ex qua filius unicus et haeres Degenhardus superest' (Teschenmacher p. 89). † 1625 (Fahne) vgl. a. Robens a. a. O. II 18 ff.

85. **1585 Nov. 21. Balthasar a Loë** (v. No. 84).

Bruder des vorigen. † 1603 in Siebenbürgen (Fahne).

86. **1585 Nov. 21. Franciscus von Hycn I. U. Licentiatus praedictorum fratrum Praeceptor ex Ducatu Geldrensi.**

87. **1586 Jan. 31. Hermannus a Dhaun.**

Sohn des kurfürstl. Trierischen Amtmanns zu Daun und Neuerburg Wilh. v. Daun und der Anna Schenk v. Schmittburg. Domherr zu Worms 1572. † 1605 Jul. 31 (Humbracht tab. 126).

88. **1586 Apr. 13. Christianus Arck ex diocesi Coloniensi oriundus huic Germanicae Nacionis Matriculae nomen suum inseruit a° 86. 13ª Aprilis in testimonium manu ppr.**

Aus dem Kölner Patriciergeschlecht v. d. Arck, das im 16. Jahrhundert erloschen sein soll? (Fahne I 7. 8. II 2). 1620 Christi. Arck, Protonotar in Köln (Annal. d. hist. Verf. f. d. NRhein 5, 222).

89. 1586 Apr. 13. Hillebrandus Rhadius sub Ducatu Iuliacensi.

90. 1586 Jul. 13. Gerardus Otto a Weyss in Vettelhoven dioc. Coloniensis.

Aeltester Sohn des Otto v. Weiss (vermählt mit Amalie, Tochter und Erbin des Emmerich Kolb v. Vettelhoven, wodurch er Antheil an Vettelhoven und einem Burghaus in Ahrweiler erwarb). Er starb als Amtmann zu Schleiden und hinterliess einen Sohn Phil. Ernst. Besass zwei Höfe zu Vettelhoven (Schannat-Bärsch II$_2$ 376).

91. 1586 Sept. 30. Reinherus ab Horrich Iuliacensis.

1587 Dez. 27 in Perugia („Reinher. ab Horrich Iuliacensis Germanus').

92. 1586 Oct. 24. Petrus Heyman Agrippinas (Professor Pandectarum Heidelbergensis — obiit anno 1602 in itinere cum Heidelberga Coloniam proficisceretur).

1580 Juli in Genf („Petrus Heymannus Coloniensis theol. stud.'). 1585 Dec. 3 in Heidelberg („Petr. Heyman Agrippinas'); 1589 Sept. 1: Doctor Petrus Heymannus Agrippinas ad professionem Institutionum vocatus, inscriptionem 3. Dez. 1585 factam renovavit gratis. 1598 Dez. 20: Petr. Heyman Coloniensis I. U. D. professor ordinarius Pandectarum, Consiliarius Palatinus, omnibus votis Rector Academiae electus. Als im Jahre 1596 die Pest die Professoren vertrieb, verliess auch der Rektor Heymann als einer der letzten (22. Sept.) die Stadt und ging nach Duisburg, kehrte am 14. Mai 1597 wieder zurück und legte sein Rektorat nieder (Töpke, Matr. d. Univ. Heidelberg II 187. a.). Hautz (Gesch. der Universität Heidelberg II 146) schreibt wunderlicher Weise: „Peter Heymann von Anhalt-Bernburg 1598—1626' (!).

93. 1586 Oct. 24. Petrus Wulffraedt Agrippinas.

1574 Mai 19 i. Köln immatr. („Petrus Wulffraidt Coloniensis ad art. iur. et solv.').

94. 1586 Oct. 24. Petrus Schneidanus Mosellanus.

1586 Mz. 24 in Köln („Petrus Schneidanus Cochemius ad iura')

95. 1587 Mai 26. Eduardus Suderman Agrippinas.

96. 1587 Oct. 6. Ludovicus Fabritius Iuliacensis.

1574 Sept. 19 in Köln immatr. („Lodov. Fabricius de Derichsweiler ad art.'). 1587 Dez. 27 in Perugia („Ludov. Fabritius Iuliacensis Germanus': Stölzel, Gelehrt. Richterthum II 12). 1603 Sept. 17 in Rom („Ludov. Fabritius Iuliacensis dedit Iulios scx': Lib. Confr. B. M. Teuton. de anima p. 198).

97. 1587 Nov. 18. Hanns Wolff herr zu Eltz.

S. des Hans Adolf, geb. 1566. 1615 Jan. 31 wird Hans Wolf zu Eltz, Amtmann zu Lautern, mit anderen seines Geschlechts vom Kf. Friedrich zu Trier mit dem Burglehen zu Simmern, und am 26. April desselben Jahres vom Kf. von der Pfalz mit 12 fl. im Münchweierthal belehnt. War vermählt (25. Jan. 1593) mit Maria, T. des Phil. v. Dalberg gen. Kämmerer von Worms (9 Kinder).

98. 1587 Dez. 14. Emundus a Ruischenberck Iuliacensis.

Schwer festzustellen, da der Name öfter um diese Zeit genannt wird (bei Robens II 238 kommen 3 Träger dieses Namens vor, doch ohne Jahreszahl). Edmund v. Reuschenberg Herr zu Setterich, Sohn des Johannes v. R. Herrn zu Setterich, Jülichschen Rates und Kanzlers, und der Jolanda, T. des Casp. Huyn v. Amstenrad. Vermählt mit Anna, T. d. Frhrn. Emund von Schwarzenberg(1592), die ihm 5 Kinder schenkte. † 1620 Febr. 21 (v. Steinen, Westphäl. Gesch. III. Stück S. 1119). Ist wohl identisch mit Edmund v. Reuschenberg zu Setterich, Gouverneur zu Jülich, spanischer Oberst und Jülich'scher Marschall † 1620 (Annal. d. Ver. f. d. Gesch. des NRheins 45, 146 anm. 1).

99. 1588 Mai 10. Bartholomeus Sarburg Trevirensis.

100. 1588 Mai 11. Ioannes Rulandius Aquisgranensis.

Aachener Familie (Ztschr. d. Aach. Gesch.-Ver. V 222). Ein Joh. Ruland, Rathschreiber in Aachen 1583 (a. a. O. X 236). Auch 1625 ein Joh. Ruland dort genannt (X 54).

101. 1588 Mai 11. Rudegerus Rulandius Aquisgranensis.

102. 1588 Nov. 2. Conradus Unkell Coloniensis.

103. 1589 Apr. 2. Melchior Gail Ubius.

Bei Fahne (Gsch. d. Köln. Geschl. I 107) erscheinen um diese Zeit nicht weniger als 3 Träger dieses Namens. Es kommen indessen nur in Betracht: 1. Melchior G., S. des Kölner Bürgermeisters Phil. Gail, geb. 1566 Apr. 30. Bürgermeister. Vermählt mit Anna v. Beywegh. † 1631 Jan. 7. 2. Melchior G., Sohn des berühmten Andreas Gail, geb. 29. April 1568, † 1629 als Senator in Köln. Beide haben einen Bruder Caspar. Ist der bei Casp. Gail (Nr. 104) al. m. gemachte Zusatz ‚can. Aquensis' richtig, so haben wir hier diesen 1629 verstorbenen kölnischen Senator vor uns. Jedenfalls ist der hier genannte identisch mit dem 1583 Oct. 25 i. Köln eingeschriebenen ‚Melch. Geil Coloniensis ad art'. (Ein jüngerer Melch. Gail † 1625 Nov. 6 als Student in Siena).

104. 1589 Mai 2. Casparus Gaill Ubius (Canonicus Aquensis obiit).

Wir haben also hier an Caspar, den Sohn des Andreas, zu denken und daher auch den Eintrag der Kölner Matrikel vom 25. Oct. 1583 (nicht den v. 4. Mai 1581) auf diesen Caspar zu beziehen.

105. 1589 Mai 8. Wilhelmus ab Efferen.

3. Sohn des Kurkölnischen Haushofmeisters v. Efferen zu Sechtem und der Anna v. Metternich, geb. 1563. Domherr zu Worms, Dechant zu Wimpfen. 1612: Bischof v. Worms. † 1616. (Schannat-Baersch II; 88 f.; Fahne).

106. 1589 Mai 8. Ioannes Schütz Agrippinas (Procurator Coloniensis).

Vielleicht ist hier an Joh. Schütz, Gerrichtschreiber von (St. Severin, Weyerstrasse, Gereon und Eigelstein zu denken, der 1586 Jul. 21 zum Schreinsschreiber gewählt wird (Buch Weinsberg III 336).

107. 1589 Mai 14. Theodoricus Herll Iuliacensis (Lic. iur. civilis Coloniae promotus).

108. 1589 Mai 14. Zachaeus ab Horrich Iuliacensis (Lic. iur. civilis Coloniae promotus).

1587 Mai 6 Köln (‚Zachaeus Horich Iuliacensis ad art'.); 1591 Aug. 12 wieder in Köln (‚Zachaeus ab Horrich ad iur. iuravit'). 1611 wird Zacha-

rias ab Horrig Iurium Licentiatus zum Official des Erzbischofes von Köln ernannt (das Erneuerungsdekret dd. 1611 Sept. 30 bei v. Mering, die hohen Würdenträger der Erzdiözese Köln S. 74 f.). War auch Domherr zu Köln, Chorherr und Scholasticus an St. Gereon daselbst und kf. Rath.
† 1633 Anfang des Jahres (Bianco, Universität Köln II 306; Fahne S. 174).
— Er scheint auch an der Universität gelehrt zu haben, verwaltete wenigstens von 1617 Dz. 20 ab das Rektorat („D. Zachaeus ab Horrich I. U. D. insignis collegiate eccl. St. Gereonis Colon. scolast. et can., Curiae archiepiscopalis Officialis et Ser$\underline{mi}$ Coloniensis Electoris Consiliarius').

109. 1589 Mai 23.   Iohannes Mertloch Boppardiensis.
110. 1589 Mai 23.   Henricus Crufft Iuliacensis.
111. 1589 Jun. 8.   Philippus Christophorus a Söttern iunior.

Ich wage nicht zu entscheiden, ob wir hier den bekannten Trierer Erzbischof (1623—1652) dieses Namens vor uns haben. Ueber diesen vgl. Jos. Baur, Philipp v. Sötern, geistl. Kurfürst zu Trier und seine Politik während des dreissigjährigen Krieges. Bd. I. Speyer 1897. S. 43: „Er hatte sich diese Jahre hindurch namentlich dem kanonischen und civilen Rechte zugewendet, auch in den alten und neuen Sprachen ziemliche Kenntnisse angeeignet, die er jetzt durch längere Reisen in Frankreich und Italien erweiterte." Vgl. S. 183 Anm.

112. 1589 Oct. 31.   Wilhelmus Sturio Ruyordanus Clivensis (I. U. Doctor Basiliae summa cum laude creatus).

1584 Aug. 26 in Heidelberg imm̃atrikulirt („Wilhelmus Sturio Düsburgensis in Belgia sub duce Clivensi').

113. 1589 Oct. 31.   Peregrinus Fabritius (obiit Romae).

1578 Jan. 8 in Köln („Peregrinus Fabritius Düsseldorpiensis ad art.').

114. 1589 Oct. 31.   Simon Engelbrecht Aquisgranensis.

1586 Sept. 12 in Heidelberg („Simon Engelbrecht Aquisgranensis' — mit seinem Bruder Johannes und seinem Vetter Justinian. E.). Ohne Zweifel ein Verwandter von Arnold Engelbrecht (Nr. 12). — Ein Simon Engelbrecht (sein Vater?) wird 1581 von der protestantischen Partei zum Bürgermeister der Stadt Aachen gewählt (Haagen, Gesch. d. Stadt Aachen. II 170); auch 1593 erscheint daselbst ein Simon E. als Bürgermeister (v. Fürth, Aachen. Patrizierfam. II$_2$ 147; Zs. d. Aach. Gesch. Ver. X 205), wird 1602 von den kurkölnischen Commissarien zu 4000 Rthlr. Strafe verurteilt (Haagen II 197).

115. 1590 Jun. 19.   Theodorus a Meuthen Iulianus.
116. 1590 Aug. 24.   Ioannes Crudener Coloniensis.
117. 1590 Aug. 30.   Arnoldus Crudener Coloniensis.

1583 Mai 8 in Köln immatr. („Arnoldus Kruidener Coloniensis ad art.'). „Arnold Krufft dict. Crudener Coloniensis promotus art. et philos. Licentiatus e Gymnasio Tricoronato 1585 Fbr. 26, J. U. Doctor, Patritius et Senator Coloniensis.' Er übersetzte aus dem Italienischen ins Lateinische: Confessio beatissimae Virginis Mariae, in qua mater dolorosa invitat clientes suos ad pias considerationes septem praecipuorum dolorum, quos ipsa pertulit, divisa per septem heldomadae dies. Coloniae typ. Petr. Metternich. (Hartzheim, Bibl. Colon. f. 24).

118. 1590 Sept. 3.   Philippus Dietrich graff zu Manderscheitt (mortuus Patavii cum totam Italiam cum fidelissimo suo

adiuncto D. Bernardo ab Neuenhofen perlustrasset XXVI Octobris circiter horam 21 a° 90). Vgl. S. 133 Anm.

119. 1590 Oct. 17. Gebhardus Hassel Coloniensis.

120. 1590 Oct. 24. Guilielmus Mockelius Marcoduranus.
1582 Oct. 27 in K ö l n („Guilielmus Mockelius Marcoduranus ad art. iur. et solv.'). — Wilhelm Mockel zu Veldenstein. Erscheint seit 1592 als Schöffe zu Düren, von 1618—1640 als S c h u l t h e i s s (Annal. h. V. NRhein 64, 315. 321. 326 u. ö.). Wohl ein Sohn des Dr. Phil. Mockel daselbst.

121. 1590 Oct. 24. Andreas Oberstein.
† ledig 1592 (Humbracht tab. 60).

122. 1590 Oct. 30. Ioannes Louwerman Clivensis.
Wohl ein Sohn des aus Emmerich stammenden Lic. Iuris Joh. Louwermann, Propst zu Cleve († 1589 zu Cleve), von dem Teschenmacher (Elogia p. 195) berichtet: dignitate hac (sc. praepositura) relicta animum ad conjugium adiecit, a Wilhelmo vero Duce in consiliariorum prudentiorum numerum cooptatus. — Studirte 1581 Mai 1 in K ö l n („Iohannes Lowerman ad art.').

123. 1590 Nov. 1. Dietrich von Loë.
Vielleicht Dietrich, ältester Sohn des Dietrich v. Loē zu Dornenburg und der Mettilde Erbin zu Loë (Fahne).

124. 1591 Mz. 7. Iohannes Erhardus Neuphart Crucinacensis.
1586 Dz. 19 H e i d e l b e r g („Ioh. Erhard. Neuphardt Crucinacensis').

125. 1591 Nov. Andreas Schweigeler Euskirchius Ducatus Juliae provincialis.

126. 1593 Apr. 5. Henricus Pastor Aquisgranensis.
Studirte c. 1583—89 im Colleg. Germanicum-Hungaricum zu Rom (Zs. d. Aachen. Gesch. Ver. XVII 253). Wurde 1590 Oct. 5 als Canonicus des Münsterstifts zu Aachen aufgenommen (v. Fürth a. a. O. S. 135).

127. 1593 Apr. 5. Iohannes Closs Clivus.
1576 Sept. 26 in Köln („Ioh. Closs Zantensis ad art.' — mit Adolf Closs). 1580 Oct. 19 in I n g o l s t a d t („M. Ioh. Clossius Xanctenses iur. stud.' — mit M. Adolf. Clossius iur. stud.). — Ioh. Clossius Leg. Doctor et Consiliarius Ducatus Clivensis gravissimus, Sohn des 1581 verstorbenen Henr. Clossius Quaestor Clivensis, Neffe des 1585 verstorbenen Adolf Clossius, über welchen Teschenmacher, Elogia p. 159 zu vergleichen.

128. 1593 Mai 14. Iohannes Dussel Coloniensis.
1589 i. H e i d e l b e r g („Ioh. Dusselius Coloniensis'). Nach den von v. Fürth (II₈ 57 ff.) gegebenen Nachrichten über die Familie nicht festzustellen. Vielleicht ein Sohn des 1585 verstorbenen (Buch Weinsberg III 262) vielgenannten (Ennen, Neuere Gesch. II Register) Syndicus der Stadt Köln Dr. Joh. Dussel.

129. 1593 Mai 14. Marcus Rogeau Wesaliensis.
Dürfte identisch sein mit dem 1589 Apr. 23 in Heidelberg eingeschriebenen Marcus Rogeau F r a n c o f u r t e n s i s.

130. 1594 Jan. 22. Daniel Patricius Trarbacensis.

Sponheimische Beamtenfamilie Patrick. 1590 Jul. 5 in **Heidelberg** („Daniel Patrick Trarbacensis"). 1593 Jun. 23 in **Genf** („Daniel Patricius Thrarbacensis"). 1601 und 1604 als **pfälzischer Landschreiber** in Trarbach erwähnt (Kirchenbuch; Rhode, Progr. 1788. S. 27).

131. 1594 Nov. 13. Eberhardus Werll Confluentinus.

Um die genannte Zeit erscheinen zwei Träger dieses Namens: 1. Everhard W., fürstl. Fuldischer Rat 1602, S. des Joh. Werll und der Cathar. Moir von Heilbronn, 2. Everhard, Sohn des Trierischen Hofraths Michael W. zu Coblenz und der Anna Maria von Merl (Fahne I 449).

132. 1595 Oct. 4. Iohannes Holtmannus Coloniensis.

1586 Mai 18 in **Heidelberg** („Iohannes Holtmannus Coloniensis iniuratus propter aetatem" mit Joh. Isaac [s. d.].

133. 1597 Jul. 3. Wilhelmus Gulicher Eschweileranus Menapius.

134. 1598 Mai 3. Iohannes Wilhelmus Comes in Wieda.

Schwer festzustellen, da um die genannte Zeit zwei Träger dieses Namens auftreten: 1. Johann Wilhelm sen., Sohn des 1628 verstorbenen Gf. Hermann (I.) und der Gfn. Walpurgis von Bentheim, seit 1584 urkundlich, welchem 1613 Mai 20 im Wied'schen Stammverein die s. g. niedere Grafschaft zufiel. Vermählt mit Magdal. Gfn. v. Handeck. † 1633 Jan. 2. 2. dessen Sohn Joh. Wilhelm iun., Hauptmann einer Compagnie des Solmsischen Regiments in schwedischen Diensten. Fiel im Sept. 1632 vor Nürnberg (Stammtaf. des mediatis. Hauses Wied 1884).

135. 1598 Mai 17. Ioannes Mockelius Marcoduranus.

1592 Oct. 18 in **Köln** („Ioannes Mockelius Marcoduranus"). 1640 erscheint Joh. Mockel zu Veldenstein als **Schöffe** zu Düren, von 1655—1681 als **Schultheiss** zu **Lendersdorf** (Annal. d. hist. Ver. f. NRhein 64, 326. 36 u. ö.).

136. 1598 Mai 17. Adamus Mockelius Marcoduranus.

1594 Oct. 28 in Köln („Adamus Mokelius Durensis).

137. 1598 Mai 20. Christianus Haistein Agrippinas.

1586 Oct. 29 in **Köln** („Christianus Haestein Coloniensis ad art.").

138. 1598 Jun. 6. Conradus Gruiserus Agrippinas.

139. 1598 Nov. 6. Iohannes Maurignault Aquisgranensis.

140. 1599 März. Iohan Casimir Grave zu Nassau-Sarbrücken.

3. S. des Gf. Albrecht von Nassau-Saarbrücken zu Ottweiler, geb. 24. Sept. 1577. Erbte mit seinem Bruder Wilhelm die Weilburgischen Lande. Vermählt 1601 mit Elisabeth, Tochter des Mkgf. Georg zu Hessen-Darmstadt. † 1602 Mz. 29 im 25. Jahre, begraben in der Kirche zu Weilburg (Köllner, Geschichte des vormaligen Nassau-Saarbr. Landes S. 305).

141. 1599 Dez. 1. Otto von dem Bongardt Iuliacensis.

142. 1600 Mai 25. Ioannes Theodoricus a Metternich.

Der Name erscheint nicht weniger als 3 mal um die genannte Zeit: 1. Joh. Dietrich von Metternich, S. des kurtrierischen Raths und Amtmanns zu Wittlich Diether v. M., 1600 **Johanniterordensritter**. 2. Vetter des vorigen, S. des Gotthard v. M. (c. 1570) und der Anna v. Pallant. War kurtrierischer Amtmann zu Cochem, Ulmen und Daun. Vermählt mit Marg. Kratz v. Scharfenstein, 3. Hans Dietr. Frh. zu Metternich zu Sintzingen, Bruder des Lothar von M. (No. 66). KurtrierischerRath, Amtmann zu Mayen, verm. mit Anna Freiin v. Dern. † 1625 (Humbracht tab. 253. 254).

143. 1600 Nov. 1. Wilhelmus a Leeraedt ex Ducatu Iuliacensi.

1602 Febr. 7 in Rom („Ego Guilielmus a Leeraedt Iuliacensis dedi aureum'; Lib. Confr. B. M. Teuton. p. 198). — Wilh. v. Leerodt zu Hunstorff, Sohn des Winand v. L. († 1601) und der Maria von Imsterath, von 1613—46 urkundlich. Vermählt (1613) mit Agnes von Hoen zu Hoensbruch (Fahne S. 243; über die Familie auch Robens, d. ritterbürtige Adel II 117 ff.).

144. 1600 Nov. 1. Ludovicus Axer ex Ducatu Iuliacensi.

Ludwig Axer aus Zülpich, seit 1643 Prior des Cisterzienserklosters in Bottenbroich bei Köln, der eine Geschichte seines Klosters (1448—1643) geschrieben hat (abgedr. in den Annal. d. hist. Ver. f. d. NRhein 26, 380 ff.).

145. 1600 Nov. 1. Iohannes Henricus von dem Bongardt ex Ducatu Iuliacensi.

146. 1602 Jul. 7. Henrico de Senheim de Nider Weesell.

147. 1602 Aug. 24. Alexander de Pasqualini Clivius.

148. 1602 Oct. 24. Henricus a Langeln Rhenanus.

Vielleicht Georg Henrich v. Langeln, S. des 1596 verstorbenen Amtmanns zu Wiesbaden Hans Bernhard v. L. und der Maria Dorothea Steffan, heir. Apollonia v. d. Lippe gen. Hahn (Humbracht tab. 165).

149. 1602 Dez. 17. Friederich von Schönburgk Rhenanus.

150. 1603 Jul. 9. Henricus Borman Kessel Dalensis Iuliacus.

151. 1603 Jul. 9. Wennemarus ab Reck in Kemnat a Saxonibus Westphalus.

152. 1603 Jul. 9. Theodorus a Reck Cliviacus.

Teschenmacher (p. 85 sqq.) zählt 4 Theodoricus a Reck auf. Hier haben wir wohl Theodor. (IV.), ältesten Sohn des Clevisch-Märkischen Raths Theodoricus (III.) (auch dieser letztere, gb. 1542, † 1609, hatte in Frankreich, Bologna und Padua studirt) und der Irmgardis ab Hessen vor uns. Vermählte sich (1610 Cal. Febr.) mit Elisabeth a Freitag. „Reckianorum avitum Castrum in Unnensi praefectura possidet hodieque etiamnum utrique tum Unnensi tum Camensi praefecturis in Comitatu Marcano laudabiliter praeest.' — 1600 Mai 27 in Genf („Theodorus a Reck Clivensis' — mit s. Bruder Wilhelm). 1600 Oct. 30 in Heidelberg („Theodorus a Reckh Westphalus non iuratus ratione aetatis').

153. 1603 Jul. 9. Guilielmus a Reck Cliviacus fratres germani.

Mit s. Bruder Theodr. in Genf 1600 Mai 27 („Guilhelmus a Reck Clivensis')

154. 1603 Jul. 18. Iohannes Adamus Knaudt Rhenanus.

155. 1603 Oct. 16. Guilielmus Gras Confluentinus.

156. 1604 Jul. 6. Godefridus Godenaw Agrippinas.
S. des kaiserl., spanischen und bairischen Kriegskommissars Peter von Gudenau und der Hadwig Hagdorn. War vermählt mit Sibilla Wolfrath (Fahne I 122).

157. 1604 Oct. 16. Ioannes Reinhardus a Metternich.
Sohn des kurtrierischen Raths und Amtmanns zu Mayen Hans Dietrich v. M. und der Anna Freiin v. Dern, älterer Bruder von Emerich (No. 166) und Carl (No. 173). Domherr zu Mainz, Trier, Bamberg und Münster, Dompropst zu Mainz, Generalvicar des Bisthums Halberstadt, Propst zu St. Bartholomaeus in Frankfurt und Kaiserl. Rath. † 1642 (Humbracht tab. 254). — 1606 Dz. 11 in Perugia („Ego Iohannes Rheinhardus a Metternich'': Stölzel a. a. O. II 16 No. 134).

158. 1604 Dez. 13. :+: Theodorus a Steinhausen Confluentinus Eques Hierosolymitanus.
1601 Mai 30 in Köln („Theodorus Steinhausen Confluentinus'').

159. 1605 Jan. 20. Ioannes Gymnicus ex Ducatu Clivensi.
S. Johannes (III) Gymnicus († 1596) und der Catharina Fedderhen. † 1634 (Annal. d. hist. Ver. NRhein 30, 55).

160. 1605 Oct. 1. Iodocus Pinchsthorn Agrippinas.
1599 Oct. 31 in Köln immatr. („Iodoc. Pfingsthorn''). „Iodocus Pfingsthorn der Stadt Cöln vornehmer Rathsverwandter, hatte die Absicht, zum Andenken an seinen im J. 1606 verstorbenen Sohn Jodocus eine Stiftung zu errichten'' (Bianco, Univers. Cöln (1850) II 717). „Begraben zu Rom in der Kirche der deutschen Nation, woselbst sein Wappen und Epitaphium'' (Fahne I 331).

161. 1605 Oct. 13. Iohannes Kessel Ubiorum Kempensis.
1608 April als Bibliothecarius Nationis erwähnt.

162. 1606 Mai 11. Antonius Büstorp Agrippinas.

163. 1607 Jun. 19. Guilielmus Schier Agrippinas.

164. 1607 Jun. 28. Seraphinus Henolt Coloniensis.

[165. 1610 Nov. 8. Ioannes Casparus a Ley.]
Ueber das Geschlecht von Leyen vgl. Schannat-Bärsch II; 222 ff. — Sohn des Nassauischen Rathes und Oberamtmanns zu Idstein Hans Chph. v. Leyen und der Cathar. v. Eltz. Vermählt mit Helena Maria v. Stetten. Fiel als kaiserl. Oberstlieutenant vor Wolfenbüttel (Humbracht).

166. 1612 Oct. 26. Emmerich von Metternich.
Bruder von No. 157 und 173. Domherr zu Worms und Paderborn, Dompropst zu Trier. (Humbracht tab. 254) † 1653 Apr. 4 (Brower et Masen, Metrop. Trevir. I 148).

167. 1612 Nov. 8. Iohann Daniel Waghanerus Mosellanus.

168. 1612 Nov. 15. Iohannes Eberhardus Sohn zu Eltz.

Aus der Linie zu Eltz zu Blieskastel und Bodendorf, Sohn des Hans Wolff zu Eltz (No. 97), geb. 1594, lutherisch oder calvinistisch. Kurpfälzischer Rath, als solcher 1619 Juli bei der Kaiserwahl in Frankfurt a. M. anwesend. Machte mit Friedrich v. d. Pfalz den Zug nach Prag mit und folgte ihm 1620 auf der Flucht. Dann in Braunschweigische Dienste, dann gefangen, tritt er als Kanzler in Wallensteins Dienste über. Als Gefangener in Wien, 1635 Mai 12 gegen Urfehde entlassen. Jetzt Badischer Rath und Statthalter zu Durlach, dann Hofmeister der Söhne des Markgrafen Wilhelm, als solcher mit der Yburg bei Steinbach in Baden belehnt (1643 Sept. 14). Zuletzt Kurmainzer Rath, Oberamtmann und Landrichter auf dem Eichsfeld. † c. 1655 (Roth a. a. O. I 405).

169. 1612 Dez. 18. Franciscus Reitzius Clottenus ex Mosella.

Franz Raitz, Herr zu Uelmen, Domherr zu Trier, Sohn des kurkölnischen Erbkämmerers Adolf Sigismund R. und der Maria Cathar. v. Aldenbrück (Fahne).

170. 1613 Apr. 27. Gabriel Mattenclot Dusseldorp. Montensis.

Es gab 2 Träger dieses Namens, wie die Kölner Matrikel zeigt. 1600 Jan. 10 in Köln („Gabriel Mattenclott Ioachimi Mattenclott Iuris Doctoris filius" — mit seinem Vetter Gabriel Mattenclott Nicolai filius u. ihrem Ephorus Theodor. Pielsticker aus Düsseldorf). Hier haben wir wohl den Sohn des Jülichschen und Bergischen auch kf. Brandenburgischen und Pfalz-Neuburgischen Geh.-Raths und Hofgerichtscommissarius Joach. Mattenclott († 1620) vor uns, geb. 30. Oct 1585, † 1656 als Jülich'scher und Bergischer Rath, Referendar und Archivar in Düsseldorf. Verm. mit Catharina Lauffs († 1654): 4 Kinder (v. Fürth II₃ 31). Sein Todestag war der 12. Januar; begraben bei den Kreuzbrüdern (Ferber, Hist. Wanderung durch die alte Stadt Düsseldorf S. 38).

171. 1613 Apr. 27. Rhenerus Rham Bonnensis.

1607 Mz. 7 in Köln („Rheinerus Rham Bonnensis ad ius").

172. 1613 Mai 23. Arnoldus de Beyer Clivensis.

173. 1613 Jun. 9. Carll von Metternich.

Bruder von No. 157 und 166. Domherr, Archidiaconus und Chorbischof zu Trier, Domherr zu Lüttich, † 1636 Nov. 2 (Brower und Masen I 165). Nach Hontheim (Hist. Trevir. III 399a) auch praepos. Aquensis (1633).

174. 1613 Jul. 9. Georg Wolffgang a Schonberg Wesell.

175. 1614 Nov. 15. Bernardus Im Hove Marcodurano Iuliacensis.

1630 Jun. 21 erscheint Bernh. Im Hove J. U. Doctor als Schöffe zu Düren (Annal. d. hist. Ver. f. d. NRhein 64, 324).

176. 1615 Jun. 5. Iohannes Henrich von Elmpt Iuliacus.

Herr zu Elmpt, Sohn des Henr. Adam v. E., Herrn zu Burgau und der Cäcilia v. Bongard. — Vermählt mit 1. Christina v. Frentz (1619) 2. Anna Maria v. Holtorp (Fahne I). [Ein gleichnamiger Neffe des Vorigen, S. des Adolf v. E., Herrn zu Burgau, Oberst und Commandant zu Düren, † 1667, kommt wohl nicht in Betracht.]

177. 1616 Jan. 13. Winand von Heimbach.

1611 Sept. 23 in Heidelberg („Winandus ab Heimbach Bensburgensis"). Vielleicht der spätere Klevesche Kanzler dieses Namens, der (nach Teschenmacher) mit der (nach 1606 geborenen) Anna Marg. a Pottre aus Kleve vermählt war.

178. 1616 Oct. 22. Conrad. de Spina Aquensis.

179. 1618 Aug. 15. Salentinus Comte de Isenburg. Vgl. S. 183 Anm.

180. 1618 Nov. 6. Iohannes Selintz Iuliacensis Euskirchensis.

181. 1619 Mz. 10. Henricus Hattingen Ubius.

Ein älterer Heinr. Hattingen, Schulmeister des Kirchspiels St. Jacob in Köln, erscheint 1569 und 1575. (Buch Weinsberg II 200. 293.)

182. 1619 Apr. 2. Iohannes Ulricus Sohn zu Eltz.

Sohn des Hans Wolf zu Eltz (No. 97), Bruder von Nr. 168, geb. 1600. Vermählt mit Gertrud v. Bilderbeck: 1 Sohn und eine Tochter. (Roth a. a. O.)

183. 1619 Jul. 13. Petrus Lymbourgius Trevirensis I. U. Baccal.

1639 und 1641 erscheint als Rektor der Universität Trier und Mitglied der juristischen Fakultät: Petr. Limburgius L U. D. Protonotarius apostol. ad S. Simeonem Trevir. canonicus et thesaurarius, Curiae archiep. Sigillifer. (Hontheim, Hist. Trevir. III 445a. 1032.)

184. 1619 Nov. 18. Ioannes Welther Trevirensis.

185. 1622 Mai 14. Lotharius Schneit von Coblentz Rhe.

186. 1623 Apr. 16. Arnoldus Meller Iuliacensis.

187. 1623 Mai 12. Paulus Romerus Aquisgranensis.

188. 1623 Jun. 2. Petrus a Bulderen Coloniensis.

1619 Mai 9 Köln („Petrus Bulderen Coloniensis").

189. 1623 Oct. 28. Iohannes Haigen von Wiedt.

190. 1623 Nov. 13. Gerhardus Adamus Bolzinger Crucenacensis Palatinus.

Sponheimische Beamtenfamilie. 1623 Mai 10 in Leyden immatr. („Gerard. Adamus Bolzinger Bacharacensis Palatinus ad iura"). Vielleicht ein Sohn des 1584 genannten Adam Bolzinger des jüngern, pfälzischen Landschreibers in Trarbach (Kirchenbuch).

191. 1627 Febr. 8. Ioannes Wolffgangus a Koppenstein.

Sohn des Hans Jörg v. K. zu Mandel und der Magd. Elis. v. Geispitzheim. Vermählt 1641 mit Maria Magd. v. Stockheim. Fürstl. hessischer Oberst und Commandant zu Rheinfels b. St. Goar (Humbracht tab. 146).

192. 1627 Nov. 6. Nicolaus Gracchus Treverensis.

193. 1629 Jun. 4. Iohannes Grevenbruch Coloniensis.

194. 1630 Mai 25. Alexander à Greiffenclaw Trevirensis.
Nach Humbracht (tab. 33) nicht festzustellen.

195. 1630 Jun. 19. Hermannus Pabst Dusseldorpio Montensis.
2. Sohn des kf. brandenburgischen Geh. Raths und Hofgerichtscommissars Wilh. Pabst († 1633) und der Maria v. Düssel aus Lennep, geb. 25. Sept... Hatte in Frankreich und Italien studirt. In Basel zum I. U. D. promovirt (Teschenmacher). Kf. brandenburger Geh. Regierungs- und Justizrath, Klevisch-Märkischer Hofgerichtsdirektor (Teschenmacher nennt ihn: Advocatus praeclarus et Relationis Consiliarius Electoralis Brandenburg. Emmericae constitutus). Vermählt mit Kathar. Marg. v. Kumpsthof. † 1663 Jan. 20 (Fahne II 4).

196. 1630 Nov. 29. Caspar Rösingh Coloniensis.

197. 1634 Aug. 30. Rudolphus Horstgen Monasterio Eifflien. Iuliacensis.

198. 1634 Dez. 31. Bertram Quadt Iuliacensis.
Ist nicht festzustellen. Ein gleichzeitiger Bertr. Quad, Rittmeister im Dienste der Generalstaaten, fiel 1633 Aug. 6 bei Maastricht (Stammtafel des mediat. Hauses Quad-Wyckradt-Isny. 1886 tab. VI).

199. 1635 Oct. 29. Emondus de Goetten Iuliacensis.

200. 1637 Mai 14. Ioannes Antonius Engell ad Mosellam Trevirorum Edigerus I. U. Cand.

201. 1641 Oct. 29. Ioannes Broichausen Colonia Agrippinas AA. LL. et Phil: Mag. ac Iurium Cand.
1636 i. Köln (Ioannes Broichausen Coloniensis').

202. 1642 Dez. 27. Itelius Fridericus Winthler Bonna Colon. Ser^{mi} Principis Electoris Coloniensis Consiliarius Aulicus.
Aus der kölnischen Familie Wintzeler Sohn des Kurkölnischen Hofrats und Kanzlers Chph. Wintzeler († 1623) und der Gertr. Sichartz. Vermählt mit 1. Maria von Jabach (1645), 2. Maria Elisabeth Schilling. J. U. Doctor, 1659 Senator der Stadt Köln. Vater des späteren Kölner Bürgermeisters Joh. H. Wintzeler (1715—21) (Fahne S. 460).

203. 1643 Jul. 8. Guilelmus Mocquel Coloniensis.

204. 1644 Jan. 14. Hieronymus Wolff gen. Metternich Freiherr von der Gracht.
1639 Dez. in Köln immatr. („Hieronymus Wolff condictus Meternich zur Gracht nobilis cathedral. ecclesiar. Wormat. et Hildesh. can. et Joh. Wilh. Wolf condict. Metternich nobilis metropol. Mogunt. can. fratres et filii Mareschalli Coloniensis, uterque pro biennali immatriculatus, neuter eorum ob defectum aetatis iurauit nec soluit quicquam, ego ob honorem tam honorati viri et parentis aliquid exigere erubui'). — S. des kaiserl. Geh.-Raths und kurkölnischen Raths, Landhofmeisters usw. Joh. Adolf Wolff gen. Met-

ternich, Frhrn. zur Gracht, Forst und Langenow, Herrn zu Liblar und Odental, geb. 1623 Jan. 14. D o m h e r r z u W o r m s und H i l d e s h e i m , später Johanniter-Ordensritter und Grosskreuz. † 1680 Nov. 30 (Humbracht t. 132; Eifl. illustr. II₂ 562 ff.).

205. 1644 Oct. 26.   Guilelmus Schmidts Coloniensis.

206. 1645 Jan. 12.   Lotharius Friderich von Metternich.

S. des kurtrierischen Geh.-Rats und Statthalters zu Wittlich Joh. Gerhard v. M. und der Maria v. d. Leyen, geb. 1617 Sept. 29. D o m h e r r z u M a i n z , T r i e r und S p e y e r. Bischof von Speyer 1652 Apr. 11 — 1675 Juni 13. (Remling, Bischöfe v. Speyer II 514 ff.)

207. 1645 Jan. 12.   Thomas Quentell.

Sohn des kurkölnischen Hofraths Joh. Peter Quentel I. U. D. und der Christina Düssel, Enkel von Nr. 45 (Fahne I 344). D o m h e r r z u K ö l n , P r o p s t z u S t. A n d r e a s und e r z b i s c h. O f f i c i a l , P r ä s i d e n t d e r k f. H o f k a m m e r und Vicekanzler der Universität. ‚Ein Anhänger des Kardinals und Domdechanten zu Köln Wilh. Egon Landgraf v. Fürstenberg.' Nach der Wahl des Hz. Joh. Clemens zu Köln zog er sich zu jenem nach Strassburg zurück. † in Strassburg 1690 Jan. 28 (v. Mering, die hohen Würdenträger der Erzdiöz. Köln, S. 86, 89).

208. 1645 Mai 30.   Arnoldus Laurentius Buininch Clivensis.

209. 1645 Sept. 9.   Ioannes Winandus Burgell Coloniensis.

210. 1646 Mai 26.   Henricus Leerse Coloniensis.

Sohn des Joh. Leerse und der Maria Commyn. I. U. D. P r o f. i n d e r j u r i s t i s c h e n F a k u l t ä t der Universität Köln, Regens des Gymnasiums zu den Kronen. S e n a t o r und S c h ö f f e. Vermählt mit einer v. Gudenau : 5 Kinder. † 1676 Apr. 7 (Fahne S. 243).

211. 1647 Jan. 4.   Henricus Noey Embrica Clivensis.

1643 Oct. 11 in S t r a s s b u r g immatr. (‚Henr. Noey Embricensis ad iur.'). 1667 im Schöffencollegium der Stadt Emmerich: Henr. Noey I. U. D. (Wassenbergii Embrica p. 141).

212. 1648 Febr. 24.   Franciscus Philippus Mercator Coloniensis I. U. Cand.

213. 1648 Aug. 4.   Jacobus Strauch Juliacensis I. U. C.

214. 1652 Oct. 28.   Casparus Fabricius Iuliacensis.

215. 1658 Mz. 29.   Leonardus Daucembergh Aquensis.

1654 Mai in Köln (‚Leonardus Daucenberg Aquensis'). 1690 k a i s e r l. O b e r s t w a c h t m e i s t e r und Bevollmächtigter der Stadt Aachen in Wien (Annal. d. hist. Ver. f. d. NRhein 18, 25 ff.).

216. 1658 Sept. 4.   Jacobus Roësen Coloniensis.

217. 1660 Dez. 17.   Iohannes Gross Coloniensis.

218. 1662 Sept. 12.   Caspar von der Ordenbach Coloniensis.

Aus einem vielgenannten Kölner Geschlecht.

219. 1662 Sept. 12. Iacobus Hardungus Boppardiensis.

220. 1662 Oct. 6. Ioannes Theodorus Bernclaw Dusseldorpio Montensis, clericus, Serenissimorum Principum Landgraviorum Hassiae Praeceptor.
1646 SS. in Köln („Ioannes Theodorus Berklaw Dusseldorpiensis').

221. 1662 Nov. 17. Ioannes Petrus ab Althoven Dusseldorpio Montensis.
1654 Mai 11 in Köln („Ioannes Petrus Althouen Dusseldorpiensis'). Ein Petrus Aldenhouen wird 1675 als can. S. Lamberti zu Düsseldorf genannt (Annal. d. hist. Ver. f. d. NRhein 27, 415).

222. 1663 Apr. 21. Wilhelmus Holthausen Dusseldorpiensis.
1659 in Köln („Wilhelmus Holthausen Düsseldorpiensis').

223. 1664 Aug. 13. Ferdinandus Rudolphus Comes de Fürstenberg et Wertemberg Landgravius de Bahr Canonicus et Capitularis eccl. cathedr. Coloniensis.
Sohn des Grf. Vratislaus v. F. zu Möskirchen, aus dessen 2. Ehe mit Francisca Caroline, T. des Grf. von Helffenstein, geb. 1640. Domherr in Köln und Strassburg. † 1690 Sept. 8 (Hübner I tab. 267).

224. 1665 Nov. 12. Damianus Henricus Breun Bonnensis.
1656 Mai 2 in Köln („Ferdin. de Breun et Damian. Henr. de Breun, unus Rhetor et alter Poeta in Gymnasio Laurentiano, nobiles, quibus iura remisi in gratiam D. parentis Doctoris medicinae, uterque iurauit').

225. 1666 Apr. 26. Wilhelmus Henricus Schröder Bleisemio-Coloniensis Phil. et Med. Doctor, Leg. Cand.

226. 1668 Sept. 22. Sebastian. Gyser Coloniensis.

227. 1668 Oct. 8. Caspar Dusinger Trevirensis.

228. 1671 Jul. 21. Leonardus Wanckell Coloniensis.
1660 in Köln („Leonardus Wanckel Coloniensis'); 1662 Febr. zum Lic. in art. daselbst promovirt.

229. 1673 Sept. 27. Ioannes Hartmann Coloniensis.

230. 1674 Nov. 30. Matthias Maass Iuliacensis.

231. 1675 Aug. 26. Petrus Schorn Coloniensis.
1657 Mai und 1661 findet sich ein Petrus Schorn Ubius in der Kölner Matrikel; 1662 Febr.: bacc. art. daselbst. 1578 war Petr. Schorn Consiliarius Nationis und Assessor, 1579 Prosyndicus der Universität Padua. Seine Verdienste wurden durch eine von den vereinigten Nationen der Universität errichtete Gedenktafel anerkannt: „Illustrissimo et generosissimo D. Petro Schorn nobili Coloniensi Agripp. Pro-Syndico, qui Gymnasii gubernaculis admotus inter caeli pelagique minas motos fluctus non semel composuit atque ita cursum instituit ut scopulos et caeca vada praetervectus in

laudes gratesque incolumi rate portum subierit ‚Iuris Candidati B(ene) M(erito) P(osuerunt) Anno MDCLXXIX' — folgen die Nationen. — (Urbis Patav. Inscript. a Jac. Salomonio collectae Patav. 1701. No. 123).

232. 1675 Aug. 26. Ioannes Ernestus Dareck Eifflianus.

233. 1677 Febr. 10. Petrus Brewer ex Ducatu Iuliacensi.
1670 SS. in Köln (‚Petrus Brewer Iuliacensis').

234. 1677 Nov. Ill^{mus} D. Otho S. R. I. Comes a Bronckhorst in Grunsfeldt et Eberstein L. B. in Battenburg, Anholt et Rimburg Dominus in Alpen et Honôpel etc. Coloniensis: Consiliarius Nationis Germanicae electus.

War 1678 Prosyndicus der Universität. Inschrift: ‚Ottoni Gronsfeldio S. R. I. Comiti Prosyndico, qui cum Germanicum candorem et Italicam solertiam ad Gymnasii regimen attulisset florentissima apud Venetos Proceres gratia jura atque immunitatem studiis operantium egregie tutatus, ut utrumque summis et infimis gratior an Gymnasio utilior fuerit iucertum reliquit(!). Iuris Studiosi O. M. P. Anno MDCXXVIII' — folgen die Nationen (Salomonius l. c. No. 62. 284). — Ist nach Hübners Tabellen nicht festzustellen, der nur einen Otto Wilh. Graf zu Bronchhorst in Gronsfeld kennt. Da derselbe schon 1636 geboren († 1719 als letzter seines Geschlechts), so kommt er kaum in Betracht.

235. 1678 Mz. 24. Philippus Nicolaus Heeser Siegensis.

236. 1683 Mai 6. Ioannes Ludovici filius Treverensis nobilis.

237. 1683 Mai 19. Ioannes Andreas a Kollen Coloniensis.

238. 1687 Jun. 16. Ioannes Henricus Anethan Trevirensis.

Familie v. Anethan auf Densborn a. d. Kyll (v. Ledebur I 13). Wir haben hier nicht den berühmten Trierischen Official, Weihbischof und Generalvikar dieses Namens vor uns, da derselbe schon 1673—80 in dieser letztern Stellung, 1682 schon als Weihbischof in Köln erscheint (v. Mering a. a. O. S. 87 ff.; Holzer, de poepiscop. Trevir. p. 95 ff.; Schannat-Bärsch II; 36), sondern wohl einen Neffen dieses letztern.

239. 1693 Jun. 15. Abraham Teschemacher nobilis Elberfeldâ-Montanus.

240. 1706 Sept. 3. Lambertus Huber Agrippinas.

241. 1706 Oct. 7. Ioannes Christianus Hardt Düsseldorpiensis I. U. Cand.

242. 1707 Jun. 12. Ioannes Henricus Tils Colonia Agrippinas.

Kölner Schöffengeschlecht (Fahne S. 428). 1701 SS. in Köln immatr. (‚Ioannes Henricus Tils Coloniensis').

243. 1708 Mai 10. Paulus Wasserfass Colonia Agrippinas.

244. 1779 Dez. 28. Ego Franciscus Damianus Ervinus Hersch ex Confluentia Trev. dioc. filius Christophilo (sic) scribi (sic) nomen.

II.

Matricula Nationis Germanicae Artistarum.

1. 1553. **Adamus Knopff, Mursensis** (dictus Mascherelius).
Im J. 1553 Consiliarius Nationis (vgl. S. 137). Siedelte 1587 von Düren (vgl. Nr. 22) nach Köln über, wie aus einem Eintrag der Kölner Matrikel hervorgeht: 1587 Jan. 25 D. Adam. Mascherelius alias Knauffius Art. lib. et Med. Doctor expertissimus iurauit ut fidele Universitatis membrum et solvit.

2. 1556 Mai. **Christophorus Selius, Confluentinus** (Patavii factus Doctor medicinae).

3. 1557 Aug. **Johannes Ewich Coloniensis.**
Stammt eigentlich nicht aus Köln, sondern aus Hörstgen im Clevischen. ‚Germania lustrata Galliae adiit et I t a l i a m, unde Med. Doctor praeclarus reversus coniugium non longe post in arce Fronebruchia cum Maria ab Augriis genere nobili iniit.' (Teschenmacher p. 219.) Uebte die ärztliche Praxis zuerst in D u i s b u r g, darauf als Stadtphysicus in B r e m e n aus, wo er zugleich an der Akademie lehrte. Veröffentlichte: 1) De officio fidelis et prudentis magistratus tempore pestilentiae Rempublicam a contagio praeservandi liberandique libri duo. Neapoli Nemetum 1582. 8⁰. Brem. 1657. 8⁰. 2, Hippocratis de natura humana. Libellus genuinus et elegans Novo Gymnasio Bremensi propositus. Brem. 1584. 4⁰ (Mercklinus, Lindenius renov. s. de scriptis medicis. Norimb. 1686. p. 575; Kestner, Medic. Gel. Lex. Jena 1740. p. 284.) Erwähnt wird noch eine Schrift über den Hexenwahn (Binz in Zs. d. Berg. Gesch. Ver. N. F. XI 89) und ein Libellus De voluntatis Dei cognitione fructu et praxi ex Gallico in Germanicum versus (Teschenmacher). Er war ein Verteidiger und Freund des Joh. Wierius, des ‚ersten Bekämpfers des Hexenwesens' (des Vaters von Nr. 6 und 10 und Iur. No. 27).

4. 1558 Aug. **Theodoricus Birckmannus Coloniensis** D. († Coloniae).
1551 Mz 14 in Köln immatr. (‚Theodoric. Birckmann Colon.') ‚1586 den 15. September starb doctor Birckmann in seinem eigen Haus zur Cronen am Haiffe, hat ein gutte weil krank gelegen, war ein weiberoimter medicus, der bei fürsten, Herrn und Bürgern köstlich gehalten wart — noch nit über 50 jar alt .. Er war in der Fetterhennen von seinem Fatter Arnoldo Birckman eim richen boichtrucker ehlich in Cöln geboren. Die medicin hatt in reich gemacht' (Buch Weinsberg III 352). Schrieb im Verein mit andern im Auftrag des Kölner Senats ‚Dispensatorium pro pharmacopoeis' 1564 (Teschenmacher f. 221).

5. 1561 Jun. 18. **Hermannus Echtius Coloniensis** († 29. Aug. 1564 Patavii, sepultus in Monasterio S. Antonii).

6. **1562 Nov. 12. Henricus Wierius Clivensis (Medicus primarius Electoris Trevirensis. † post laboriosam praxim Coloniae, hydrope sepulcrum petens).**

Bruder von No. 10 u. Iur. No. 27. 1559 in Genf („Henr. Wierus Clivanus' — mit seinem Bruder Theodor W.). 1564 Aug. 11 in Köln („Henr. Wierus Clivensis Medicinar. Doctor Bononiae promotus iur. et solv.') 1565 Herbst erhielt er vom Dekan die Erlaubniss, medicinische Collegien zu halten, doch wurde ihm bald darauf die venia legendi wieder entzogen, da er „zu frei und ausgelassen die Professoren der Philosophie hernahm und ich weiss nicht was für widersinnige Dinge vorzutragen schien" (aus dem medic. Dekanatsbuch der Universität Köln, mitgetheilt von Binz in seiner Nachlese in Zs. d. Berg. Gesch. Ver. N. F. XXIV S. 127. 28). Praktischer Arzt in Köln, dann Leibarzt des Kf. von Trier in Coblenz. Vermählt mit Margarete (nach Teschenmacher Agnes) T. des Dr. Joh. Bachoven von Echt. † gelegentlich eines Besuches in Köln, wo er Hausbesitzer war, am 16. Sept. 1591 (Binz a. a. O. S. 130; nach Eschbach i. Jahrb. d. Düsseld. Gesch. Ver. I 170 hat er auch in Lemgo prakticirt). Hinterliess eine in Briefform abgefasste Schrift „de endemio inter Westphalos affectu' (Binz S. 128); wohl identisch mit der von Hontheim, Hist. Trev. (III 222 a) und Mercklinus, Lindenius renov. p. 404 angemerkten Schrift: Epp. variae de variis rei medicae argumentis (extant inter Miscell. Henr. Smetii. Fcf. 1611. 8⁰). Hontheim meldet noch, dass er auch seines Vaters Joh. W. Tractat „de Arthritide' ins Lateinische übersetzt habe.

7. **1563 Jul. 12. Henricus Stapedius Coloniensis († Coloniae).**

Wohl Vater von Nr. 24. 1587 Oct. 9 † „Stapedius der medicin doctor zum Rotstock vor den Augustinern. Disser war ein colnisch apteckers son, hat sich vil jar in Frankreich verhalten, dar er practiseret und grois gelt erobert, das er in Coln über tusent ggld. jairlicher renten gegolten. Und als sich diss jar aus Frankrich mit weib und kinder her uff Coln begeben und sich hie nedergeschlagen und practiseirt, ist er gelich krank worden, wenich tage und gestorben sin alters ungeferlich von 56 jaren" (Buch Weinsberg III 395). — Ist nach dieser Nachricht wohl identisch mit dem von Gesner, Bibliotheca erwähnten Henr. Stapedius Agrippinas medicus Lugdunensis (Lyon) ed. Decades duas paradoxorum Laurentii Jouberti. Ob er oder sein Sohn (Nr. 24) Vf. der von Merclinus (p. 402) erwähnten Consilia medica ist (hrsg. von Laur. Scholz Fcf. ap. Andreae Wecheli haeredes 1598 2⁰) vermag ich nicht zu entscheiden.

8. **1565 Mai 29. Jacobus Theodoricus Vetzlariensis Hessus.** ¦]

9. **1572 Nov. 4. Fridericus Echtius Coloniensis (Coloniae medicus † anno 1585).**

10. **1572 Nov. 4. Galenus Vuierius Clivensis (Medicus III^{mi} Juliae Cliviae et Montensis Ducis necnon princeps Electoris Trevirensis archiater).**

Bruder von No. 6 u. Iur. No. 27. — 1567 Oct. 16 in Köln („Galenus Wyerius ad art. iur. et solv.'). Teschenmacher, Elogia (p. 213): „Galenus item Med. Doctor, qui a⁰ 1547 natus et in Philosophiae atque Medicinae solidiore cognitione a parente cum fratre Henrico educatus, eidem post mortem in aula Clivo-Julia tanquam Archiater Principis successit . . . Item a⁰ 1576 cum Theodora Holthusia nobili genere orta copulatus praeter binas filias Mariam et Juditham filios ex ea quatuor sustulit ... 17. April a⁰ 1619 aetat. 72 in fata concessit Dusseldorpii ibidemque inhumatus est.' Hatte auch in Florenz und Montpellier studirt. Seine Ernennung zum hrzl. Cleveschen Leibarzt war am 31. Oct. 1578 erfolgt (Esohbach in Jahrb. d. Düsseld. Gesch. Ver. I 171).

11. 1574 Mz. 14. Johannes Solenander Buricensis (Medicus Principis Cliviae).

Wohl ein Neffe des berühmten hrzgl. Cleveschen Leibarztes Dr. Reinher Solenander († 1601) aus Büderich a. Niederrhein, der nur e i n e n Sohn, gleichfalls Reinherus genannt, hinterliess.

12. 1574 Mai 10. Albertus Echtius Coloniensis.

13. 1581 Dez. 11. Berthramus Isaac Coloniensis, Johannis Isaaci filius (Doctoratus Insignia accepit sub Illmo Comite Fernando Amadis: 12. Sept. 1583 praesente Natione Germanica).

14. 1582 Mai 31. Iohannes Schlotanus Coloniensis (Medicinam in patria facit).

15. 1585 Jun. 15. Petrus de Spina Aquensis med. stud. (Consiliarius 1587 mense Maio. Medicus Electoris Palatini).

S. des ältern Petr. de Spina, Arztes in Aachen. 1586: Med. Doctor zu Basel. A r z t in A a c h e n; begibt sich des Kriegsläufte wegen nach Heidelberg, wo er 1599 zum kurfürstl. Hofmedicus ernannt wird. 1617: M e d. p r o f e s s o r in acad. Heidelberg. primarius. 1620 Dec. 20: R e k t o r ('Petr. de Spina Aquisgranensis Med. Doctor et Professor et Senior'). † 1622 in Heidelberg, 59 Jahre alt. Gab heraus Hier. Mercurialis medicinae practicae libros 5. Fcf. 1602. 2⁰ (Merclinus, Lindenius renov. p. 907; Kestner, Medic. Gel. Lex. p. 804; Hautz, Gesch. d. Univ. Heidelberg II 146 a. — Die Schrift des Balthas. Venator: Petri de Spina Vita. 1732. war mir nicht zugänglich).

16. 1585 Aug. 8. Ego Iohannes Schlotanus Ubiorum Coloniensis postquam Iohannes G e r m e l h a u s e n Ubiorum Kempinius mortem cum vita pie commutasset (!) ipsius nomen inscribere volui anno 1585 8. Augusti solvique libras III.

17. 1585 Dez. 13. Robertus Keuchenius Iuliacensis.

War 1587 Procurator Nationis, wie aus der Inschrift auf dem im J. 1587 begonnenen „Monumentum Nationis Germanicae Philosophorum, Medicorum ac Theologorum" hervorgeht (Salomonii Inscript. agri Patav. p. 272).

18. 1586 Mz. 20. Thomas Muermanus Coloniensis Phil. et Med. Doctor Ser^{mt} Ducis Bavariae medicus et consiliarius, contributurus coronatum unum die 20. Martii anno salutis 1586.

19. 1586 Mai. Huppertus Faber Ubius Agrippinas Philiatros Bo-

nonia Patavium ubioris ingenii cultum capessendi gratia profectus ...

Wohl ein Verwandter (Sohn?) des älteren Huppert. Faber (vgl. Nachtrag No. 2 S. 181).

20. 1587 Jun. 16. Theodorus Birckmannus Arpinas (sic) med. cand.

Wohl ein Sohn von Nr. 4.

21. 1588 Nov. 7. Ioannes Bachoffen alias Echt dictus patria Coloniensis.

1585 Oct. 31 in Ingolstadt („Ioh. Bachovius Coloniensis med. stud.'). Sein Name findet sich auf dem unter No. 17 erwähnten Monumentum Nationis, als Procurator des J. 1590. War wohl ein Sohn des berühmten Kölner Stadtarztes Dr. Joh. Echt, der auch in Italien studirt hatte.

22. 1588 Nov. 7. Gulielmus Mascherelius alias Knauff dictus patria Coloniensis (Medicus ordinarius civitatis Tremoniensis fuit).

Sohn von Nr. 1. 1580 Oct. 31 in Köln („Wilh. Cnauff Marcoduranus ad art.'). Hiernach darf man wohl annehmen, dass sein Vater zur Zeit der Geburt des Sohnes (c. 1560) in Düren praktizirte. 1590 Jul. 26 erscheint Guilh. K. als Procurator Nationis (vgl. a. S. 136).

23. 1589 Nov. 2. Ioannes Isaacus Coloniensis.

Wohl ein Bruder von Nr. 13, also Sohn des Joh. Isaac, der 1552 an der Kölner Universität das Heräbische lehrte (Matrikel: „Ioa. Isaack antea Iudeus nunc Christianus lecturus Hebream grammaticam'). 1582 Oct. 31 in Köln („Ioh. Isaacus Coloniensis ad art.'). 1586 Mai 18 in Heidelberg („Ioh. Isaacus Coloniensis' — mit Holtmann I 123). 1592 Procurator Nationis (Annales).

24. 1591 Mai 16. Henricus Stapedius Agrippinas.

Sohn von Nr. 7. 1605 Aug. 11 in Köln („Expertissimus D. Doctor Med. Henricus Stapedius inscriptus Albo Universitatis iur et solv.'). Mitglied der medicinischen Fakultät: erscheint 1609 Jun. 27 als Vertreter der Fakultät bei der Rektorwahl (Matrikel). S. Sohn ist Joh. Bernh. Stapedius (Nr. 55).

25. 1592 Apr. 18. Arnoldus Birckmannus Agrippinas.

1587 Oct. 29 in Köln („Arnold. Bircmannus Coloniensis ad art.').

26. 1592 Jun. 1. Pangratius Cornelius Fabritius Coloniensis (gratis ex favore Inclytae Nationis Germanicae. Promotus in Doctorem Patavii anno 95).

War 1594 April 1 Procurator Nationis (Annales).

27. 1593 Oct. 25. Thomas Aubel Coloniensis (Medicinam feliciter

facit Coloniae Agrippinae ibidemque Professorem agit Mathematicae disciplinae et Medicinae, ut affirmat Monhemius).

- Vater von Nr. 50. 1577 Sept. 5 in Köln immatr. („Thomas Aubelensis ad art. iur. et solv.'). Nach seiner Heimkehr aus Italien zunächst Professor der Mathematik an der Universität Köln. 1601 Oct. 9: Rektor (Anno 1601 in festo S. Dionysii electus est Thomas Aubel Dalhemius Matheseos Professor ordinarius et sacrae Medicinae Doctor'). Dann Ordinarius in der medicinischen Fakultät. 1607 (zum 2. Mal) und 1612 zum dritten Mal Rektor. Erscheint noch 1623 als Vertreter seiner Fakultät bei der Rektorwahl. Schrieb ‚Tractatus de peste et anthematibus et antbracibus, atque de methodo in febris pestilentis et aliorum id genus morborum curatione observanda, authore Georgio Rivello Bononiensi medico excellentissimo ex Italica in Latinam linguam translatus ad inclitae Reipublicae Colouiensis usum tempore pestis 1597 per Thomam Aubell Mathematicum et Medicum. Colon. Agripp. 1597. 8° (Hartzheim, Bibl. Colon. p. 306).

28. 1598 Nov. 10. Hermannus Birckmann Coloniensis (Ill^{mi} Herbipolensis Franciae Ducis Archiater et in Academia Herbipolensi Professor). vgl. S. 183 Anm.

29. 1599 Oct. 10. Sebastianus Fedderus Duysburgensis (Consiliarius 1601 Aug.).

1591 Nov. 4 in Köln („Sebastian. Fedderus Duisburgensis').

30. 1600 Nov. 14. Iohann Effren Agrippinas gratis.

Vielleicht ein Sohn des 1565 Dez. 18 als Präceptor zweier Kölner Jünglinge in der Matrikel erwähnten M. Ioannes Effren. Der hier genannte erscheint in den Annalen der Nation öfter; dort einige Schreiben der Nation an ihn (Annal. 2, 94. 106. 108. cf. 2, 51. 110. 111). Sein Name findet sich auch unterm 24. Sept. 1610 im Reisestammbuch des Dr. Abraham Plato: Dr. phil. et med. Ioh. Effren Coloniensis freut sich, den mit Plato in Padua geschlossenen Freundschaftsbund in Köln erneuern zu dürfen (Zeitschrift f. Kulturgesch. N. F. 4 (1894) S. 288).

31. 1603 Jul. 7. Tobias Rivius Clivo-Wesalius (in Doctorem promotus est. Praxim exercuit Wesaliae Clivorum, deinde Wormatiam transiit).

War ursprünglich reformirter Theologe, wie aus dem Eintrag der Heidelberger und Genfer Matrikel hervorgeht. 1597 Apr. 18 in Heidelberg („Tobias Rivius Wesaliensis Clivensis'); am 8. Febr. 1598 wird bemerkt, dass er bereits 10 Monate in Heidelberg dem theologischen Studium obliege; am 21. desselben Monats wird er zum Mag. art. promovirt. 1600 Cal. Jun. in Genf („Tobias Rivius Clivo-Vesalius theol. stud.'). 1604 Aug. 12 finden wir ihn wieder in Heidelberg, jetzt wohl als Mediciner („Tobias Rivius Vesaliensis Clivensis inscriptionem a° 97 rectore doctore Smetio factam renovavit').

32. 1604 Apr. 5. Engelbertus Teschenmacherus Medicinae Doctor.

Zuerst auf dem Gymnasium zu Herborn, 1595 auf die Universität entlassen, c. 17 Jahre alt. 1598 Sept. in Heidelberg („Engelbertus Deschenmacherus Elberfeldensis Iuliacensis'). 1601 Oct. 26 in Leyden („Engelbertus Tesmaker Montanus Philos.'). Arzt in Elberfeld, Vater des berühmten jüngern Engelb. Teschemacher (über diesen Hartzheim l. c. pag. 333 und neuerdings Harless in Zeitschrift d. Berg. Gesch. Ver. N. F. 18, 210). Vermählt mit Anna Diest. Nach Harless war er zuletzt Arzt zu Deventer (vgl. Bouterweck, Gesch. d. latein. Schule zu Elberfeld S. 75. Dort auch ein ehrendes Urteil des Galen. Wierius (vgl. Nr. 10) über ihn).

33. 1605 Oct. 15. Henricus Kessell Kempensis.

34. 1605 Dez. 21. Michael Flad Confluentinus.

Vielleicht ein Sohn des 1564 in der Ingolstadter Matrikel erscheinenden Sebast. Flad. Confluentinus.

35. 1606 Jan. 1. Petrus Catterbergh Elberfeldensis.

36. 1606 Oct. 25. Renerus Steegh Embricensis Art. Mag.

37. 1610 Sept. 17. Iohannes Casparus Stro Ottuillano-Westrias.

38. 1610 Nov. 8. Segerus Wejerstrass Coloniensis.

Sohn des Kölner Senators Thomas W. und der Margarete v. Lülsdorf, geb. 1587. 1609 Nov. 18 in Leyden („Segerus Weierstrass Coloniensis Med.'). 1617 Sept. 22 in Köln („Segerus Weyerstrass Doctor Med. promotus in universitate Patavina'). Mitglied der medicinischen Fakultät der Universität Köln. Erscheint 1618 Oct. 9, 1619 Mz. 22 und 1622 Jun. 15 als Vertreter seiner Fakultät bei der Rektorwahl. Vermählt mit Sophia N., dann mit Gertrud Halfin (Fahne, Köln. Geschl. I 457).

39. 1611 Febr. 20. Iohannes ab Heimbach Bensburgensis Montanus (Praxim in praesens facit Coloniae).

1586 Apr. 30 in Köln („Joannes ab Heimbach ad philos.').

40. 1613 Mai 14. Hermannus Khuen Breidenbachius Coloniensis φιλιατρος.

41. 1613 Oct. 16. Iohannes Keuchenius Clivo-Wesaliensis.

Wohl ein Sohn des Weseler Arztes Dr. Petr. Keuchenius und der Gertrud Potgiesser (über diesen vgl. Teschenmacher Elogia p. 223).

42. 1613 Oct. 17. Petrus de Spina Aquisgranensis (Consiliarius Nationis a° 1613 Nov. 25).

Sohn von Nr. 15. 1605 Mai 4 in Heidelberg immatr. („Petrus de Spina Aquisgranensis doctoris Petri Spinae filius gratis'); 1607 Jul. 2: bacc. art. 1616 Nov. 9, aus Italien heimgekehrt, wieder in Heidelberg („Petrus de Spina Aquensis Med. Doctor gratis'. Mitglied der medicinischen Fakultät der Universität Heidelberg. 1623 Dez. 23: Rektor („Petr. de Spina Aquisgranensis Petri filius Med. Doctor et Professor ordinarius'). Toepke (Matr. d. Univ. Heidelberg I p. VI) berichtet, er habe als Rektor im J. 1624 bei der bayrischen Invasion das Universitäts-Archiv nach Frankfurt a. M. gerettet, erklärt aber II 303 Anm. diese Nachricht für unrichtig. Nach Kestner (a. a. O. S. 804) war er später in Darmstadt fürstlicher Leibarzt. dann Physicus primarius der Stadt Frankfurt. † als solcher 1655 im 64. Jahre seines Alters. Hinterliess einen Sohn Petrus, später gleichfalls Stadtarzt in Frankfurt, der auch in Padua studirte (1652 Jun. 5) und daselbst am 10. Jan. 1653 zum Phil. et Med. Doctor promovirt wurde.

43. 1613 Nov. 6. M. Hermannus Rhombius Εὐροφρισος (Embricae Cliviae optime practicat et utinam diu).
Ein Sohn von ihm ist wohl der 1655 in Köln immatrikulirte Albert. Rhombius Embricensis.

44. 1614 Nov. 1. Vuernerus imm Hove Marcoduranus.
1609 Oct. 30 in Köln („Wernerus Ihm Houe Marcoduranus ad art.' — mit Georg ihm Hove Marcodur.).

45. 1615 Oct. 22. Gerhardus Eichelmanus Coloniensis.
Erscheint öfter in den Annalen der deutschen Nation. Daselbst auch ein Schreiben (Annal. 2, 128) der deutschen Nation Ad Senatum Coloniensem ob debitum Gerardi Eigelman, das sich vielleicht noch im Kölner Stadtarchiv befinden dürfte. 1625 Jul. 7 in Köln („Gerard. Eigelman Med. Doctor'); scheint demnach an der Universität gelehrt zu haben.

46. 1616 Oct. 13. Matthias Glandorp Coloniensis.
Geboren zu Köln 1595. 1617 Aug. 14: Phil. et Med. Doctor Patav. Arzt in Bremen, dann Leibarzt des dortigen Erzbischofs und des Hz. von Holstein. Seine Schriften (1. Speculum chirurgorum. Brem. 1619. 8⁰. 2. Tractat. de polypo narium. Brem. 1628. 4⁰. 3. Methodus medendae paronchyae. Brem. 1623. 8⁰. 4. Gazophylacium polyplusium fonticulorum et setonum reseratum. Brem. 1632. 1633. 4⁰) erschienen 1729 als Opp. omnia zusammengedruckt in London. † 1636 (Kestner a. a. O. S. 346; Jöcher II 1614; Merclinus l. c. pag. 797, der ihn unrichtig Matthias Ludov. Gl. nennt).

47. 1616 Dez. 13. Arnoldus ab Eynden Rheno-Berckanus.
1618 Sept. 10: Phil. et Med. Doctor Patav.

48. 1617 Apr. 10. Iohannes Neff Coloniensis.
1611 Jun. 11 in Heidelberg („Johannes Nefius Coloniensis).

49. 1617 Nov. 11. Iohannes Sibertus Küffler ex Ubiis.
1618 Mz. 6: Phil. et Med. Doctor Patav.

50. 1619 Jan. 19. Nicolaus Aubel Voreusis Coloniensis.
Sohn von Nr. 27. „Er war in Rom promovirt und im J. 1625 in die medicinische Fakultät zu Köln von Holtzheim dem Vater aufgenommen worden." (Annal. d. hist. Ver. f. d. N-Rhein 5, 150). Wir finden ihn 1629 Dz. 20 („Nic. Aubell Med. Doctor et eiusdem facult. Decanus') und 1646 („Nic. Aubelius Verensis Medicus') und 1653. 54 als Vertreter seiner Fakultät bei der Rektorwahl. † 1666 in Köln an der Pest (l. c.).

51. 1619 Jan. 26. Iohannes Neurath Confluentinus Med. et Chir. stud. (Treveris ubi et medicinam exercuit a⁰ 1623 pie admodum e vivis ad superos evolavit).

52. 1619 Jan. 26. Iohannes Wilhelmus Sleidanus Med. Cand.
1619 Sept. 16: Phil. et Med. Doctor Patav.

53. **1619 Mz. 25.** Iohannes Vehelenn Duranus SS. Theol. Cand.
   1608 Jan. in Köln („Iohannes Vehlen Marcoduranus').

54. **1620 Mai 12.** Petrus Lennep Coloniensis Philiater.
   1614 Nov. 1 in Köln immatr. („Petrus Lennep Coloniensis ad art.') — daselbst schon 1602 Nov. ein Petr. Lennep fil. dni LL. Lennepii Cancellarii Clivensis). 1621 Apr. 5: Phil. et Med. Doctor Patav.

55. **1620 Mai 12.** Iohannes Bernhardus Stapedius.
   1615 Mai 14 in Köln („Ioannes Bernardus Stapedius, quia filius Henrici Stapedii Med. D. non soluit, ad art.'). Also Sohn von Nr. 24. 1621 Apr. 5: Phil. et Med. Doctor Patav.

56. **1620 Oct. 24.** Theodorus Hortensius Novesinus gratis.

57. **1623 Oct. 16.** Iohannes Iacobus Faber Kyrna-Hunnus Phil. et Med. Doctor.
   1620 in Strassburg („M. Ioh. Iacobus Faber Kyrnensis'). 1621 Aug. 27 in Heidelberg („Ioh. Iac. Faber Kyrna-Reingravius').

58. **1623 Nov. 4.** Franciscus Monhemius Agrippinas Ubius (Phil. et Med. utriusque Doctor factus 11. Sept. anno sequente. Praxim feliciter exercet Wesaliae).
   1624 Sept. 11: Phil. et Med. Doctor Patav. ‚Dr. Franz und Gotschalk Monheim, welche 1628 zu Düsseldorf lebten, waren gelehrte Leute' (Fahne I 290).

59. **1624 Sept. 10.** Hermannus Veltman Coloniensis (Medicus in urbe patria).
   Der Name findet sich um diese Zeit 2 mal in der Kölner Matrikel: 1616 Mai 11 („Herm. Veltman Colon.') und 1619 Mai 10 („Herm. Veltman Colon. Laurentianus'). 1625 Febr. 10: Phil. et Med. Doctor Patav.

60. **1626 Mz. 18.** Iohannes Sipenius Montensis (Coloniae feliciter practicat).
   1620 Mai 22 in Köln („Ioannes Sipenius maior Montanus'). 1637 Oct. 9 erscheint Ioh. Sipenius medicus als Vertreter der medicinischen Fakultät bei der Rektorwahl. Er hat also wohl an der Universität gelehrt.

61. **1626 Mai 6.** Henricus Mondt Marcoduranus.

62. **1626 Jun. 17.** Iohannes Gerardus Kolb Confluentinus.
   1621 Nov. 2 in Köln („Ioh. Gerard. Colb Confluentinus ad art.'). Zwei Schreiben Ad senatum Coblensem ob debitum Colbianum in den Annalen der deutschen Nation (2, 348, 363). 1629 Jan. 12: Phil. et Med. Doctor Patav.

63. **1626 Oct. 24.** M. Iohannes Fabritius Coloniensis (1640 Jan. 28 Patavii Med. Doctor factus).

64. 1626 Oct. 24. Petrus de Breun Coloniensis.

65. 1626 Dez. 6. Iohannes a Catenis Essendiensis (Praxin Coloniae feliciter exercet).
    1623 Jun. 20 in L e y d e n („Ioannes a Catenis Essendiensis Med.'). Ioh. v. d Ketten, Dr. med. Vermählt mit Sibylla Huls. Vater des Iac. de Catenis (No. 95). Da dort Jacob als Coloniensis bezeichnet wird, so hat Johannes, wie auch die hier al. m. beigefügte Notiz angibt, in Köln praktizirt.

66. 1628 Nov. 4. Marcus Sittardt Coloniensis.

67. 1630. Hermannus Schwem Clivo-Resensis.
    1632 Aug. 14: P h i l. et M ed. D o c t o r P a t a v. 1633 Jun. 3 in S t r a s s b u r g („Herm. Swem M. D. Clivo-Wesaliensis').

68. 1632 Dez. 23. Arnoldus Lorraentz Geilenkirchensis.

69. 1633 Febr. 21. Petrus Holtzemius Coloniensis.
    1634 Oct. 6: P h i l. et M ed. D o c t o r P a t a v. Sohn des ältern Petr. Holtzemius, Prof. der Medizin in Köln, und der Caecilia Dorhoffs. L e i b a r z t des Kurfürsten von Köln und des Pfalzgrafen von Neuburg. † 1651 Apr. 20 (Hartzheim, Bibl. Colon. p. 274).

70. 1633 Nov. 10. Hermannus Bruel Rhenensis.

71. 1634 Mz. 2. Abraham Rutz Coloniensis.

72. 1634 Mai 28. Iohannes Klock Essendiensis Marco-Westphalus (1640 Mz. 1 Patavii Phil. et Med. Doctor factus).

73. 1634 Jul. 15. Guilielmus Staden Ubius-Agrippinas.
    1614 Mai 7 in K ö l n („Guilielm. Staden Coloniensis ad art.').

74. 1634 Oct. 9. Isaacus Kuffler Coloniensis.
    1629 Oct. 11 in S t r a s s b u r g („Isaac. Kuffler Coloniensis'). 1632 Mai 12 in Leyden („Isaac. Cufler Coloniensis Med.'). 1638 Mz. 29: P h i l. et M ed. D o c t o r P a t a v.

75. 1634 Nov. 16. Andreas Volckoffen Iuliacensis.
    1635 Mz. 6: P h i l. et M ed. D o c t o r P a t a v.

76. 1637 Nov. 1. Petrus Ripgens Coloniensis Ubius (1639 Apr. 28: Phil. et Med. Doctor Paduanus. — Procurator Nationis 1638. 1639).
    1621 Mai in K ö l n („Petrus Ribgen Laurentianus'). Eine Inschrift: „Petr. Ripgens Colloniensis Agrippinae Phil. et Med. D.' bei Salomonius l. c. p. 42 (No. 64).

77. 1637 Nov. 16. Adam Breckerfeldt Waltens. Iuliacus.

78. 1638 Oct. 29. Christianus Radermacher Coloniensis.
    1639 Mz. 1: P h i l. et M ed. D o c t o r P a t a v. A r z t i n E m m e r i c h, wiederholt daselbst B ü r g e r m e i s t e r: „Christianus Rademacher

Med. D. iam septimum Consul, qui etiamnum (1667) ea dignitate summa cum laude Praeses fungitur' (E. Wassenbergii Embrica p. 141).

79. 1638 Oct. 29. Adamus Dresanus Marcoduranus.
1639 Mz. 2: P h i l. et M e d. D o c t o r P a t a v. 1647 Nov. 12 in Köln („Adamus Dresanus Marcoduranus M e d. D o c t o r iurauit et remisi iura'). Hat also wohl an der Kölner Universität gelehrt und ist zweifellos identisch mit dem 1648 Jan. 25 und 1651 als V e r t r e t e r d e r m e d i c i n i s c h e n F a k u l t ä t bei der Rektorwahl erscheinenden D.... Dresanus.

80. 1638 Oct. 29. Michael Heldewier Coloniensis.
1639 Mz. 2: P h i l. et M e d. D o c t o r P a t a v.

81. 1638 Nov. 12. Christianus Feist Coloniensis.
In den Annales Nationis (2, 43) findet sich eine „Intercessio Nationis apud Senatum Coloniensem pro Christiano Feist.'

82. 1639 Jun. 16. Iohannes Rheidsius Coloniensis (1640 Aug. 7: Phil. et Med. Doctor Paduanus).

83. 1639 Nov. 26. Iohannes Wilhelmus Kempis Coloniensis (1640 Aug. 7: Phil. et Med. Doctor Paduanus).

84. 1641 Jun. 17. Wilhelmus a Nunhuys Clivensis Phil. Baccal.

85. 1645 Jan. 19. Everardus de Catena Essendiensis Phil. et Med. Doctor.

86. 1645 Nov. 15. Carolus Herdt Coloniensis.

87. 1645 Nov. 15. Adamus Neuss Coloniensis.
1643 SS. K ö l n („Adamus Neuss Coloniensis').

88. 1646 Mai 27. Ioannes Matthias a Zandt Confluentinus.
Stammt wohl aus dem Geschlecht der Zandt von Merl (an der Mosel), lässt sich aber nach Humbracht nicht feststellen (tab. 197. 198), ebensowenig nach Schannat-Bärsch, Eifl. illustr. II$_2$ 450—466. Vielleicht ein Sohn des zu Ehrenbreitstein residirenden kurfürstlichen Rats und Amtmanns Otto Heinr. Zandt v. Merle, von dessen 3 Söhnen nur der älteste (J o h. Heinr.) vermählt war. Die Namen der andern Söhne sind nicht bekannt.

89. 1647 Oct. 27. Damianus Sistigh Waldenburgo-Iuliacensis.

90. 1648 Jan. 30. Fr. Chrysantus d'Esser Monasteriensis Eyffliae.

91. 1648 Apr. 5. Petrus Eigelmannus Coloniensis.
1641 SS. in Köln („Petrus Eigelman — remisi'). 1661 Mz. 16 und 1662 erscheint Dr. Med. Petrus Eigelmann als V e r t r e t e r d e r m e d i c i n i s c h e n F a k u l t ä t unter den Elektoren des Rektors.

92. 1648 Jul. 28. Iohannes Iegers Gladbacensis g r a t i s.

93. 1650 Mz. 2. Hermannus Neus Coloniensis.
   1651 Jun. 30 in Köln („Hermannus Neus Coloniensis iur. et solv.").

94. 1651 Mai 31. Arnoldus Blanckenbach Coloniensis Ubius (1655 Jan. 14: Phil. et Med. Doctor Paduanus gratis. Practicus Graecii in Styria. Obiit ibidem).
   1646 Mai 5 in Köln („Arnold. Blankenbach Coloniensis iur. et s.').

94a. 1652 Mai. Ioannes Sigismundus Elsboltz Coloniensis.

95. 1653 Nov. 8. Iacobus de Catena Coloniensis.
   Sohn von No. 65. 1646 SS. Köln („Iacob. de Catena Coloniensis iur. et s.'). † unvermählt als Dr. med. (Fahne I 221).

96. 1653 Nov. 29. Adamus Mundt Iuliacensis.

97. 1654 Oct. 8. Antonius Deutz Coloniensis.

98. 1654 Dez. 3. Ioannes Drossart Coloniensis Agrippinas.
   1651 in Köln („Iohannes Drossart Coloniensis').

99. 1654 Dez. 18. Iodocus Clabbers Gennepiensis.

100. 1654 Dez. 18. Wilhelmus Henricus Behr Dusseldorpiensis.

101. 1655 Mai 28. Ioannes Salentinus Vehlen Coloniensis.
   1647 SS. Köln („Ioannes Salentinus Vehlen Coloniensis').

102. 1656 Sept. 21. Godefridus Cogels Aquisgranensis gratis.

103. 1657 Mz. 12. Franciscus Knips Coloniensis.

104. 1657 Sept. 25. Iacobus Roesen Coloniensis.

105. 1657 Sept. 26. Matthias Wilden Coloniensis.

106. 1658 Febr. 22. Henricus Greussen Iuliacensis.

107. 1659 Mz 21. M. Antonius Bolen Confluentinus.

108. 1661 Mz. 5. Petrus Andreae Coloniensis.

109. 1661 Mz. 22. Ferdinandus Curtzius Ubio-Bonnensis.
   1649 Mai in Köln („Ferdinandus Curtius Bonnensis non iur. ob defectum aetatis'). 1659 Nov. 21 in Strassburg („Ferdin. Curtius Bonnensis').

110. 1661 Mai 30. Henricus Christophorus Obelgun Coloniensis gratis.

111. 1661 Oct. 17. Theodoricus Mering Coloniensis Phil. et Med. Doctor.
   Sohn des Henr. Mering (aus dessen 2. Ehe) und der Margar. v. Hochgeboren, geb. 1631 zu Köln. Senator und Stimmmeister. Dr. med. (1662). Erscheint 1668 Nov. 7 als Mitglied der medicinischen

Fakultät (Matrikel). War als Provisor der Universität besonders gegen den Aufrührer Gülich thätig. Verm. 1) mit Joh. Cath. Linden, 2) mit Marg. v. Grundtinger: 4 Kinder (Fahne S. 274 und 468).

112. 1661 Oct. 17. Gerhardt Horn gen. Goldtschmidt Coloniensis.
    1655 Apr. 26 in Köln („ex gymnasio Laurentiano Nobilis Gerhardns Horn condictus Goltschmit Coloniensis, iura remisi'). — Sohn des Arnold Horn gen. Goldschmidt J. U. D. und der Marg. Maes, geb. 1638 Nov. 25. Senator zu Köln. Vermählt mit Clara Maria Bequerer. † 1688 Apr. 14 (Fahne II 65).

113. 1663 Mai 11. Godefredus Melm Dusseldorpio-Montanus (mortuus anno 82).

114. 1663 Mai 11. Iohannes Hoffstadt Dusseldorpio-Montanus (Practicus).
    1660 Apr. 27 in Heidelberg („Iohannes ab Hoffstadt, Dusseldorpio-Montanus med. stud.'). 1662 wird das Haus der Witwe des Joh. Hoffstadt (wohl des Vaters des hier genannten) in Düsseldorf erwähnt (Ferber a. a. O. II 12).

115. 1663 Mai 11. Wolfgangus Wilhelmus Camphausen Dusseldorpiensis gratis.

116. 1664 Nov. 15. Arnoldus Wintgens Duisburgo-Clivensis.

117. 1664 Nov. 15. Hermannus Slath Duisburgo-Coloniensis.

118. 1664 Dez. 13. Thomas Backhausen Coloniensis.

119. 1665 Jun. 18. Iacobus Hagen Coloniensis.

120. 1665 Sept. 13. Iohannes Cramer Ubius.

121. 1666 Jan. 13. Matthias Wilden Coloniensis.

122. 1670 Oct. 22. Ioannes Wilden Coloniensis.

123. 1670 Oct. 22. Iohannes David Portz Bacharacô-Palatinus.
    1665 Heidelberg („Ioh. David Portz Simerensis'). Ist als medicinischer Schriftsteller hervorgetreten: 1) Bacchus enucleatus h. e. Examen Vini Rhenani et in specie Baccharacensis eiusque Tartari Spiritus, Aceti ex novis principiis depromptum ac demonstratum. Heidelbergae 1672. 12⁰. Leowardia 1673. 12⁰. 2) Demonstratio brevis Medico-Chirurgica de tumoribus et in specie de παιδαρ Θροκακη vel tumore spina ventosa dicto ex acido et alcali etc. Leovard. 1679. 12⁰.

124. 1670 Oct. 22. Ioannes Wilhelmus Thour Coloniensis.
    1662 in Köln („Ioannes Wilhelmus Thuer Coloniensis'). Geboren 1646. 1671 Jun. 25: Med. Doctor zu Padua. Professor der Medicin in Köln und Visitator perpetuus medicinarum. Rei publicae Agrippinensis Senator et votorum Censor, Parochiae St. Albani Aedilis senior. † 1727 Jun. 27, 81 Jahre alt. Er behandelte im Auftrage des Rathes die Kranken im Pesthause (1665. 66). Schrieb: 1) (noch in Italien) Herbarium vivum. 2) Kurtze Beschreibung der Pest, sampt Präservation und Geniess Mittel, herausgegeben von Joh. Wilh. Thour medicinae Doctorn. Cöllen am Rhein 1720 (Hartzheim l. c. pag. 209; Annal. d. hist. Ver. f. Gesch. d. N.-Rhein V 150).

125. 1672 Mz. 5. Georgius Broechuus Vesaliâ-Clivensis.
126. 1675 Jun. 2. Iohannes Daniel Müller Wetzflariensis.
127. 1675 Sept. 23. Carsilius Gerardus Simonis Sittardiensis ex patria Iuliacensis.
128. 1676 Nov. 18. Matthias Holtzemius Coloniensis Agrippinas.
129. 1678 Jun. 14. Philippus Wilhelmus Wendelen Coloniensis.
130. 1678 Dez. 15. Alexander Carolus Knips Coloniensis (Iohannis Knips de Maiopi (?) filius et hic (?) Professor).
131. 1683 Mz. 21. Ioannes Schlosser Coloniensis Ord. Praed. (exclusus).
   1672 SS. Köln („Iohannes Schlosserus Colon.').
132. 1685 Jan. 29. Iohannes Theodorus Modeman Coloniensis.
   Vielleicht ein Sohn des Prof. der Medicin Joh. Adolf. Modeman.
133. 1685 Sept. 27. Martinus Knips Coloniensis Agrippinas (Phil. et Med. Doctor 1687).
134. 1687 Febr. 10. Wilhelmus Brandes Rheno-Dusseldorpiensis (Practicus).
135. 1687 Dez. 15. Franciscus Carolus Rohrer Bonnensis.
136. 1689 Oct. 28. Iohannes Henricus Wasmuht Kettwigio-Marcanus.
137. 1689 Oct. 28. Hermannus Daems Vesalia-Clivus.
138. 1690 Aug. 11. Michael Carolus D. Wirtz Dusseldorpiensis.
139. 1690 Nov. 24. Ioannes Petrus Engels Coloniensis.
140. 1692 Nov. 5. Ioannes Philippus Hoffstadt Dusseldorpio-Montensis († Patavii 3. Decembris).
141. 1697 Oct. 7. Henricus Quintzheim Coloniensis Agrippinas.
142. 1698 Oct. 13. Iohannes Iosephus Müller Dusseldorpiensis.
143. 1701 Mai 20. Thomas Steinhaus Coloniensis.
   1700—1701 war D. Thomas Steinhaus Coloniensis Consiliarius Nationis Scottae supplendae; ebenso 1701—1702 (Andrich, De natione anglica p. 121). — Thom. Steinhaus Coloniensis Phil. et Med. Doctor in Universitate Coloniensi, Anatomiae et Praxeos Professor ordinarius, publicae chirurgiae extraordinarius, incl. facultatis medicae Decanus a. 1714.

Schrieb: Loemalogia universalis, hoc est integra, accurata, et ad vivum expressa descriptio pestiferae luis una cum exactissima et integrali cura Thomae Steinhaus Med. Doctoris Colon., sumptu Henr. Rommerskirchen a⁰ 1714. 12⁰ (Hartzbeim p. 309).

144. 1705 Oct. 9. Aegidius Engels Colonia-Agrippinas.
145. 1705 Nov. 14. Engelbertus Werden Colonia-Agrippinas.
146. 1706 Aug. 15. Iohannes Henricus Vignet Aquisgranensis.

Nachtrag,
gesammelt aus anderweitigen Paduaner und sonstigen italienischen Quellen.

1. 1531 Padua: d. Friderichus a Bruch Coloniensis.

Promotionsakten in Ferrara (Notariatsarchiv): ,d. Friderichus a Bruch Coloniensis fil. qu. Henrici a Bruch patricii et viri consularis in re publica Coloniensi ... studuit Coloniae, ab ineunte aetate bonis artibus et medicinae operam dedit, ut et in hac et in illis titulos eo loci consuetos cum magno honore suo consecutus sit, nempe Magisterium, et postea ad Doctoratus insignia petendi Licentiam, quemadmodum testibus et diplomatibus confirmari potest. Postea 1531 venit Patavium studii sui absolvendi gratia, ubi summa cum diligentia semper operi medico incubuit non omissis interim aliis quoque scholis, quas discendi causa sedulus adivit, tandem Ferrariae sub priore Soncino Bentio clarissimo artium et medicinae doctore Theoricam ordinarie profitente in gymnasio Ferrariensi, nepote qu. Hugonis Bentii Senensis clarissimi aphorismorum commentatoris inductus et sic divina favente clementia in Doctorandum medicinae facultatis profectus. — Er wird am 15. Febr. 1538 zum Med. Doctor Ferrariensis promovirt. Promotores waren Anton. Musa Brosavola und Nicolinus Bonaciolus. Zeugen: nobilis vir Dns. Leonardus Buisheck can. Aquisgranensis, familiaris Rev^{mi} Dni Dni Iohannis Salviati Cardinalis tit. S. Cosmae et Damiani Episcopi Ferrariensis, Dn. Ioannes Sinapius ex diocesi Herbipolensi Suinfortensis Artium et Med. Doctor in aula Ill^{mi} Principis Ferrariae, Dn. Ioannes Kerkering ex dioc. Monasteriensi, notarius publicus Coloniae, Ioannes Keyller scolaris ex dioc. Moguntinensi.

2. 1550 Aug. 18. d. Hupertus Faber de Collonia Agrippina Art. et Phil. Magister, fil. Iohannis Fabri: Doctor Med. Patav. (Act. Colleg. med.)

Kam 1549 Juni mit seinen Zöglingen, 2 jungen Franzosen, von Paris nach Strassburg, von wo er alsbald weiter reiste (Brief des Joh. Schwebel i. Epp. var. VIII des Thom. Arch. i. Strassburg).

1557 wird Dr. med. Hubert Faber, obwohl nicht in Köln promovirt, zum Professor der Medicin an der Universität Köln ernannt (Ennen, Neu. Gesch. d. St. Köln I 706 f.). Er wohnte in Köln „uff der Santkuil'. † 1566, während seines Dekanats (Bericht des Petr. Holtzemius v. 1629 i. Lib. annal. fac. med. b. Höhlbaum, Buch Weinsberg II 323 a. 1). Ist wohl der Vater des 1586 in der Matr. art. erwähnten jüngern Hupert. Faber Coloniensis

(S. 170 No. 19) und Verwandter (Bruder?) des 1549 in Pisa zum I. U. D. promovirten Gregor. Faber Coloniensis (S. 143 Anm. 1).

3. **1550 Aug. 18. d. Gottfridus Bnegel Coloniensis.**
Zeuge bei der Promotion des vorigen.

4. **1550 Aug. 18. d. Fridericus Bachovius Echt Coloniensis.**
Wird gleichfalls als Zeuge bei der Promotion des Hupert. Faber erwähnt. Einige Monate darauf in Bologna zum I. U. D. promovirt (Staatsarchiv z. Bologna B No. 4[11]).

5. **c. 1554. d. Ioannes Hardenraeth Coloniensis.**
Hatte in Poitiers, Toulouse, Ingolstadt (1553 Mai 5: Ioannes Harttenrot Coloniensis bacc. jur.), Padua, Bologna studirt. 1556 Nov. 17: Leg. Doctor Pisan. (Promotionsakt. i. Erzb. Arch. zu Pisa). Wohl identisch mit dem Jülich'schen Rath Dr. Joh. Hardenrath (Lossen, Köln. Krieg 2, 267. 546) und Vater des jüngern, bekanntern Trägers dieses Namens, der gleichfalls in Ingolstadt studirt hat (1584 Oct. 12: ‚Iohannes Hartenrod Coloniensis Nobilis et Patricius Coloniensis juris studiosus.' Von späterer Hand beigefügt: ‚postea Consul patriae optime meritus').

6. **1558 Mai 4. d. Joannes Springardus Coloniensis.**
Sein Name ist mir in der Matrikel nicht begegnet. Wird am genannten Tage zum Med. Doctor in Padua promovirt (Annal. Nat. Art.).

7. **1559. d. Ioannes Potgieter ab Essen.**
Auch diesen Namen kann ich in der Matrikel nicht nachweisen. Joh. Potgieter erscheint 1559—60 als von der deutschen Nation deputirter Consiliarius substitutus Nationis Anglicae (Andrich, de natione Anglica p. 90). — Sohn des 1572 in Cleve als Clevescher Rentamtmann verstorbenen Joh. Potgiesser aus Essen und der Mechtild Passmann. Er folgte (1572) seinem Vater in der Quaestura generali Ducatus Clivensis. War vermählt mit Cathar. von Merheim (Teschenmacher Elogia p. 149).

8. **1559. d. Amandus Potgieter alias ab Essen, Clivensis.**
Bruder des vorigen. Hatte nach den Pisaner Promotionsakten in Löwen, Köln, Orléans, Dôle, Padua studirt. 1561: I. U. D. Pisan. Erscheint 1566 als Assessor am Reichskammergericht (Teschenmacher).

9. **c. 1576. d. Iohannes a Wiermundt Iuliacensis.**
† 1576 Oct. 15 in Padua an der Pest (Annal. Nat. Art.)

10. **c. 1579. d. Stephanus Cereolus Coloniensis.**
Gedenktafel in Padua: ‚Stephano Cereolo Coloniensi Philosophiae et Medicinae Doctori Equiti Rectorique meritissimo anno sui Rectoratus Universitas Philosophorum et Medicorum posuit anno 1579 mense Iulii' (Salomonius l. c. p. 106 No. 317).

11. **1592 Dz. 29. d. Carolus d. Castro Coloniensis Allemannus** cum varollis in facie (Matr. Rectoris).

12. c. 1597—98. d. Hieronymus Parolarius nobilis Coloniensis I. U. D.

War in den genannten Jahren Rektor der Juristen-Universität. Die seiner trefflichen Amtsführung gewidmete Denktafel trägt die Inschrift: „Hieronymo Parolario nobili Coloniensi I. U. D. Equiti ac Iuristarum per biennium Rectori meritissimo sua Universitas P(oni) C(uravit) ultimo sui Rectoratus anno 1598' (Salomonius l. c. p. 79 No. 109).

13. 1605. d. Guilelmus a Nesselrode.

† 1605 Jul. 24 in Padua. Sein Vater (wohl jener Wilhelm v. Nesselrode, der im J. 1571 den Erstgebornen des Hz. Wilhelm III. von Cleve nach Italien begleitet hatte: Annal. d. hist. Ver. f. den N-Rhein 25, 193) setzte ihm nachstehendes Epitaph: „Guilielmus de Nesselraid in Ereshof Ducis Iuliae Cliviae Montium a secretis consiliis, moestissimus pater, G u i l i e l m o filio carissimo, qui cum Galliam et Italiam perlustrasset ac iam virtute, doctrina et moribus aeq. ornatus de reditu in patriam cogitaret, P a t a v i i pie quidem admodum sed nimis immature diem obiit a⁰. M. DC. V. Jul. 24, exiguum hoc magnae virtutis monumentum poni curavit' (Salomonius l. c. No. 202. 203).

14.*) 1637 Sept. 22. d. Wilhelmus Pieterus Zoppenbusch Coloniensis.

An diesem Tage zum Phil. et Med. Doctor promovirt (Annal. nat. Art.)

---

*) Als Rheinländer sind wohl auch zu betrachten: Ioannes Wintgens 1603 Mai 26 (Matr. N. G. iur.), Franciscus Dominicus Koppeninger de Koppenstein 1625 Jan. (l. c. — ein Franz v. Koppenstein erscheint um diese Zeit als Domscholaster zu Trier: Humbracht tab. 146) und Petrus Barsius Zellensis, der 1628 Jun. 6 zum Phil. et Med. Doctor promovirt wird (aus Zell a. d. Mosel? Der Name Barz ist an der Mosel nicht selten).

Nachzutragen ist zu S. 157 No. 118: Phil. Dietrich Graf z. Manderscheid u. Virneburg, 3. Sohn des Joach. Gf. zu M. († 1582) und der Magdalena T. des Gf. Adolf zu Nassau. (Hübner II tab. 373·)

Zu S. 163 No. 179: Salentin Comte de Isenburg, aus der älteren Linie, S. des frühern Kölner EB. Salentin Gf. v. Isenburg (resign. 1577) und der Antonia Wilhelma T. des Fürsten Johannes zu Aremberg. † in demselben Jahre im Kriege in Böhmen. (Hübner II tab. 404.)

Zu S. 172 No. 28: Herm. Birckmann, seit 1602 Professor der Medicin in Würzburg, nachweisbar bis 1608 (Wegele. Gesch. d Univ. Würzburg I 297 (wo unrichtigerweise im Text Heinrich genannt), auch Anm. 2 u. II 286).

Zu S. 157 No. 111. War Bischof von Speyer v. 1610 Oct. 10 — 1652 Febr. 7. (Remling, Gesch. d. Bischöfe zu Speyer II 435 ff.)

Zu S. 143 Anm. 1: Wilh. Stoeck, S. des Dietr. St. und der Agnes Gommersbach. 1555 Oct. 25 — 1562 Dec. Assessor am Reichskammergericht zu Speyer (Ludolf l. c. App. X 66), dann Kanzler des Bischofs von Münster (Teschenmacher p. 133).

Personen-Verzeichniss*.

ab Althoven. Joh. Petr., Dusseldorpiensis I 221.
Andreae, Petr. Coloniensis A 108.
Anethan, Joh. Henr., Trevirensis I 238.
Arck, Christian., Coloniensis I 88.
Aubel, Nicol., Voren. Coloniensis A 50.
— Thom., Coloniensis A 27.
Axer, Ludov., Iuliacensis I 144.
Bachofen al. Echtius, Frider., Coloniensis N 4.
— Johannes, Coloniensis A 21. v. Echtius.
Backhausen, Thom., Coloniensis A 118.
Barsius, Petr., Zellensis (s. Anm. S. 183)
Behr, Wilhelm. Henr., Dusseldorpiensis A 100.
de Beyer, Arnold., Clivensis I 172.
Bernclaw, Iohan. Theodor., Dusseldorpiensis I 220.
Birckman, Arnold., Coloniensis A 25.
— Hermann., Coloniensis A 28.
— Theodoric, Coloniensis A 4.
— Theodoric., Coloniensis A. 20.
Blanckenbach, Arnold., Coloniensis A 94.
Bnegel, Gotfrid., Coloniensis N 3.
Bolen, Anton., Confluentinus A 107.
Bolzinger, Gerhard. Adam., Crucenacensis I 190.
von dem Bongardt. Iohann Henric., Iuliacensis I. 145.
— Otto, Iuliacensis I. 141.
Borman Kessel, Henric., Dalensis I 150.
Brandes, Wilhelm, Dusseldorpiensis A 134.
Breyl, Balthasar, Iuliacensis I 14.
Breckerfeld, Adam., Walthen. Iuliacensis A 77.
de Breun, Damian. Henric, Bonnensis I 224.
— Petr., Coloniensis A 64.
Brewer, Petr., Iuliacensis I 233.
— Wernher., Dusseldorpiensis I 78.
Broechuus, Georg., Vesalia-Clivensis A 125.
Broichausen, Iohann., Coloniensis I 201.

a Bronckhorst et Batoborch L. B. in Gronsvelt et Rymborch Domin. in Alpen, Iohann. I 76.
— Otto, I 234.
a Bruch. Frider., Coloniensis N 1.
Bruel, Hermannn., Rhenensis A 70.
Buininch, Arnold. Laurent., Clivensis I 208.
a Bulderen, Petr., Coloniensis I 188.
Burgell, Iohann. Winand., Coloniensis I 209.
Büstorp. Anton., Coloniensis I 162.
Cercolus, Stephan., Coloniensis N 10.
Cerfontanus, Philipp., Montensis I 29.
C s. K.
Daems, Hermann., Vesalia-Clivus A 137.
Dareck, Iohann. Ernest., Eifflianus I 232.
Daucembergh, Leonard., Aquisgranensis I 215.
Daun v. Dhaun.
a Dhaun, Hermann. I 87.
Deutz, Anton., Coloniensis A 97.
Dolz, Sigfrid., Wetzfiariensis I 72.
v. Dorn s. de Spina.
Dresanus, Adam., Marcoduranus A 79.
v. Dries s. Dresanus.
Drossart, Iohann., Coloniensis A 98.
Dusinger, Caspar., Trevirensis I 227.
Dussel, Iohann., Coloniensis I 128.
Ecbtius, Albert., Coloniensis A 12.
— Frederic., Coloniensis A 9.
— Hermann., Coloniensis A 5.
Effren, Johann., Coloniensis A 30. v. Bachofen.
ab Efferen, Wilhelm. I 105.
Eigelmann (Eichelmannus), Gerhard., Coloniensis A 45.
— Petr., Coloniensis A 91.
Eick, Servatius, Coloniensis I 2.
ab Eynden, Arnold., Rheno-Berckanus A. 47.
von Elmpt, Iohann. Henrich, Iuliacus I 176.
Elsholtz, Iohannes Sigismundus A 94a.
zu Eltz, Iohann. Eberhard. Sohn I 168.

---

*) A = Matr. Artistarum (S. 168 ff.), I = Matr. Iuristarum (S. 144 ff), N = Nachtrag (S. 181 ff).

zu Eltz, Iohann. Henric. I 10.
— Iohann. Ulric. Sohn I 182.
— Hans Wolff I 97.
ab Elverfeldt, Christoph. I 44.
— Guilelm. I 43.
Engell, Iohann. Anton., Edigera-Mosellan. I 200.
Engels, Iohann. Petr., Coloniensis A 139.
— Egidius. Coloniensis A 144.
Engelbrecht (Engelbertus), Arnold., Aquisgranensis I 12.
— Simon, Aquisgranensis I 114.
d'Esser, Fr. Chrysantus, Monasterio-Eyfflianus A 90.
Ewich, Iohann., Coloniensis A 3.
Faber, Huppert., Coloniensis (1550) N 2.
— Huppert.. Coloniensis (1586) A 19.
— Iohann. Iacob., Kirnensis A 57.
Fabritius, Caspar, Iuliacus I 214.
— Gotfrid., Iuliacensis I 69.
— Iohann., Coloniensis A 63.
— Ludovic., Iuliacensis I 96.
— Pancrat. Cornelius, Coloniensis A. 26.
— Peregrin., I 113.
Fedder, Sebastian., Duisburgensis A 29.
Feist, Christian., Coloniensis A 81.
Flad, Michael, Confluentinus A 34.
de Flade in Schoenenberg, Francisc. Iacob.. ex Electoratu Trevir. I 80.
de Fürstenberg, Ferdinand. Rudolf. Comes I 223.
a Gaelen, Adam., Coloniensis I 25.
Gail, Caspar, Coloniensis I 104.
— Melchior, Coloniensis I 103.
— Nicolaus. Coloniensis I 20.
Gailkircher, Iohann., Iuliacensis I 39.
— Leonard., Iuliacensis I 65.
Gartzwiller, Paul., Iuliacensis I 47.
Germelhausen, Iohann., Kempensis A 16.
Gymnich (Gymnicus), Iohann, ex Ducatu Clivensi I 159.
Gyser, Sebastian., Coloniensis I 226.
Glandorp, Matthias, Coloniensis A 46.
Godenaw, Godefrid., Coloniensis I 156.
de Goetten, Emondus, Iuliacensis I 199.
[Gogreve, Anton., Germanus I 62.]
Goltschmidt s. Horn.
a Grain, Johann., Wesaliensis I 85.
Gracchus, Nicolaus, Treverensis I 192.
Gras, Willhelm., Confluentinus I 155.
a Greiffenclaw, Alexander, Trevirensis I 194.
Greussen, Henr., Iualiacensis A 106.
Grevenbruch, Iohann., Iuliacensis I 193.
Gross, Iohann., Coloniensis I 217.
Gruiser, Conrad., Coloniensis I 138.
Gulicher, Wilhelm., Eschwileranus I 133.
ab Haes, Arnold., Iuliacensis I 49.
— Hermann., Juliacensis I 48.
— Wilhelm., Coloniensis I 18.
Hagen, Jacob., Coloniensis A 119.
Hagk, Conrad., Iuliacensis I 71.
Haigen, Iohann., von Wiedt I 189.
Haistein, Christian., Coloniensis I 137.
Haickstein, Wilhelm., Coloniensis I 55.
a Halfaren, Petr., Coloniensis I 24.
Hardenraeth, Ioh., Coloniensis N 5.
Hardt, Iohann. Christian., Dusseldorpiensis I 241.
Hardung, Iacob.. Boppardiensis I 219.
ab Harff, Nicolaus, Iuliacensis I 64.
Hartmann, Iohannes, Coloniensis I 229.
ab Harttenstein, Iohannes, Moersensis I 28.
Hassel, Gebhard., Coloniensis I 119.
Hattingen, Henric., Coloniensis I 181.
Heeser, Philipp. Nicolaus, Sigensis I 235.
Heyman, Petr., Agrippinas I 92.
ab Heimbach, Ioannes, Bensburg. Montanus A 39.
— Winandus I 177.
Heldewier, Michael, Coloniensis A 80.
Henolt, Seraphin., Coloniensis I 164.
Herdt, Carol., Coloniensis A 86.
Heresbach, Iohannes, Sicamber I 33.
Herll, Theodoric., Iuliacensis I 107.
Hersch, Francisc. Damian Erwinus, Confluentinus I 244.
Hydagenius, Goswin., Montanus I 42.
von Hyen, Francisc., ex Ducatu Geldrensi I 86.
Hillessemius, Anton., Andernacensis I 38.
Hochsteden, Wilhelm., Iuliacensis I 41.
Hoffstadt, Iohann., Dusseldorpiensis A 114.
— Iohann. Philipp., Dusseldorpiensis A 140.
Holthausen, Wilhelm., Dusseldorpiensis I 222.
Holtmann, Iohann., Coloniensis I 132.
Holtzemius, Matthias, Coloniensis A 128.
— Petr., Coloniensis A 69.

ab Homburg, Cono, Trevirensis I 15.
Horn gen. Goltschmied, Gerhard., Coloniensis A 112.
ab Horrich, Reiner., Iuliacensis I 91.
— Zachaeus, Iuliacensis I 108.
Horstanus, Albert., Geldrensis I 8.
Horstgen, Rudolf., Monasteriensis Eiffianus I 197.
Hortensius, Theodorus, Novesianus A 56.
Huber, Lambert., Coloniensis I 240.
Im Hof, Bernhard., Marcoduranus I 175.
— dictus Kessel, Eberhard., Coloniensis I 61.
— Wernher., Marcoduranus A 44.
Isaac, Bertram., Coloniensis A 13.
— Iohannes, Coloniensis A 23.
Isenburg, Salentin. Comte de I 179.
Iegers, Iohann., Gladbacensis A 92.
Camphausen, Wolfgang. Wilhelm., Dusseldorpiensis A 115.
Kannengiesser, Petrus, Coloniensis I 56.
de Castro, Carolus, Coloniensis N 11.
de Catena, Everhard., Essendiensis A 85.
— Iacob., Coloniensis A 95.
— (a Catenis), Iohann., Essendiensis A 65.
Catterbergh, Petr., Elberfeldiensis A 35.
Cautelius, Iohann., Sigenensis I 26.
Kemper, Otto, Poppardiensis I 60.
Kempis, Iohann. Wilhelm., Coloniensis A 83.
Kessell, Henric., Kempensis A 33.
— Iohann., Coloniensis I 161
Kessel s. Bormann.
— Im Hof.
Keuchenius, Robert., Iuliacensis A 17.
— (Keuchemius), Iohann., Clivo-Weliensis A 41.
Khuen, Hermann., Breidenbachius Coloniensis A 40.
Clabbers, Iodoc., Gennepensis A 99.
Klock, Iohann., Essendiensis A 72.
Closs, Iohann., Clivensis I 127.
Knaudt, Iohann. Adam., Rhenanus I 154.
Knauff (Knopff), dict. Mascherelius, Adam., Muersensis A 1.
— Guilelm., Coloniensis A 22.
Knips, Alexander Carolus, Coloniensis A 130.

Knips, Francisc., Coloniensis A 103.
— Martin., Coloniensis A 133.
Knopff s. Knauff.
Cogels, Godefrid, Aquisgranensis A 102.
Kolb, Iohann., Confluentinus I 37.
— Iohann., Gerhard., Confluentinus A 62.
a Kollen, Iohann., Andreas, Coloniensis I 237.
a Koppenstein, Iohann. Wolffgang. I 191.
Koppeninger de Koppenstein, Francisc. Dominicus (s. Anm. S. 183).
Cramer, Johann., Coloniensis A 120.
a Craufft cogn. Creudener, Martin., Coloniensis I 30. s. Crufft.
Creudener s. Craufft.
— s. Crudener.
Crudener, Arnold., Coloniensis I 117.
— Iohann., Coloniensis I 116.
Crufft, Henric., Iuliacensis I 110.
s. Craufft.
Kuffler, Isaac, Coloniensis A 74.
— Iohann. Sibert., Coloniensis A 49.
Curtzius, Ferdinand., Bonnensis A 109.
a Langeln, Henric., Rhenanus I 148.
a Leeradt, Wilhelm., ex Ducatu Iuliacensis I 143.
Leerse, Henric., Coloniensis I 210.
a Ley, Iohann. Caspar. I 165.
von der Leyen, Iohannes, Trevirensis I 3.
Lennep, Petr., Coloniensis A 54.
Lymbourgius, Petr., Trevirensis I 183.
Lyresius, Cyprian., Embricensis I 57.
a Loë, Balthasar, ex Ducatu Clivensi zu Wissen I 85.
— Dietericus I 123.
— Wesselus, ex Ducatu Clivensi zu Wissen I 84.
Lorraentz, Arnold., Geilenkirchen. A 68.
Louwermann, Iohann., Clivensis I 122.
Ludovici, Iohann., Trevirensis I 236.
Maas, Matthias, Iuliacensis I 230.
in Manderscheidt et Blankenheim Dominus in Lunckeroedt, Arnoldus Comes I 51.
— Hermannus I 23.
— Iohannes Gerardus I 4.
— Philipp Dietrich I 118.
Mascherelius s. Knauff.
Mattenclot, Gabriel, Dusseldorpiensis I 170.

Maurignault, Johannes, Aquisgranensis I 139.
Mausgen, Johannes, Coloniensis I 70.
de Meckenheim, Heinricus, Bonnensis I 22.
Meller, Arnoldus, Iuliacensis I 186.
Melm, Godefridus, Dusseldorpiensis A 113.
- Mercator, Franciscus Philippus, Coloniensis I 212.
Mering, Dietericus, Coloniensis A 111.
Mertloch, Johannes, Boppardiensis I 109.
a Merula, Ioannes Adam, Confluentinus I 32.
a (von) Metternich, Emerich I 166.
— Iohannes Reinhd. I 157.
— Iohannes Theodoricus I 142.
— Carll I 173.
— Lotharius, Trevirensis I 66.
— Lotharius Friedericus I 206.
Metternich, Hieronymus Wolff gen. I 204.
a Meuthen, Thodorus, Iuliacus I 115.
Mirbach, Henric., Iuliacensis I 68.
Mockelius, Adam., Marcoduranus I 136.
— Ioannes, Marcoduranus I 135.
— Quilelm. Maroduranus I 120.
— Moquel, Gulielm., Coloniensis I 203.
Modeman, Iohannes Theodorus, Coloniensis A 132.
Mondt, Henric., Marcoduranus A 61.
s. Mundt.
a Monheim, Monhemius, Francisc., Agrippinas Ubius A 58.
— Petrus Coloniensis I 73.
Müller, Johannes Daniel, Wetzlariensis A 126.
— Iohannes . Iosephus, Dusseldorpiensis A 142.
Mundt, Adam., Iuliacensis A 96.
s. Mondt.
Muermanus, Thomas, Coloniensis A 18.
Nassau, Philipp. a, Trevirensis I 7.
zu Nassau-Saarbrücken, Iohan. Casimir Graue I 140.
Neff, Iohannes, Coloniensis A 48.
Nervius, Johannes, Heresbachius I 9.
a Nesselrode, Guilelm. N 13.
Neuphart, Iohannes Erhard, Crucinacensis I 124.
Neurath, Iohannes, Confluentinus A 51.
Neus(s), Adam., Coloniensis A 87.

Neus(s) Herman., Coloniensis A 93.
a Nickendich, Herman., Trevirensis I 67.
Noey, Heinric., Embriensis I 211.
a Nunhuys, Wilhelm., Clivensis A 84.
Obelgun, Henric. Christoph., Coloniensis A 110.
ab Oberstein, Andreas (1552) I 6.
— Andreas (1590) I 121.
— Johannes Ieremias I 5
von der Ordenbach, Caspar, Coloniensis I 218.
Ostermannus, Simon, Ellerus-Moselanus I 21.
Pabst, Herman, Dusseldorpiensis I 195.
Parolarius, Hieronym., Coloniensis N 12.
Pasqualini, Alexander de, Clivus I 147.
Pastor, Gerard., Coloniensis I 19.
— Henric., Aquisgranensis I 126.
— Iohannes, Coloniensis I 53.
— Iohannes, Aquensis I 79.
Patricius (*Patrick*), Daniel, Trarbacensis I 130.
Pinchsthorn (*Pfingsthorn*), Iodoc., Coloniensis I 160.
Portz, Iohan. David, Bacharaco-Palatin. A 123.
Potgieter, Amand., Essendiensis (1559) N 8.
— Ioh., Essendiensis (1559) N 7.
Quadt, Bertram., Iuliacensis (1559) I 17.
— Bertram., Iuliacensis (1634) I 198.
Quentel, Petrus, Coloniensis I 46.
— Thomas I 207.
Quintzheim, Henric., Coloniensis A 141.
Radermacher, Christian., Coloniensis A 78.
Reichwein, Ioann. Frideric., Trevirensis I 50.
Reitz, Francisc., Clottensis I 169.
a Reck, Quilielm., Cliviacus I 153.
— Theodorus, Cliviacus I 152.
— Wennemar., in Kemnat a Saxonibus Westphalus I 151.
a *Reuschenberg* v. Ruischenberck.
Rhadius, Hillebrand., sub Ducatu Iuliacensi I 89.
Rahm, Renerus, Bonnensis I 171.
Rheidsius, Iohann., Coloniensis A 82.
Rhombius, Hermann, Europhrisus A 43.
Ripgens, Petr., Coloniensis A 76.
Rivius, Tobias, Clivo-Weselius A 31.

Roesen, Iacob., Coloniensis (1657) A 104.
— Iacob., Coloniensis (1658) I 216.
Roeth, Ioann. Eberhard., Wanscheidensis I 74.
Rogeau, Marc., Wesaliensis I 129.
Rohrer, Francisc. Carol., Bonnensis A 135.
Romer, Paul., Aquisgranensis I 187.
Ropertus, Iohann., Coloniensis I 36.
Rösingh, Caspar, Coloniensis I 196.
Ross, Wilhelm., Coloniensis I 52.
Rudenscheidt, Amand., Clivensis I 81.
a Ruischenbergk, Edmundus I 98.
Ruland, Iohann., Aquisgranensis I 100.
— Rudiger., Aquisgranensis I 101.
Rutz, Abraham., Coloniensis A 71.
Sarburg, Bartholom., Trevirensis I 99.
Schier, Wilhelm., Coloniensis I 163.
Schlosser, Iohann., Coloniensis A 131.
Schlotanus, Iohann., Coloniensis A 14.
Schmidts, Wilhelm., Coloniensis I 205.
Schneidanus, Petr.; Mosellanus I 94.
Schneit, Lotharius, Confluentinus I 185.
Schöll, Bernhard., Wesaliensis I 34.
a Schoeler, Conr., S. 143 Anm.
a Schoenberg-Wessel, Georg. Wolffgang. I 174.
— v. Schönburg Rhenanus, Friedrich I 149.
Schorn, Petr., Coloniens I 231.
Schröder, Wilhelm. Henric., Bleisemio-Coloniensis I 225.
Schütz, Iohaun., Coloniensis I 106
Schweigeler, Andreas, Euskirchensis I 125.
Schwem, Hermann., Clivo-Reesensis A 67.
Selintz (Schlintz?), Iohann., Euskirchensis I 180.
Selius, Gabriel, Confluentinus I 31.
— Christophor, Confluentinus A 2.
a Senheim, Henric., de Nider Weesell I 146.
Sifanus, Laurentius, Sleidanus I 1.
Simonis, Carsilius Gerhard., Sittardiensis A 127.
Sipenius, Iohann., Montensis A 60.
Sistigh, Damian., Waldenbergo-Iuliacus A 89.
Sittart, Henric. Andreas, Coloniensis I 77.
— Marcus, Coloniensis A 66.
Slath, Hermann., Duisburgensis A 117.

Solenander, Iohann., Buricensis A 11.
a Söttern, Philipp. Christophor. (1558) I 16.
— Philipp. Christophor. iun. (1589) I 111.
Speiess, Adolf., Coloniensis I. 40.
de Spina, Aquensis (1585) A 15.
— Petr., Aquisgranensis (1613) A 42.
— Conrad., Aquisgranensis I 178.
Springardus, Iohann., Coloniensis N 6.
Staden, Wilhelm., Coloniensis A 73.
Stapedius, Honric., Coloniensis (1563) A 7.
— Henric., Coloniensis (1589) A 24.
— Iohann. Bernhard. A 55.
Staudt, Iohann. Philipp., Trevirensis I 45.
Steegh, Rener., Embricensis A 36.
Steinhaus, Thomas, Coloniensis A 143.
a Steinhausen, Theodorus, Confluentinus I 158.
Stoeck, Guilelm., Clivensis (s. S. 143 Anm.).
Strauch, Iacob., Iuliacensis I 213.
Stro, Iohann. Caspar., Otttwileranus A 37.
Ströiff, Asverus, Embricensis I 75.
Sturio, Wilhelm., Ruyordanus Clivensis I 112.
Sudermann, Eduard., Coloniensis I 95.
Teschemacher, Abraham., Elberfeldensis I 239.
— Engelbert A 32.
Theodoricus, Iacob., Wetzflariensis A 8.
Thour, Iohann. Wilhelm., Coloniensis A 124.
Tils, Iohann. Henric., Coloniensis I 242.
Tonner, Iohann., Sigensiv I 13.
Unkel, Conrad., Coloniensis I 102.
Vebelenn, Iohann., Marcoduranus A 53
— Vehlen, Iohann. Salentin., Colonicnsis A 101.
Veltmann, Hermann., Coloniensis A 59.
Vignet, Iohann. Henric., Aquisgranensis A 146.
a Vlatten, Henr. a, Iuliacensis (s. S. 143 Anm.).
Volckoffen, Andreas, Iuliacensis A 75.
Volquini, Anton., Coloniensis I 54.
a Wachtendunk, Arnold. I 83 u. S. 143 Anm.
— Iohann, Wilhelm. I 82.
Waghanerus, Iohann. Daniel, Mosellanus I 167.

Wankell, Leonhard., Coloniensis I 228.
Wasmuht, Iohann. Henric., Kettwigensis A 136.
Wasserfas, Paulus, Coloniensis I 243.
Weyerstrass, Segerus, Coloniensis A 38.
a Weyss in Vettelboven, dioc. Coloniensis, Gerard. Otto I 90.
Welther, Iohannes, Trevirensis I 184.
Wendelen, Philipp., Wilhelm., Coloniensis A 129.
Werden, Engelbert., Coloniensis A 145.
Werll, Eberhord., Confluentinus I 131.
Widich, Melchior, Coloniensis I 59.
— Theodorus, Coloniensis I 58.
Wieda, Iohann. Wilhelm. Comes in I 134.
Wierius. Galen., Clivensis A 10.
— Henric., Clivensis A 6.
— Theodoric., Clivensis I 27.
a Wiermund, Iohannes, Iuliacensis N 9.

Wilden, Matthias, Coloniensis (1657) A 105.
Wilden, Mathias, Coloniensis (1666) A 121.
— Iohann., Coloniensis A 122.
Wilhelm, Iohann, Sleidanus A 52.
Winneburg et Beyhelstein, Cono Baro in I 63.
Wintgens, Arnold., Duisburgensis A 116.
— Iohannes, (s. S. 183 Anm.).
Winthler, Itellus Friedericus, Bonnensis I 202.
Wirtz, Michael Carolus D., Dusseldorpiensis A 138.
Wolff, s. Metternich.
Wölfflin, Henric., Saraepontanus I 11.
Wulffraedt, Petr., Coloniensis I 93.
a Zandt, Ioannes Matthias, Confluentinus A 88.
Zoppenbusch, Wilhelm. Pieter., Coloniensis N 14.

Miscelle.

Adam Volcmar zu Cöln in seinen Beziehungen zu Nicolaus Wollick und Heinrich Glareanus 1501—1510.

Mittheilung
von
Archivar **F. W. E. Roth**-Wiesbaden.

Adam Volcmar stammte aus Boppard am Rhein und heisst auch Adam von Boppard. Er war 1501 Artium magister und Lizentiat der heil. Schrift sowie Regens eines Gymnasiums zu Cöln. Weniger dieses als der geistige Einfluss, den er auf zwei bedeutende Männer des 16. Jahrhunderts ausübte, macht des Adam Persönlichkeit interessant. Von seinen sonstigen Verhältnissen ist wenig bekannt. Der Musiktheoretiker Nicolaus Wollick aus Seroville, auch Volcyre de Serouville, selbst bei den Italienern Nicolaus Bolicio genannt, trat zu Cöln mit Adam in Beziehungen, indem er dessen Schüler ward und Wohlthaten von demselben empfing, die anregend wirkten. Nicolaus gehörte jedenfalls der Artistenfacultät an, in deren Lehrplan auch Musiktheorie gehörte. Er ward unter Adam Magister und erinnerte sich, zum Musiktheoretiker ausgebildet, 1501 seines früheren Lehrers Adam, indem er sein opus aureum musice castigatissimum de Gregoriana et figurativa atque contrapuncto simplici percommode tractans omnibus cantu oblectantibus utile et necessarium e diversis excerptum in erster Auflage bei Heinrich Quentel zu Cöln drucken liess und dem Adam widmete[1]). Möglicherweise hatte bei diesem Verlag

---

1) Vergl. Anlage. Ueber das Buch vgl. Serapeum ed. Naumann XVIII (1857) S. 313. Monatshefte f. Musikgesch. ed. Eitner IX. (1877) S. 55, XI.(1879) S. 100. Schletterer, Catalog der Augsburger Musikalien S. 22 u. 72. Octavo oder klein Quarto, 47 Blätter. Am Ende: Explicit opusculum musices omnibus

Adam die Hand im Spiele, die Sache kann aber auch auf frühere Bekanntschaft mit Quentel zurückgehen. Diese Widmung hat weder Angabe von Ort noch Zeit. In der Anrede an den Leser nennt Nicolaus seine Schrift kurze Auszüge, die er, wie Bienen aus den Blüthen, aus den Schriften der Alten zusammengelesen habe. Die Widmung an Adam steht am Ende der Schrift. Dieselbe besteht in einer Abhandlung über den gregorianischen Choral und einer zweiten über den figurirten Gesang. Die erstere Abhandlung aus der Feder Wollicks zerfällt wieder in zwei Theile, wovon 4 Capitel über Geschichte und Beschreibung der Musik und der zweite Theil mit 13 Capiteln über die Art und Weise, den Gesang zu erlernen, handeln. Die zweite Abhandlung ist, wie der Widmungsbrief an Adam sagt, keineswegs von Wollick, sondern von Melchior (Malcior) von Worms, einem Musiktheoretiker, von dem nichts als diese Schrift und der Namen vorhanden ist. Beide waren Nicolaus und Wollick, jedenfalls Zeitgenossen, und Wollick wirkte hier nur als Herausgeber. Weitere Beziehungen Wollicks zu Adam Volcmar sind unbekannt.

Adam war 1505 Rector der Cölner Universität, er trug am 28. Oktober 1505 den Adelricus hotten, den bekannten Ulrich von Hutten, und am 17. November gleichen Jahres den Johannes Jegher oder Crotus Rubianus aus Arnstadt als Studenten der Artistenfacultät in die Cölner Matrikel ein[1]). Hutten hatte sich von Fulda direct nach Cöln begeben, ihm leistete Jäger Gesellschaft.

Henricus Loriti aus Glarus, geboren 1488, ward 1506 am 5. Juni ebenfalls in die Cölner Matrikel als Student eingeschrieben[2]) und war jedenfalls der Schüler des Adam Volcmar, der ihn ebenfalls für die Musiktheorie begeistert haben dürfte. Als Adam

---

volentibus cantum utriusque scire necessarium fausto fine Impressum Colonie per honestum virum Henricum Quentel civem famatum eiusdem anno missionis in carnem divini verbi millesimo quingentesimo uno addito. Exemplare befinden sich zu Berlin K. Bibl., München Hofbibl., Augsburg und Pirna Stadtbibl. Andere Auflagen erschienen Cöln 1504, 1505, 1508 und 1509. Monatshefte I. S. 55, XX. (1888) S. 52. Wollick schrieb ferner noch: Enchiridion musices de Gregoriana et figurativa atque contrapuncto simplici — utile et necessarium. Am Ende: Impressum Parisiis impensa Johannis Parvi et Francisci Regnault. Anno 1512. 14 Kalendas Novembris. Quarto, 84 Blätter. Seminarbibl. zu Limburg a. d. L, Berlin K. Bibl.

1) Krafft in Zeitschrift f. preuss. Gesch. ed. Hassel V. (1868) S. 432.
2) Ebenda S. 483.

1510 die Stellung eines Vizekanzlers der Universität bekleidete, erhielt am 11. März dieses Jahres Loriti die Würde eines Doctors der Künste und Philosophie[1]). Derselbe scheint sich 1512 von Cöln wegbegeben zu haben, denn 1512 ward er von Kaiser Max I. zum Dichter gekrönt. Aus Liebe zur Musik gab er 1516 eine theoretische Schrift heraus: Jsagoge in musicen Henrici Glariani Helvetii poc. lau. e quibusque bonis authoribus latinis et graecis ad studiosorum utilitatem multo labore elaborata. Ad Falconem coss. urbis Aventicensis. Das Titelblatt ist mit Holzschnitt eingefasst, worin zwei Schildchen: Hans Holb. ersichtlich. Auf der Titelrückseite die Widmung an Peter Falco consul apud Friburgum Helvetiorum bonarum literarum mecoenati mit dem Datum: Basileae. Anno Christi. MDXVI. ad Idus Maias. Eine Angabe von Druckort und Erscheinungsjahr fehlt, das Schriftchen hat 20 Blätter Quarto[2]) — Diese Beziehung Volcmars zu Loriti aus 1510 ist das letzte Lebenszeichen desselben; wann Volcmar starb, ist nicht bekannt.

Anlage.

Nicolaus Wollick de Serovilla artium magister domino Adae Popardiensi sacrae·paginae licentiato ac in gymnasio Corneliano regenti salutem p. d. Doctissime atque humanissime domine Adam!

Uti vara sunt mortalium ingenia, ita etiam multi variam experiuntur fortunam. His laeta illis dura et adversa imponitur, cuius rei non solum historiae veterum, sed etiam praesens haec aetas infinita propemodum habet documenta. Sed, ut ego ad meipsum veniam, tu nosti, praestantissime mi domine Adam, quam tenuis semper, quam angusta res mihi fuerit ad capessendum ingenii cultum, hoc est bonarum artium eruditionem, sine qua nemo profecto cultus aut ingenuus dici meretur. Non tamen, quamvis artis septus limitibus et a fortuna abjectus, ac omnium ferme rerum egenus essem, expelli me a foribus philosophiae passus sum, neque ut timidi solent audito vix classico terga dare sustinui. Memor Cleanthis philosophi, qui cum flagitaret

---

1) Hartzheim, bibl. Colon. S. 124. — Demnach lebte Loriti noch eine Zeit lang als Philosoph und Poet zu Cöln und gab daselbst ein Buch heraus.

2) Monatshefte für Musikgesch. ed. Eitner I, (1869) S. 67—68. Loriti gab noch eine zweite Musikschrift: De musices divisione ac definitione. Basel 1549 heraus. Exemplare der Jsagoge befinden sich zu Berlin, k. Bibl., german. Museum zu Nürnberg und Stadtbibl. zu Elbing; vgl. Bibliothek des german. Nationalmuseums. 1855, S. 98. — Ueber Glareanus vgl. die Biographie desselben von H. Schreiber. Freiburg i. B. 1837.

incomparabili amore discendi et unus omnium pauperrimus esset, noctu Athenis potentium civium hortos rigans aquam laboriosissime hauriebat et eo questu in diem panes sibi emens philosophiae operam dabat. Qua perseverentia tandem in secta sua tantus evasit, ut statim in Zenonis praeceptoris defuncti locum succederet. Magnum ille medius fidius exemplum est pauperibus ne desperent. Et certe hoc eius philosophiae tam pertinax studium ita me animavit, ut non solum in artibus, quod vulgo dicitur, sed etiam in musica et in poetica lectiones quotidie audirem. Nec in eo reprehendendus mihi videor, quando Aristoteles philosophus facile omnium princeps, ut testatur Plutarchus, gravioribus illis disciplinis etiam poeseos perfectam quandam cogitationem adiungebat, et historiae tam curiosus erat, ut neque coelo neque terra neque mari quidque relinquere vellet incognitum. Non ergo mihi vitio vertant Aristotelici, si et ego Aristotelicus ipsum Aristotelem imitatus fuero. Sed inquis, colendissime praeceptor, quid ita tantas istas aerumnas, quid difficultates commemoras, quo evasurus tandem? Ut intelligas, quantum probitati debeam tuae, qua me, quem, ut ita loquar, ipsa salus reliquisse videbatur, solus suscepisti et more indulgentissimi parentis in tuo gymnasio fidelissimis praeceptis enutritum ad insignia magisterii evexisti. Me hercule, si rem istam bene pensiculo, nunquam liberalitati erga me tuae possum condignam gratiam referre. Volo igitur, quod solvere non possum semper tibi debere, hoc est, tuae beneficientiae nunquam oblivisci volo, sed, ubicunque occasio erit, de te, quam possim honorificentissime loquar et cogitabo. Quamobrem cum haec opuscula musicae artis, meum videlicet Gregorianum et Malcioris de Wormatia figurativum, imprimenda forent, sine tui nominis grata mentione ea in publicum evolare nequaquam permisi neque in aliis permissurus, si quae post hac edidero, ut saltem non ingratus sim, si tam gratus esse non possum, quam cupio. Vale praesidium et decus Nicolai Galli.

Berichte und Notizen.

In dieser Rubrik beabsichtigt die Redaktion eine Centralstelle für die gesammte geschichtliche Bethätigung in der Rheinprovinz zu errichten und einen Ueberblick über alle damit verwandten Fragen zu bieten. Es ergeht daher an Alle die ergebenste Bitte, jede einschlägige Nachricht an die Adresse der Redaktion (Bonn, Kurfürstenstrasse 79) gelangen lassen zu wollen, insbesondere werden die Geschichtsvereine um regelmässige Einsendung ihrer Berichte gebeten.

A. Meister.

Frühjahrsversammlung des historischen Vereins für den Niederrhein zu Brühl am 14. Juni 1899. Ziemlich gleichzeitig kamen gegen 10 Uhr die Theilnehmer von der Koblenzer und Kölner Richtung her am 14. Juni in Brühl an. Eine Anzahl Herrn war zum Empfang nach dem Bahnhofe gekommen und von ihnen lud der Dechant des Ortes Herr B e r t r a m die Eingetroffenen ein, in der Zeit bis zum offiziellen Beginn der Versammlung die Kirche und die Schätze des Pfarrhauses zu besichtigen. In der Kirche, einem spätgotischen Bau, fesselten die Aufmerksamkeit besonders die beiden Altarbilder, der bemalte Reliquienschrein mit den Darstellungen des Martyriums der h. Ursula und der thebäischen Legion und einige bemalte Holzbüsten der spätgotischen Periode. Im alten Pfarrhause, welches augenblicklich durch ein neueres ersetzt wird, waren mehrere der Kirche gehörige Alterthümer ausgestellt, namentlich zwei Gradualien aus der Mitte des 14. und der zweiten Hälfte des 15. Jahrhunderts mit guten Miniaturen, einige bemerkenswerthe Inkunabeln sowie verschiedene Urkunden, von denen die älteste von Konrad von Hochstaden als archiepiscopus electus ausgestellt ist, die jüngste eine illustrirte Anweisung darstellt für die Chorknaben, aus dem Ende des vorigen Jahrhunderts stammend.

Die eigentliche Sitzung begann um 11 Uhr im Gartensaale des Hotel Belvedere. In Vertretung des nicht in Brühl anwesenden Bürgermeisters entbot der Beigeordnete Herr K i r s c h den Gruss der Stadt. Der Vereinspräsident und Leiter der Versammlung Geheimrath Prof. Dr. H ü f f e r dankte demselben und knüpfte daran einige Worte über die Bedeutung Brühls, welches von der Natur, Geschichte und Kunst ausgezeichnet, auch für den historischen Verein von besonderer Wichtigkeit sei, weil derselbe hier in der Generalversammlung vom 6. Juni 1881 durch die Wahl eines neuen Vorstandes nach dem Tode von Ennen und Floss, dem Austritt von de Claer und Strauven seine letzte schwere Krisis glücklich überwunden habe. Seitdem habe der Verein, der auf 45 jähriges Bestehen und auf 67 Hefte der Annalen hinschaue, sich mächtig entwickelt, in seinen Veröffentlichungen immer erfolgreicher das wissenschaftliche Prinzip betonend und durch die Registrirung der kleineren Archive der Rheinprovinz, von denen soeben der erste Band durch das vierte Heft seinen Abschluss gefunden habe, der lokalgeschichtlichen Forschung einen sehr erheblichen Dienst erweisend. — Nachdem der Vorsitzende noch der seit der letzten Generalversammlung verstorbenen Mitglieder, namentlich des Ehrenmitgliedes Sr. Eminenz des Hrn. Kardinals und Erzbischofs Krementz, sowie des Oberlandesgerichtspräsidenten Struckmann, des Bischofs Höting, des Domkapitulars Dumont als früheren Vorstandsmitgliedes gedacht hatte, wurde das Andenken an dieselben durch Erheben von den Sitzen geehrt.

Der Schatzmeister Helmken erstattete den Geschäftsbericht, der einen Bestand von 625 Mitgliedern, Kartellverbindungen und Schriftenaustausch mit 120 historischen Vereinen, ein Vermögen von etwa 8000 M. aufweist, trotz dem in den letzten Jahren üblich gewordenen Zurückbleiben der Einnahmen gegenüber den Ausgaben, welche durch die Inventarisirungs- und Registerarbeiten eine ungewöhnliche Höhe erreicht hatten. Die Revision der Bilanz übernahmen die Herren Scheben und Stomps. Als Ort der nächsten Generalversammlung wurde Gerresheim bestimmt.

Darauf hielt Herr Dr. Bruchmüller, Volontär am Stadtarchiv von Köln, den ersten Vortrag über: Die Wirthschaftsführung und Haushaltung des Klosters Walberberg am Anfang des 15. Jahrhunderts. Nach einem kurzen Ueberblick über die Geschichte des Klosters Walberberg, welches 1197 nach einem Männerkonvent Cisterciensernonnen aus Hiven bezogen hatten, die wiederum 1447 Benediktinern Platz machen mussten, bis endlich 1591 Jesuiten deren Stelle einnahmen, gibt der Vorsitzende kurz eine Schilderung des seinem Vortrage zu Grunde liegenden Quellenmaterials. Es sind dies 2 Rechnungen des Klosters; die eine grössere enthält die Rechnungslegung der Aebtissin Stine von Erpel über das Jahr 1414, die zweite, kleinere, die über die Zeit vom 14. Februar bis 12. März 1415. An der Hand dieses freilich nur spärlichen Materials suchte sodann der Vortragende einen Einblick in die Wirthschaftsführung des Klosters zu geben. Das Kloster erscheint in einer keineswegs glänzenden wirthschaftlichen Lage, die Ausgaben überstiegen bei weitem, wie Referent zahlenmässig darlegte, die Einnahmen; das Deficit musste durch fortwährende Anleihen gedeckt werden. Die Eigenwirthschaft des Klosters, welche in Walberberg und in Keldenich betrieben wurde, auf deren Schilderung der Vortragende alsdann näher einging, muss auch als durchaus unrentabel betrachtet werden. Einzig und allein die Schafzucht lieferte einen wirklichen Ertrag. — Zum Schluss beleuchtete der Vortragende alsdann noch einige Züge aus dem Leben und der Haushaltung des Konventes, soweit solche sich aus den Rechnungen gewinnen liessen. Geistige Interessen oder gar eine Pflege der Wissenschaften scheinen in Walberberg keine Stätte gehabt zu haben. Ebenso wenig scheinen sich jedoch die Nonnen auch einer Pflege der Kranken und Armen angenommen zu haben. Der Vortragende stellte den Ausgaben für Papier und Tinte diejenigen für Bier gegenüber, welches die damaligen Klosterinsassen neben bedeutenden Quanten Wein in ausgiebigem Maasse konsumirt haben. Den Schluss bildet eine Uebersicht über die Lebensmittel, welche nach der Rechnung für das Kloster beschafft worden sind, woraus man über die Lebensweise der Nonnen wenigstens nach dieser Seite hin ein ziemlich abgeschlossenes Bild gewinnen kann. — Der ganze Einblick, den man aus dem Material in die wirthschaftliche Lage des Klosters erhält, stimmt mit dem überein, was wir über die weitere Entwickelung wissen. Wir lernen einen dem völligen Zusammenbruch langsam aber sicher entgegengehenden wirthschaftlichen Organismus in dem Kloster kennen. Ein Menschenalter später ist dieser Zusammenbruch perfekt geworden und die Nonnen haben das Kloster räumen müssen.

Der Vorsitzende fügte diesem Vortrage noch einige Bemerkungen hinzu über die gegenwärtig so stark gepflegte Wirthschaftsgeschichte. In Bezug auf die französische Zeit wies er auf das Korrespondenzjournal des Herrn v. Gudenau aus 1806 bis 1808, welches sich im Besitze des Grafen Ernst v. Mirbach befindet. — Im Anschlusse daran legte er eine Taxation über die Möbel des Brühler Schlosses aus derselben Zeit vor, ein ihm vom Dechanten Bertram übergebenes Aktenstück.

Den zweiten Vortrag hielt der Progymnasial-Direktor Dr. Mertens „aus der Geschichte Brühls", deren wichtigste Begebenheiten er auf einem gedruckten, den Besuchern der Versammlung freundlichst gewidmeten Blatte zusammengestellt hatte. Er begann mit einer Erörterung des Namens der Stadt (noch im 17. Jahrhundert findet sich „zum Bruel" d. h. am Brül) und besprach sodann mehrere Orts- und Flurnamen der Umgegend sowie Strassenbezeichnungen, wobei auch die Thatsache Erwähnung fand, dass im Sommer vorigen Jahres bei der Anlegung eines Ringziegelofens unmittelbar bei der Stadt deutliche Spuren des römischen Eifelkanals zum Vorschein gekommen sind. Den Hauptgegenstand des Vortrages bildete eine Uebersicht der Verfassungsgeschichte Brühls bis zur französischen Zeit. Die Hauptquellen sind die Verfassungsurkunde des Jahres 1285 und das im Brühler Stadtarchiv aufbewahrte „Accins-, Bürgermeister- und Ordinantzbuch", welches die Jahre 1607—1707 umfasst. Am 27. April 1285 verlieh der Erzbischof Siegfried dem „oppidum Brule", das er zu einer Trutzveste gegen die Stadt Köln ausersehen hatte, städische Rechte. Die Bürger erhielten das Recht, aus ihrer Mitte 7 Schöffen zu wählen, welche, ausser im Falle eines Verbrechens, unabsetzbar sein sollten. Stirbt ein Schöffe oder wird er wegen eines Verbrechens abgesetzt, so sollen die übrigen das Recht der Zuwahl haben, und zwar nach dem Rat des erzbischöflichen Schultheissen. Die Schöffen waren zugleich Gerichts- und Verwaltungsbeamte; sie richteten unter dem Vorsitze des Schultheissen, während sie bei der Verwaltung einen aus ihrer Mitte zum Vorsitzenden erwählten, der später unter dem Namen Bürgermeister oder Consul erscheint. Neben die geschlossene Körperschaft der Schöffen traten frühzeitig — das Jahr lässt sich nicht genau bestimmen — als „Verordnete der gemeinen Bürgerschaft" die Siebener (septemviri), auch Rathsverwandte oder, da sie bei dem Antritt ihres Amtes vereidigt wurden, Eidgenossen genannt. „Schöffen und Rat" führten jetzt gemeinsam das Stadtregiment. Die Siebener wurden wie die Schöffen auf Lebenszeit gewählt; doch kam es häufig vor, dass ein Siebener zum Schöffen befördert wurde. Von den Schöffen unterschieden sie sich dadurch, dass sie nur Antheil an der Verwaltung, nicht aber am Gericht hatten. Seit der Aenderung der städtischen Verfassung wurde der Bürgermeister jährlich abwechselnd aus den Schöffen und aus den Siebenern gewählt. Die Wahl erfolgte, wenn die Schöffen an der Reihe waren, durch diese, war der Bürgermeister aus den Siebenern zu wählen, durch die Bürgerschaft. Wiederwahl war zulässig. Während der Zeit von 1607—1658, für welche die vollständige Liste vorliegt, hatte die Stadt 23 Bürgermeister. Zwei Mal blieb der abgetretene Consul als „Mitgesell" des neuen im Amte. Die Wahl fand statt auf Pauli Bekehrung (25. Januar), und zwar im Bürger- oder Rathhause, nachdem ein feierlicher Gottesdienst in der Pfarrkirche voraufgegangen war. Zuweilen, in den Jahren 1703—1707 regelmässig, erschien ein kurfürstlicher Beamter: der Schultheiss, der Amtsverwalter oder gar der Amtmann. Auch sonst wurde von oben her eine scharfe Kontrolle der Selbstverwaltung geübt. Bemerkenswerth ist, dass gerade damals, als dieselbe sich am schärfsten äussert, ein neues volksthümliches Element, die 4 Gemeinsmänner, in die Stadtverwaltung eindringt. Sie begegnen uns zum ersten Male im Jahre 1703, wo sie sich mit dem Stadtrath und dem Schultheiss an der Prüfung der Bürgermeisterrechnung betheiligen. — Als Verfasser der ersten werthvolleren Hälfte des oben genannten Buches erscheint der Herzogenrather Tilman Feurpfeil, der im Jahre 1618 als Schulmeister und Offermann in den Dienst der Gemeinde Brühl trat, dann zum Stadt- und Gerichtsschreiber aufrückte, Siebener und Schöffe wurde und fünf Mal das Amt eines Bürgermeisters bekleidete. An die Charakteristik dieses tüchtigen, von seinen Mitbürgern hochgeschätzten Mannes knüpfte der Redner noch einige Bemerkungen über die Entwicklung des niederen und höheren Schulwesens in Brühl, um dann mit einem hoffnungsfreudigen Ausblick auf die von der kräftig aufblühenden Stadt unternommenen neuesten Schöpfungen: Ausgestaltung des Progymnasiums zu einer Vollanstalt und Neubau für das künftige Gymnasium und das seit Ostern 1898 bestehende Alumnat seinen Vortrag zu schliessen.

Der Vorsitzende dankte dem Redner für das durch seine Mannigfaltigkeit fesselnde Bild und ertheilte das Wort dann Dr. Tille, der über die Ergebnisse seiner Inventarisationsarbeiten sich aussprach, die durch die Vollendung des ersten Bandes einen vorläufigen Abschluss gefunden haben. Seine Untersuchung von 776 Archiven hat nicht nur trockene Register schaffen, sondern durch die Zusammenfassung gleichartigen Materials möglichst viele neue Gesichtspunkte liefern wollen, z. B. in Bezug auf die Bruderschaften, die Inkorporation der Pfarreien in Klöster u. s. w.; die eingehenden Register am Schlusse des ersten Bandes sollen die Auffindung und die Verwertung dieser Gesichtspunkte erleichtern. Seine bezüglichen Erfahrungen hofft der Redner in seiner neuen Thätigkeit als Herausgeber der

Historischen Monatsblätter verwerthen zu können, die vom Herbst ab in Leipzig erscheinen und die Einzelforschungen der 376 in Deutschland existirenden Geschichtsvereine der Gesammtforschung zugänglich machen sollen.

Darauf begaben sich die Versammelten insgesammt zu dem königlichen Schloss, woselbst der Kunsthistoriker Dr. Edmund Renard, Assistent bei der Denkmälerstatistik, die Führung übernahm. Unter günstigeren Auspizien konnte eine Besichtigung des Schlosses kaum vorgenommen werden, da sich Dr. Renard gerade durch die Beschreibung der von den Kurfürsten Josef Klemens und Klemens August ausgeführten Bauten sehr vortheilhaft in die Litteratur eingeführt hat. Im herrlichen Treppenhause, wohl dem schönsten der Welt aus der Rokokozeit, gab er zunächst einen Ueberblick über die Entstehung des Baues, den Josef Klemens durch seinen Baumeister Robert de Cotte vorbereitet hatte, zu dem aber erst sein Nachfolger Klemens August 1725 den Grundstein legte, um ihn durch Konrad Schlaun so schnell zu betreiben, dass bereits 1728 der Rohbau vollendet war. Zuerst begann die Ausstattung des Nordflügels, die François Cuvilliés leitete, den Neigungen seines Bauherrn überall entgegenkommend und durch massvolle, decente Behandlung des Ornaments, welches der Stuckateur Artario ausführte, wie in plastischer so in koloristischer Hinsicht diesen Gebilden des frühen Rokoko einen ganz eigenartigen Reiz verschaffend. Seine Erbschaft übernahm 1740 Balthasar Neumann, der berühmte Erbauer des Würzburger Schlosses, und ihm ist die Ausstattung des von beiden Seiten mit Licht versehenen grossartigen Mittelbaues zu danken, des überaus reichen und wirkungsvollen Treppenhauses, welches in der ganzen Anordnung wie im Ornament eine grössere Freiheit bezeichnet, die in der ovalen Durchbrechung der Kuppel, deren gewaltigen, figurenreichen Deckengemälden und wuchtigen, ja wilden Stuckreliefs sofort in die Augen springt. Die Trophäen mit der sie bekrönenden Büste sind erst 20 Jahre später, nach dem 1761 erfolgten Tode des Bauherrn angebracht, aber auch die 1744 eingerichteten Säle zeigen bereits den Uebergang zum Klassizismus, in farblicher Hinsicht aber noch immer mässig. Die eigentlichen farbigen Effekte beginnen erst im Südflügel, der durch die bunten Decken und Seidentapeten überladen und in seinen letzten, 1770 ausgeführten Verzierungen vom klassischen Stil beherrscht erscheint. Nach dieser klaren und geistvollen Analyse war der Gang durch die einzelnen Zimmer, welche die ganze Entwickelung des Rokoko veranschaulichen, um so lohnender; die hier gebotenen Erklärungen bildeten eine besonders willkommene Illustration zu der vorher gegebenen Uebersicht. Dem instruktiven Führer dankte unmittelbar vor Eröffnung der Tafel der Vorsitzende, der durch seinen verbindlichen Trinkspruch auf die in erfrenlichem Aufblühen befindliche Stadt Brühl zündend wirkte und zu zahlreichen weiteren Tischreden anregte.

Gesellschaft für rheinische Geschichtskunde. Jahresbericht VIII. 1898 (Auszug). Veröffentlicht wurden 1) Geschichtl. Atlas der Rheinprovinz. Lief. 7: Karte der politischen und administrativen Einteilung der heutigen

Rheinprovinz i. J. 1789. Uebersicht der Staatsgebiete bearbeitet von Dr. Fabricius. 2) Die Kölner Stadtrechnungen des Mittelalters bearbeitet von Dr. W. Knipping. Schlussband: Die Ausgaben. 3) Das Buch Weinsberg Bd. IV 1588—1597 bearbeitet von Dr. Fr. Lau.

Das Erscheinen des I. Bd. der rheinischen Weisthümer von Geh. Rath Lörsch steht bevor. Gleichfalls unter der Presse befindet sich die Ausgabe der Urbare von St. Pantaleon in Köln unter Leitung von Lamprecht bearb. von Dr. Hilliger. Das Erscheinen der Werdener Urbare von Dr. R. Kötzschke ist für nächstes Jahr zu erwarten.

Der II. Bd. der Jülich-Bergischen Landtagsakten 1. Reihe von Prof. G. v. Below konnte nicht gefördert werden. Die 2. Reihe unter Leitung von Geh. Archivrath Harless ist durch Dr. Küch bis zum Jahre 1629 geführt worden. Sobald das Jahr 1631 erreicht ist, hofft er den Bd. druckfertig vorlegen zu können.

Die Bearbeitung des II. Bd. der älteren Matrikel der Univ. Köln durch Dr. Keussen hat in diesem Jahre geruht.

Ueber die Herausgabe der älteren rheinischen Urkunden bis zum J. 1100 konnte bisher in Ermangelung eines geeigneten Bearbeiters noch kein Beschluss gefasst worden.

Ueber die Herausgabe der I. Abtheilung der erzbischöflich Kölnischen Regesten vermissen wir in dem Jahresbericht jede Nachricht. In der II. Abtheilung hrsg. von Dr. Knipping ist der Druck bis zum 6. Bogen 1130—40 gediehen. Für die III. Abtheilung 1304—1414 hat Dr. M. Müller die Sammlung des gedruckten Materials abgeschlossen.

Betreffs der unter Oberleitung von Prof. Gothein durch Dr. H. v. Lösch herauszugebenden Kölner Zunfturkunden glaubt der Herausgeber wegen des grossen Umfangs des Quellenmaterials sich auf das Mittelalter beschränken zu sollen. Mit der redaktionellen Bearbeitung des gesammelten Materials ist begonnen worden.

In der Herausgabe des geschichtlichen Atlas der Rheinprovinz unter Oberleitung von Geh. Rath Nissen ist Dr. Fabricius jetzt mit der Bearbeitung der Karte der kirchlichen Eintheilung nach der Reformation beschäftigt. Er hat mit dem Erzbisthum Trier begonnen. Gleichzeitig hat in den Staatsarchiven von Düsseldorf und Koblenz die systematische Sammlung des Materials für die ältere Gestaltung der Territorien und der kirchlichen Zustände der Rheinlande begonnen. In Düsseldorf sind die Herren Dr. Redlich und Dr. Knipping, in Koblenz Herr Dr. Forst in den Dienst des Unternehmens getreten, nachdem ein vorläufiger Arbeitsplan unter Zuhilfenahme der Grundkarten vereinbart worden ist, die durch Dr. Fabricius ausgearbeitet worden sind und seit dem Jahre 1894 als wesentliches Hilfsmittel für die Arbeiten am geschichtlichen Atlas dienen.

Die Akten der Jülich-Clevischen Politik Kurbrandenburgs unter Oberleitung von Geh. Rath Ritter sind durch Dr. Löwe soweit gefördert, dass die Düsseldorfer Archivalien 1610—18 erledigt sind. Eine demnächst erscheinende Arbeit über die Verwaltung des Markgrafen Ernst v.

Brandenburg wird über einige Ergebnisse der bisherigen Nachforschungen Rechenschaft geben.

Das Verzeichniss der **Kölner Inkunabeln** hat Dr. Voulliéme auf 1250 Nummern gebracht.

Der erläuternde Text zur **Kölner Malerschule** ist von Hofrath Aldenhoven fast abgeschlossen.

Für die Sammlung der **Regesten zur Geschichte der Rheinlande aus dem Vatikanischen Archiv** 1294—1431 hat Dr. Sauerland das Material bis zum Ende des Pontifikats Benedikts XII. (1342) durchgearbeitet und ca. 2500 Stücke gewonnen.

Die **Inventarisirung der kleineren Archive der Rheinprovinz** von Dr. Tille umfasst jetzt den ganzen Regierungsbezirk Köln mit Ausschluss des Stadtkreises Köln. Tille ist nach diesem Abschluss aus dem Dienst der Gesellschaft ausgeschieden. Ueber die Weiterführung des Unternehmens liegt noch kein Beschluss vor. Die bisherigen Hefte (die auch als Beihefte I—IV zu den Annalen des historischen Vereins für Geschichte des Niederrheins erschienen sind) wurden mit Vorwort, Titelblatt und Register versehen, so dass sie zu einem Bande vereinigt werden können.

Die Gesellschaft für rheinische Geschichtskunde hielt am 27. März 1899 ihre 19. Jahresversammlung ab. In derselben wurde Prof. Dr. Clemen, Konservator der Kunstdenkmäler der Rheinlande, in den Vorstand gewählt.

Denkmäler-Statistik der Rheinprovinz. Im April 1898 ist das von Dr. Polaczek bearbeitete Heft über den Kreis Rheinbach und im Januar 1899 ein Heft von Prof. Clemen unter Mitwirkung von Dr. Polaczek über die Kunstdenkmäler des Kreises Bergheim erschienen. Das Manuskript des letzten Heftes des vierten Bandes, enthaltend den Kreis Euskirchen ist abgeschlossen.

Inzwischen wurden von Prof. Clemen und dem neuen Hilfsarbeiter Dr. E. Renard die Kreise Bonn (Land), Mülheim (Rhein), Wipperfürth, Gummersbach und Waldbroel bereist. Die Vorbereitungen der Beschreibung der Städte Bonn und Köln sind gefördert worden.

Da Professor Clemen einen Ruf an die Düsseldorfer Kunstakademie angenommen hat, so ist auch das Denkmälerarchiv, das nunmehr 6000 Nummern umfasst, nach Düsseldorf überführt und in der Wohnung des Prof. Clemen aufgestellt worden.

Preisaufgaben der Mevissen-Stiftung. Die Frist der in den Annalen H. 66 S. 231 unter Nr. 4 genannten Preisaufgabe ist vom 31. Januar 1899 auf 31. Januar 1900 verlängert worden.

Köln, Stadtarchiv. Als Volontär trat ein Dr. W. Bruchmüller.

Bonn, Universitätsbibliothek. Der Assistent Dr. Jürges ist als Hilfsbibliothekar nach Marburg versetzt. Neu trat als Volontär ein der Gerichtsassessor Rudolf Georgi.

Bonn, Universität. Als Privatdozent für Geschichte habilitirte sich Dr. Georg Küntzel. Nach Versetzung des Prof. R. Schmitt nach Berlin, der nur formell für Bonn ernannt war, daselbst aber nie dozierte, ist die durch den Tod Karl Menzels (10. Mai 1897) verwaiste Professur für geschichtliche Hilfswissenschaften nunmehr schon $2^1/_2$ Jahre vakant.

Familie Röhrig. Herr Carl vom Berg junior (Düsseldorf, Bilkerallee 142), von den Herren Oberregierungsrath Röhrig in Cöslin (Pom.) und Fabrikbesitzer F. W. Röhrig in Barmen beauftragt, Nachrichten über die Familien Röhrich, Rohrig, Rorig, Ruhrig, Rorings, Reurig etc. zu sammeln, richtet an alle diejenigen, welche von diese Familien betreffenden Leichenpredigten, bezügliche Schriften, Akten, Portraits, Siegel (Wappen) etc. Kenntniss haben, ihm gefl. Mittheilung darüber zukommen zu lassen. Es wird beabsichtigt, das gesammelte Material durch Druck zu veröffentlichen und den Archiven, Bibliotheken und Interessenten zugänglich zu machen.

Todesfälle. Unser Verein hat in diesem Sommer zwei hochverdiente Mitglieder durch den Tod verloren: 1) den Weihbischof Dr. Herm. Joseph Schmitz, der noch im Jahre 1894 eine Arbeit auf dem Gebiet der niederrheinischen Geschichte veröffentliche unter dem Titel: Grosssiegelbewahrer J. G. Kauffmanns und die Universität Köln während ihrer letzten 50 Jahre (Hist. Jahrb. XV S. 1—50) und 2) den Geh. Kommerzienrath Gustav v. Mevissen, dem eine ganze Reihe werthvoller Arbeiten auf historischem Gebiete Anregung und vor allem auch materielle Förderung verdanken.

Rechnungs-Ablage für 1897/98.

Einnahme:

	M.	Pf.
Jahresbeiträge und Zahlungen der Mitglieder für Heft 63 und 64 der Annalen (Beitrag 3 M., beide Hefte 3 M.)	3588	—
Einnahme an Zinsen	279	79
„ „ rückständigen Beiträgen	12	—
„ „ Verkauf einzelner Hefte	169	50
	M. 4049	29

Ausgabe:

	M.	Pf.
I. Kosten der Hefte 63, 64 und Beiheft III	4241	08
II. Drucksachen für den Vertrieb	77	75
III. Porti und sonstige Unkosten	619	08
IV. Archiv und Bibliothek	15	—
V. Inventarisation der kleinen Archive	65	—
	M. 5017	91

Abschluss.

	M.	Pf.
Einnahme	4049	29
Kassebestand des Vorjahres	„ 1091	41
	M. 5140	70
Ausgabe	„ 5017	91
	M. 122	79

Das Vereinsvermögen
bestand am 1./6. 1898 aus den bei der Reichsbank
hinterlegten Werthpapieren . . . . M. 8510 45
Ferner aus obigem Kassenbestand am 1./6. 1898 „ 122 79
_____
M. 8633 24

(gegen M. 9601.86 des Vorjahres; mithin eine Verminderung von M. 968.62)

Revidirt und mit den Belegen richtig befunden.

Köln, den 23. Mai 1898.

H. C. Kuetgens. Ant. Scheben.

Rechnungs-Ablage für 1898/99.

Einnahme:

Jahresbeiträge und Zahlungen

	M.	Pf.
der Mitglieder für Heft 65 und 66 der Annalen (Beitrag 3 M., beide Hefte 3 M.)	3618	—
Einnahme an Zinsen	226	79
„ „ rückständigen Beiträgen	12	—
„ „ Verkauf einzelner Hefte	94	21
M.	**3951**	**00**

Ausgabe:

		M.	Pf.
I.	Kosten der Hefte 65 und 66	3586	60
II.	Drucksachen für den Vertrieb	101	—
III.	Porti und sonstige Unkosten	642	46
IV.	Bibliothek und Archiv	30	—
V.	Inventarisation der kleinen Archive	235	30
	M.	**4595**	**36**

Abschluss.

Einnahme	M.	3951	—	
Kassabestand des Vorjahres	„	122	79	
Ausgabe				M. 4595 36
Uebertrag in Ausgabe 1899	„	521	57	
	M.	**4595**	**36**	**M. 4595 36**

Das Vereinsvermögen
des Vorjahres hat sich somit um M. 521.27 vermindert.

Revidirt und mit den Belegen richtig befunden.

Köln, den 20. Juni 1899.

Pet. Stomps.   Ant. Scheben.